성장하는 PM을 위한
프로덕트 매니저 가이드

성장하는 PM을 위한 프로덕트 매니저 가이드

초판 1쇄 2023년 7월 1일
2쇄 2024년 9월 11일

지은이 오세규
발행인 한창훈
발행처 루비페이퍼

등록 2013년 11월 6일 제 385-2013-000053 호
주소 경기도 부천시 원미구 길주로 252 1804호
전화 032 322 6754
팩스 031 8039 4526
홈페이지 www.RubyPaper.co.kr
ISBN 979-11-93083-03-1
바코드 9791193083031 03000

편집 강민철
디자인 이대범

이 책은 저작권법에 따라 보호받는 저작물이므로 무단 전재와 무단 복제를 금하며, 이 책 내용의 전부 또는 일부를 이용하려면 저작권자와 루비페이퍼의 서면 동의를 받아야 합니다.
책값은 뒤표지에 있습니다.
잘못된 책은 구입하신 곳에서 바꾸어 드립니다.

성장하는 PM을 위한

프로덕트 매니저 가이드

오세규

명료하게 질문하고 반복해서 검증하는
현업 프로덕트 매니저의 사고 방식

사수 없는 신입 PM과 기획자를 위한
프로덕트 매니저 직무의 본질과 맥락

루비페이퍼

추천사

이 책은 PM(프로덕트 매니저)의 세계가 어떤지 A부터 Z까지 안내해주는 마치 'PM 여행기'와 같습니다. 무엇보다 저자는 인문학도로서 우연히 PM의 세계에 입문했지만 사수가 없는 상황이었습니다. 그래서 스스로 하나하나 부딪쳐보며 질문하고 가설을 세우고 직접 실행해보며 누구보다 치열하게 PM의 세계를 여행했습니다. 그래서 구체적이고 생생한 여행담은 이 책의 진수입니다. PM의 정의부터 PM의 사고법까지, 모든 프로세스를 하나하나 짚어가며, 친절하고 꼼꼼하게 가이드를 해줍니다. 이 책을 읽는 독자가 PM의 세계가 궁금한 '고객'이라면, 이 책은 PM을 어떻게 이해해야 하는지 알려주는 '서비스'로서, 저자는 '프로덕트 매니저'로서의 역할을 훌륭히 해냅니다.

배근정 | C:ing project 대표

커리어를 고민하는 것은 누구에게나 어렵습니다. 사수도, 가이드도, 체계도 없는 스타트업의 주니어라면 더더욱 그렇습니다. 누군가가 '짠!' 하고 길을 제시해주면 좋을 텐데 아쉽게도 정답은 없습니다. 사람마다 상황이 다르고 강점이 다르기 때문입니다. 그래서 단편적인 방법론보다는 본질적인 목표와 자기만의 맥락을 짚어보는 게 중요합니다.

함께 일하던 시절, 저자는 늘 자신의 목표와 맥락에 대해 고민을 정말 많이 하는 팀원이었습니다. 그리고 고민에만 그치는 것이 아니라, 고민을 해결하기 위해 부단히 학습하고, 본인의 일상을 목표에 정렬시키고, 그 과정에서 생각을 정리하고, 꾸준히 실행으로 옮겼습니다. 그 결과, 프로덕트 매니저라는 직무로 멋지게 커리어 피보팅을 했고, 본인의 치열했던 고민을 담은 책을 통해 이렇게 여러분을 만나게 되었습니다.

이 책은 자신의 커리어에 대해 고민하는 예비/주니어 PM 모두에게 좋은 참조점이 되어줄 것입니다. 저자 역시 전공이나 기존 직무와 관련성이 거의 없는 제로베이스 상태로 시작했기 때문에, 이제 PM의 길에 진입하려는 분들의 페인 포인트를 누구보다도 잘 알 테니까요.

그동안 주변에 좋은 선배가 없어 아쉬웠다면, 여러분은 이제 이 책을 통해 멋진 선배를 만날 수 있습니다. 그리고 저자가 건네는 이야기를 힌트 삼아 자신만의 궤적을 만들어 나가다 보면 여러분도 어느새 누군가의 멋진 선배로 거듭나게 될 거라 확신합니다.

맹지연 | 로컬스티치 Sr. HR Generalist

최근 IT 붐으로 서비스 기획자, 프로덕트 매니저, 프로덕트 오너 등의 직무가 주목받고 있습니다. 대단하고 특별한 사람들만 하는 일인가 싶게 느껴지지만 그렇지 않다는 것을 이 책을 읽으면 알 수 있습니다. 이 책은 '멋진 프로덕트 매니저가 되는 비법'을 제시하는 것이 아니라, 반짝이는 아이디어로 세상에 단 하나뿐인 새로운 무언가를 창조해낼 기발한 능력이 없어도 프로덕트 매니저가 될 수 있음을 열심히 설명해줍니다.

지자는 메가스터디 서비스 기획 교육과정을 운영한 강사이기에 경력이 없어 취업이 힘든 취업 준비생들과 좋은 사수를 만나지 못해 방황하는 주니어들의 고충을 누구보다 잘 알고 있습니다. 프로덕트 매니저가 하는 일의 본질을 알고 싶다면, 좀 더 자세한 업무 프로세스를 알고 싶다면, 이 일을 더 잘해내고 싶은 마음이 간절하다면 이 책을 반드시 읽어보기를 바랍니다. 저자가 말하는 고객의 문제를 찾아 해결하고 가치를 제공하는 과정 속에서 당신이라는 제품의 가치 또한 상승하고 빛나게 될 것입니다.

임수지 | 메가스터디 교육서비스 기획자

프로덕트 매니저로 일을 시작하기 위해서는 직무의 본질에 대한 깊이 있는 이해가 필요합니다. 다른 직무에 비해 업무의 범위가 명확하게 정해져 있지 않기 때문에 기대와 다른 역할을 맡게 될 때마다 당혹감을 느끼거나 지치기 쉽기 때문입니다.

저자는 직무를 수행하면서 당면하게 되는 다양한 문제와 접근법을 일상의 언어로 담아냈습니다. 친절한 저자가 이끄는 대로 따라가다 보면 직무의 본질을 이해하게 될 뿐 아니라 수많은 역할을 수행해야 할 상황에 직면하더라도 확신을 가지고 대처해 성장할 수 있을 것입니다.

이 책은 이제 막 프로덕트 매니저로 첫 발을 내딛는 이들에게, 그리고 고객의 문제를 해결하기 위해 고민하는 모든 이들에게 분명 좋은 지침서가 될 겁니다.

유지민 | 네이버파이낸셜 PM

제품을 만들다 보면 여러 질문과 마주하게 됩니다. 이 책은 그런 질문에 대한 친절하고 상세한 답을 모아두었습니다. 끊임없이 질문하고 답을 구하는 저자 본인을 많이 닮은 책이기도 합니다. 소위 '비전공자'이지만 서비스 기획자나 PM을 꿈꾸고 계신다면 이 책이 좋은 길잡이가 될 거라고 생각합니다.

추재경 | 핀테크 K사 PM

PM/PO 업무의 A to Z를 담은 바이블이 되어줄 책입니다. 제품 개발에 적용할 수 있는 다양한 실험 방법, 출시 후 고도화 과정까지 프로덕트에 대한 이해를 높이고 싶다면 꼭 추천하고 싶습니다. 더불어 고객의 문제를 찾고 해결하려는 마인드는 PM을 넘어 모두에게 필요한 내용이라고 생각됩니다.

성유진 | 인프런 콘텐츠 MD

저자 서문

처음 웹 서비스를 기획하고 개발하던 때에, 새로운 용어와 개념 가운데에서 정신을 차리지 못했습니다. 도움이나 결정을 바라는 동료의 메시지가 두렵기도 했고, 퇴근 후면 그날 들었던 낯선 용어를 찾아 공부했습니다. 그런데 시간이 지나 돌이켜보니, 프로덕트 매니저 또는 기획자로서 제가 해야 하는 일은 그런 일이 아니었습니다.

요즘에는 강의와 멘토링, 부트캠프 등을 통해 프로덕트 매니저 또는 기획자가 되고 싶다는 대학생과 저연차 직장인을 만나고 있습니다. 이런 분들과 대화하다 보면 취업 또는 직무 전환에 대한 희망과 동시에 '과연 내가 할 수 있을까?' 하는 불안이 섞인 질문을 받습니다. 그런데 질문 중 상당수가 직무의 본질이나 맥락보다는 자격증이나 기술, 도구에 치우쳐 있습니다. 아마도 "프로덕트 매니저라면 이런 것도 알아야 한다더라" 하는 식의 광고나 메시지, 혹은 채용공고에 적힌 여러 우대사항 때문에 생긴 불안이 아닐까 싶습니다.

실은 저 역시 이 일의 본질이나 맥락은 아무것도 모른 채 시작했습니다. 애초에 프로덕트 매니저가 되어야겠다고 결심하고 커리어를 시작한 것도 아니었습니다. 저는 통역을 전공했고, 대학원에 진학했지만 적성에 맞지 않아 결국 자퇴했습니다. 인문학을 공부하겠다며 1년 정도 휴학하기도 했고, 미국의 인권단체와 한국의 공공기관에서 인턴을 하기도 했습니다. 첫 정규직은 서울 시내 사립 대학교의 교직원이었습니다. 이후 작은 스타트업에 입사해서 회사가 커가는 동안 운영부터 관리, 데이터 분석과 웹 기획 프로젝트 등 필요한 이런 저런 일을 하다 보니 어느새 프로덕트 매니저 혹은 서비스 기획자가 되어 있었습니다. 프로덕트 매니저라는 직무란 다른 게 아니라 제품의 시작부터 성장 과정에서 필요한 이런 저런 일을 모두 하는 일이라는 걸 그때서야 깨달았습니다.

경력 초기에 제가 겪은 방랑과도 같은 경험이 모두 지금 제가 프로덕트 매니저로 일하는 데 도움을 줬습니다. 그러나 공공기관과 작은 스타트업에서 일을 시작한 탓에, 제가 하는 일의 본질이나 방향을 짚어줄 선배나 사수가 없었습니다. 책을 찾아 읽고, 강의를 듣고, 강연에 참석하고, 실무에서 '왜 그렇게 했을까' 싶은 부끄러운 실수들을 반복하고 나서야 제가 하는 일 뒤에 있는 수많은 전제, 사고방식, 맥락을 이해하게 되었습니다. 그리고 더 이상 "이런 것도 알아야 한다더라"라는 남의 말에 불안해지거나, '내가 이런 것도 해야 하나' 같은 불만에 휘둘리지 않게 되었습니다.

이 책은 프로덕트 매니저 또는 기획자로 취업하고 싶은 대학생 또는 직무를 전환하고 싶은 저연차 직장인을 대상으로 기획했습니다. 그래서 실무에서 써먹을 만한 구체적인 노하우나 제품과 서비스의 성공을 위한 비법보다는, 프로덕트 매니저 혹은 기획자라는 직무로 일하는 데에 필요한 개념과 사고방식, 맥락을 담았습니다. 어렵고도 낯선 각종 용어, 여러 도구와 기술에 겁을 먹고 휘둘리기보다는, 프로덕트 매니저 또는 기획자로서 이해해야 하는 개념과 사고방식 자체를 이해시켜드리고 싶었습니다.

흔쾌히 추천사를 작성해주신 한 분 한 분께 감사드립니다. 첫 퇴사 후 방황하던 제게 커리어의 진정한 의미를 알려주신 배근정 선생님, 호승심밖에 없던 주니어에게 신뢰와 충돌, 헌신을 통한 동료애를 보여주며 좋은 매니저와 동료의 롤 모델이 되어 주신 맹지연님, 커리어 선배로서 기획자/PM 직무의 선례를 보여주신 추재경님과 유지민님,

커리어의 시작과 전환을 고민하는 많은 분들과 만날 수 있는 기회를 만들어주신 임수지 기획자님과 성유진 MD님 덕분에 이 책을 시작할 수 있었습니다.

출간을 제안해주신 루비페이퍼 한창훈 대표님과 꼼꼼하게 살펴주신 강민철 편집자님께도 감사드립니다. 또한 너무나 당연하게도 이 책은 세상에 앞서 존재한 수많은 책과 글, 강의와 강연에 빚을 지고 있습니다. 일일이 열거할 수 없기에, 감사의 인사 대신 제가 알게 된 것을 다시 나눔으로써 그 빚을 갚고자 합니다. 무엇보다도 커리어의 변곡점마다 언제나 아무 말 없이 믿고 응원해주시는 부모님께 사랑하는 마음을 담아 고마움을 전합니다.

차례

part 01

프로덕트 매니저 이해하기   15

1   정의는 정의롭다   16

2   고객의 문제를 해결하고 가치를 제공하는 제품   20

고객은 누구인가요?   21
고객이 문제를 지녔다고요?   26
제품과 서비스는 문제를 해결합니다   30
문제를 제대로 해결한 제품과 서비스는 가치를 제공합니다   32
어쨌든 제품과 서비스는 수단 또는 매개물일 뿐입니다   33

3   기획과 가설 검증, 그리고 프로젝트 관리   36

기획은 무엇일까요?   37
그런데 그 기획은 정말 100% 확실한가요?   48
기획의 산출물   80
제품의 제작과 출시를 위한 프로젝트 관리   99

4   제품의 성장과 고객 학습   134

출시는 시작일 뿐이다   135
그로스의 의미   136
실험과 고객 학습   142
퍼널과 전환율   158
데이터 분석과 A/B 테스트   178

part 02
프로덕트 매니저의 고민 205

Q1: 어떻게 하면 가설과 문제를 잘 정의할 수 있을까? 207
Q2: 쏟아지는 VoC는 어떻게 대처해야 할까? 214
Q3: 어떤 문제를 해결해야 할까? 219
Q4: 제너럴리스트의 전문성은 무엇일까? 223
Q5: 기획자에게 좋은 질문은 어디에서 생겨날까? 226
Q6: 나는 과연 잘하고 있을까? 자라고 있을까? 229
Q7: 지금의 고민이나 어려움이 과연 계속될까? 232
Q8: 프로덕트 매니저의 성공은 어디에서 올까? 234
Q9: 좋은 제품이란 무엇일까? 237

part 03
프로덕트 매니저로 취업하기 241

Q1: 관심 있는 산업이나 아이템이 없는데 어떻게 해야 할까요? 243
Q2: 프로덕트 매니저는 신입을 뽑지 않는다는데 사실인가요? 245
Q3: 전혀 다른 직무로 일하고 있는데, 프로덕트 매니저가 될 수 있을까요? 250
Q4: 채용공고는 어떻게 봐야 하나요? 어디가 저한테 맞는 곳일까요? 253
Q5: 프로덕트 매니저도 데이터를 다룰 줄 알아야 하나요? 259
Q6: 포트폴리오는 어떻게 준비해야 할까요? 263

PART 01

프로덕트 매니저 이해하기

1

정의는
정의롭다

이야기를 시작하기에 앞서, 우선 '프로덕트 매니저'를 다음과 같이 정의define해보고자 합니다.

- **프로덕트 매니저:** 제품product(또는 서비스)의 관리자manager
- **제품:** 고객이 지닌 문제를 해결하고 가치를 제공하는 수단 또는 매개물
- **관리자:** 제품의 기획부터 제작과 출시에 투여하는 리소스를 지원하고 전체 과정을 조율하여 일을 완수하게 돕는 사람

왜 갑자기 단어 정의부터 시작하는지 의아하게 생각하는 분도 있을 것 같습니다. 이 정도 단어를 모르는 사람은 없을 텐데 말이죠. 그런데 정말로 우리는 그 뜻을 알고 있을까요? 제가 앞서 풀어 정리한 설명을 읽지 않고서, 여러분은 과연 제품은 무엇인지, 관리자란 무엇인지, 자기 나름의 정의를 바로 설명할 수 있나요?

저는 "정의definition는 정의justice롭다"라는 이야기를 종종 하곤 합니다. 아마 계약 업무 혹은 분석 업무를 경험한 분, 혹은 수학이나 과학 등 논리적인 영역을 공부한 분이라면 이 말이 어떤 의미인지 바로 체감하실 것 같습니다. 계약이나 분석 업무, 혹은 수학과 과학 같은 영역에서는 정의되지 않은 것에 대해서 설명하거나 논의할 수 없으니까요.

비즈니스 환경에서 발생하는 대부분의 업무 역시 논리를 요구합니다. 흔히 회사에서 신입 사원에게는 '반짝이는 창의력'이나 '신선한

아이디어' 같은 걸 요구한다고 하지만, 대부분의 업무에서 번쩍이는 창의력이나 신선한 아이디어가 필요한 순간은 드뭅니다. 목적이나 목표가 명확하지 않은 상황에서 튀어나온 아이디어는 오히려 뚱딴지 같은 발상이 되곤 합니다. 맥락을 벗어난 발상을 피하고, 목적과 목표에 맞게 논리적으로 생각하고 정리하기 위한 출발점은 대부분 명확한 정의definition에 있습니다. 구체적으로 무엇에 대해 아이디어를 떠올려야 하는지를 먼저 명확하게 하는 거죠.

예를 들어보겠습니다. 지금도 수많은 과학자들이 지구 밖 우주에서 생명체를 찾기 위해 노력하고 있다고 합니다. 그런데 대체 우주에서 찾아야 할 '생명체'란 무엇인가요? 피가 염산으로 된 에일리언 시리즈의 괴물인가요? 마블 유니버스에 등장하는 초인적인 존재인가요? 혹은 트랜스포머 시리즈처럼 로봇에 가까운 존재인가요? 물론 이는 허구의 영화와 만화에서 등장하는 사례입니다. 그러나 저 광활한 우주에서, 생명체란 정확히 무엇을 의미하는지도 모르고서 무작정 탐사에 나설 수는 없음을 금방 이해했을 겁니다. 그래서 과학자들은 우리가 익히 알고 있는 기준, 즉 수분을 바탕으로 생명을 유지하는 세포로 구성된 유기물을 생명체로 정의하고, 물이 흐른 흔적 등을 단서로 생명체를 찾아 나갑니다. 이 책에서 우리가 살펴보고자 하는 프로덕트 매니저 혹은 기획자에 대한 설명 역시 마찬가지입니다. '프로덕트'란 무엇이고 '매니저'란 무엇인지를 정확하게 정의할 수 있어야, '프로덕트 매니저'가 무엇인지 살펴볼 수 있을 겁니다.

물론 제가 풀이한 정의 자체를 반대할 수도 있습니다. 산업이나 회사마다, 혹은 독특한 경험을 한 개인마다 본인이 생각하는 프로덕트 매니저의 정의는 다를 수 있습니다. 조금 다른 의견도 있지만 어느 정도 그럴싸하면 우선 시작해보는 겁니다. 이 책을 다 읽고 난 뒤에 여러분은 각자만의 정의를 만들고 이를 취업 또는 직무 전환에 활용할 수도 있을 겁니다. 그러니 우선 제가 정의한 내용을 바탕으로 프로덕트 매니저 또는 기획자에 대해 하나씩 살펴보기로 합시다.

2

고객의 문제를 해결하고 가치를 제공하는 제품

우리는 이미 프로덕트 매니저가 제품이나 서비스를 관리하는 사람이라는 걸 알고 있습니다. 일을 해보지 않아도 이 정도는 알 수 있습니다. 프로덕트 매니저를 그대로 풀이한 뜻이니까요. 그럼 제품은 무엇일까요? 저는 제품을 다음과 같이 정의했습니다.

제품	고객이 지닌 문제를 해결하고 가치를 제공하는 수단 또는 매개물

그런데 여전히 모호합니다. '고객'은 누구일까요? '문제'라는 건 무엇일까요? 고객에게 왜 갑자기 문제가 있다고 하는 걸까요? '가치'라는 건 무엇일까요? 의아한 게 한두 가지가 아닙니다. 우선 고객에 대해 생각해봅시다.

고객은 누구인가요?

우리는 일상에서 '고객'이라는 말을 쉽게 접합니다. 은행이나 백화점에 가 번호표를 뽑고 기다리면 직원이 "OOO번 고객님."이라며 이름을 부릅니다. 포털 사이트에 '고객'을 입력하니 자동 완성란에 '고객센터'의 목록이 출력됩니다. 그중 한곳에 전화를 걸어보니 "사랑합니다, 고객님."이라는 말로 반겨줍니다. 그런데 환경과 관심사, 소비 패턴 등을 막론하고 은행이나 백화점, 혹은 고객센터에서 우리가 모두 똑같이 고객이 되는 이유는 무엇일까요? 은행과 백화점, 고객센터의 공통점은 무엇일까요? 백화점에서 우리는 돈을 주고 물건을 구매할 테니 고객이 맞겠지만, 은행에서는 제가 돈을 내지 않음에도 저를 고객이라 불러줍니다. 고객센터 역시 마찬가지입니다.

이는 고객이 비단 '돈을 주고 물건을 사는 사람'만을 뜻하지 않기 때문입니다. 제품이나 서비스를 구매한 사람뿐만 아니라 잠재적으로 구매할 것 같은 사람도 모두 고객입니다. 혹은 돈을 전혀 지불하지 않아도 여전히 고객일 수 있습니다. 대부분의 제품과 서비스에서, 우리는 우리의 관심이나 시간, 또는 우리의 데이터와 같이 금전적 가치가 있는 것을 이미 공급자에게 지불하고 있습니다. 그래서 고객은 시간과 돈, 또는 이 밖의 무언가를 대가로 제품과 서비스를 이용하는 모두를 일컫습니다. 그리고 이렇게 생각하면, 우리가 주변에서 발견할 수 있는 고객의 유형은 더욱 다양해집니다.

우선 이 책을 구매하여 읽는 여러분은 당연히 저의 고객입니다. 돈을 주고 제가 쓴 책을 구매했으니까요. 동시에 여러분은 이 책을 제작하고 유통하는 출판사 루비페이퍼의 고객이기도 합니다. 루비페이퍼가 제작하고 판매한 책을 구매했으니까요. 주변 지인에게서 이 책을 빌려 읽은 분도 역시 고객입니다. 책의 판매에 기여하지는 않았지만, 어쨌든 관심과 시간을 들여 이 책을 읽고 있으니까요. 그런 사람이라면 나중에 저나 루비페이퍼의 다른 책을 알아볼 수도 있으니 예비 고객이라고 할 수도 있겠습니다. 여기서 끝이 아닙니다. 여러분은 이 책을 어디에서 어떻게 샀나요? 여러분이 책을 찾아 구매한 온라인 서점 혹은 오프라인 서점에게도 여러분은 고객입니다.

그럼 이 책의 출판사인 루비페이퍼와 작가의 저의 관계는 어떨까요? 출판사는 작가에게 도서 기획의 제안부터, 원고의 교정 교열 및 편집, 제작에 이르는 출간 과정을 서비스로서 제공합니다. 그러니 저는 루비페이퍼의 출판 서비스를 이용하는 고객입니다. 그리고 출판사는 그 대가로 이 책의 판매 금액 중 일부를 인세의 형태로 지불하죠. 반대의 경우는 어떨까요? 이 책에 대한 계약과 논의가 이루어지기까지, 구직 시장에서 프로덕트 매니저에 대한 관심이 증가하는 걸 파악한 루비페이퍼 출판사의 편집자는 프로덕트 매니저에 관한 책을 써줄 수 있는 사람을 찾아다녔을 겁니다. 편집자가 기획 및 편집, 최종 제작은 할 수 있지만, 원고를 직접 작성할 수는 없으니까요. 마침 브런치를 비롯한 각종 매체에서 프로덕트 매니저에 관한 집필 및 기고 활동을 하고 있던 저를 발견했을 겁니다. 그 결과 저는 루비페이퍼에서 필요한 프로덕트 매니저에 관한 원고를 제공합니다. 저는 그 대가로 원고료를 지급받습니다. 그러므로 저는 루비페이퍼의 출판 서비스를 이용하는 고객이기도 하지만, 동시에 루비페이퍼는 저의 고객이기도 합니다. 물론 이러한 경우를 우리는 보통 협업 또는 계약의 관계라고 부릅니다. 루비페이퍼의 편집자가 저를 '고객님'이라고 부르지 않고, 저 역시 루비페이퍼의 편집자를 '고객님'이라고 부르지도 않습니다. 그러나 넓은 의미에서 보자면, 저희 둘의 관계는 고객과 고객의 관계입니다. 각자 시간이나 노력, 돈을 들여서 필요한 걸 얻고, 필요한 걸 제공함으로써 시간이나 노력, 돈을 받으니까요.

　다른 예시를 하나 더 들어보겠습니다. 우리는 대개 필요한 물건이나 서비스를 직접 구매하지만, 때로는 다른 사람을 통해 구매하거나 다른 사람의 승인을 받고 구매하기도 합니다. 예를 들어 학창 시절 다니던 학원의 학원비를 여러분이 직접 번 돈으로 내는 경우는 매우 드물었을 겁니다. 이때 학원의 고객은 누구인가요? 직접 카드나 현금을 들고 와 학원비를 결제한 여러분의 부모님인가요? 혹은 학원이 제공하는 교육 서비스를 이용하는 여러분이야말로 고객인가요? 비슷한 예로, 매월 회사에 간식을 배달하는 서비스가 있다고 가정해봅시다.

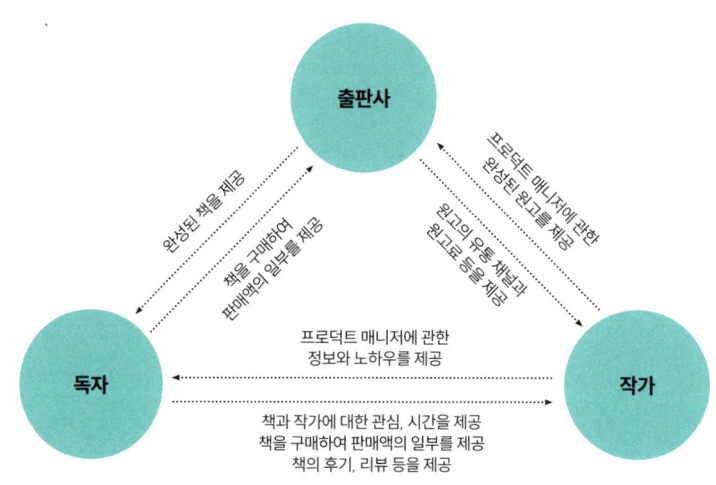

이 책 하나에도 여러 유형의 사람들이 얽혀 서로가 서로에게
필요한 걸 제공하고 그 대가로 돈이나 시간, 관심을 제공받습니다.

일정 금액 내에서 회사 구성원들이 각자가 먹고 싶은 간식을 적절히 골라 신청해두면, 정해진 날짜에 배달하는 서비스입니다. 이 경우 서비스를 결제하는 담당자가 고객일까요? 혹은 서비스를 이용해도 된다고 승인한 상급자 혹은 대표님이 고객일까요? 또는 간식을 구매하자고 요청하고, 간식을 골라둔 직원들이 고객일까요?

이후 여러분이 프로덕트 매니저로서 만드는 제품 혹은 서비스에도 이처럼 다양한 유형의 고객이 있을 겁니다. 이런 고객 중 여러분에게 직접 돈을 지불하지 않는 경우도 충분히 있을 수 있고요. 우리는 이 모두를 유저user 혹은 사용자라고도 부릅니다. 앞서 학원의 예처럼, 제품과 서비스의 결제자와 별개로 제품과 서비스를 직접 사용하는

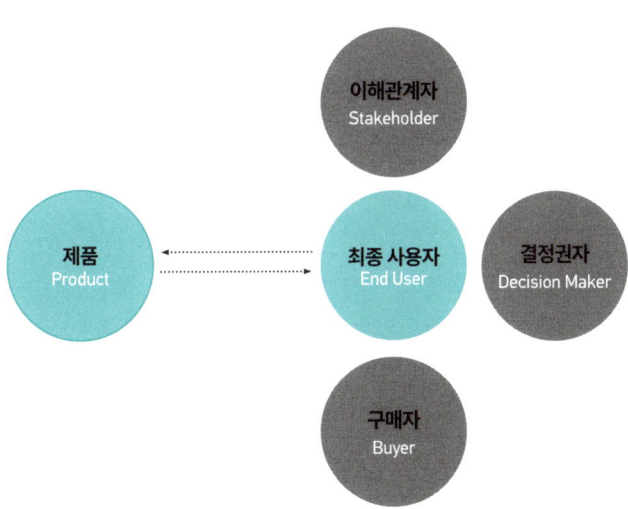

제품과 서비스를 최종적으로 사용하는 사용자 주변에는
구매와 사용에 영향을 미치는 여러 주체가 있습니다.

이들을 일컬어 최종 사용자end user라고도 합니다. 반면 제품과 서비스의 구매에 대한 의사결정에 참여하는 이들 역시 일종의 고객으로서, 여러분이 설득해야 할 중요한 이해관계자stakeholder입니다.

고객이 문제를 지녔다고요?

그런데 저는 앞서 제품을 정의할 때 고객이 '문제'를 지녔다는 표현을 했습니다. 고객에게 문제가 있다니 대체 어떤 뜻일까요? 우리가 평소에 '문제'라는 말을 접하는 상황을 떠올려봅시다. 어느 온라인 방송의 진행자가 참가자에게 "너 인성 문제 있어?"라고 한 말이 유행한 적이 있습니다. 이때의 '문제'는 아주 부정적인 의미를 지녔습니다. 인성이 제대로 되지 않았다는 이야기니까요. 혹은 학창 시절 선생님이 어떤 학생을 '문제아'라고 표현하기도 했습니다. 주로 사고를 치거나, 태도가 불량한 친구들을 가리켰죠. 이 밖에도 우리는 '돈 문제로 싸웠다'라든가, '방금 그 발언에 문제가 있어'라는 식으로, 부정적이고 특히 도덕적으로 옳지 않은 상황이나 대상을 두고 '문제'라고 부릅니다.

그런데 꼭 이런 사례가 아니더라도, 우리의 인생은 모두 문제의 연속입니다. 우리의 기억 속엔 없지만, 막 세상에 태어났을 때에 분명 우리는 춥고 배고프고 낯설고 불안하고 두려웠을 겁니다. 태어남과 동시에 문제를 맞닥뜨립니다. 아기는 좀 더 자라서 유치원에 갑니다. 새로운 친구를 사귄 기쁨도 잠시, 친구와의 다툼이나 말싸움에 마음이 상합니다. 수험생 시절도 마찬가지입니다. 대학만 가면 다 해결될 것 같았지만, 대학에 가니 학점과 연애, 취업 준비가 우리를 괴롭힙니다. 취업을 하면 끝일까요? 연봉이 마음에 들지 않아 스트레스를 받고, 일이나 동료나 상사와 맞지 않아 스트레스를 받고, 출근하기 싫어 일요일 저녁이면 좌절합니다. 애써 작성한 기획안은 통과되지 않고, 기껏 진행한 프로젝트는 계획과 다르게 흘러갑니다. 이처럼 우리는 늘 문제를 맞닥뜨립니다.

그래서 우리는 이러한 문제를 해결하기 위한 방안을 찾아 나섭니다. 배고픈 아이는 울음으로 자신의 뜻을 전합니다. 친구와 싸운 아이는 잔뜩 심술을 부리고 불만을 토로하거나 때로는 싸움으로, 때로는 사과로 그 상황을 해결합니다. 학점으로 괴로워하는 대학생은 공부를 통해 극복하거나, 휴학이나 어학연수로 스트레스 상황에서 벗어납니다. 취업을 한 직장인은 이직이나 취미 활동, 휴가 등으로 문제를 해결합니다.

이러한 문제 해결의 과정과 방안은 결코 홀로 이루어지지 않습니다. 살면서 겪는 문제를 모두 혼자 해결할 수 있는 사람은 어디에도 없습니다. 적어도 도심에 사는 우리 중에서 홀로 사냥하여 식량이나 땔감, 옷을 구하는 사람은 없고, 직접 자원을 채취하여 가공하고 제품을 만드는 사람은 없습니다. 모두 누군가가 제공하는 제품과 서비스를 이용하여 문제를 해결합니다. 현대 사회에서 우리 모두는 문제를 맞닥뜨릴 때마다 서로에게 고객이 됩니다. 우리에겐 늘 문제가 있고, 그래서 우리는 늘 고객이 됩니다.

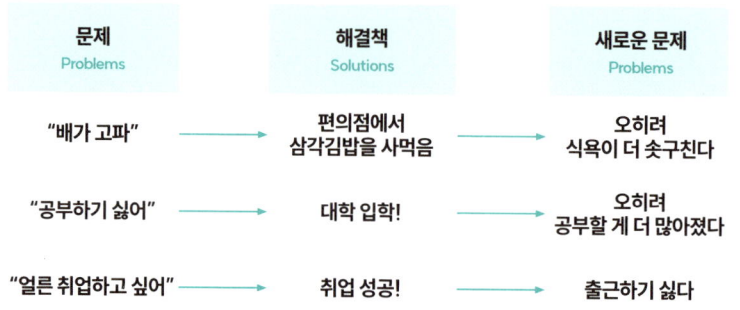

우리의 생활은 문제와 해결, 새로운 문제의 연속입니다.
이러한 문제를 제품과 서비스를 통해 해결합니다.

그런데 현장 강의나 멘토링에서 이런 이야기를 하면 "저는 지금 별 문제가 없는데요."라고 답하는 분들이 간혹 있습니다. 본인은 지금 기분도 꽤 괜찮고, 어디 아프거나 불편한 데도 없다면서요. 그럼 저는 묻습니다. "프로덕트 매니저로서 취업하고 싶은데 어떻게 해야 할지 몰라 이 강의 혹은 저를 찾아 오신 거 아닌가요?" 지금 이 책을 읽는 여러분에게도 이와 동일한 문제가 있을 겁니다. 그렇지 않았다면 이 책을 찾아 읽고 있을 리가 없으니까요.

어쩌면 우리는 우리가 경험하고 있는 문제를 스스로 인식하지도 못한 채 해결하고 있는지도 모릅니다. 물론 명확하게 문제라고 인식했다고 해서 꼭 모든 문제를 해결하려고 적극적으로 노력하는 것도 아닙니다. 학생들에게 문제가 있냐고 물어보면 성적이 낮은 게 문제라고 대답하지만, 그렇다고 모든 학생들이 높은 성적을 받기 위해 노력하는 건 아니니까요. 저 역시 책상에만 앉아 있느라 살이 찌는 걸 문제라고 머리로는 받아들이지만, 늘 말로만 운동을 합니다.

    우리 모두에게는 어느 순간에든 어떤 맥락으로든 늘 크고 작은 문제가 있습니다. 이들 중 많은 걸 우리는 다른 누군가가 제공하는 제품과 서비스를 통해 해결합니다. 그러니 우리는 모두 고객이고, 고객에게는 늘 문제가 있다는 말이 성립됩니다.

제품과 서비스는
문제를 해결합니다

여러분이 지금 가지고 있는 물건이나 이용하고 있는 서비스를 잠시 살펴보세요. 이 책을 읽고 있는 여러분이 입고 있는 옷, 여러분이 거주하는 공간, 앉아 있는 의자와 책상, 이 책, 여러분의 핸드폰 속 각종 앱, 방 안의 각종 잡화, 소모품까지 모든 것이 제품과 서비스입니다. 여러분과 제가 갖고 있는 제품, 사용 중인 서비스는 모두 다를 겁니다. 세상에는 이미 이만큼 많은 제품과 서비스가 있고 모두 우리가 지닌 문제를 해결하고 있습니다. 그럼 이렇게 제품과 서비스가 많은데, 대체 해결하지 못한 문제라는 게 남아 있을까요? 더 이상 새로운 제품이나 서비스가 생겨날 필요가 있을까요?

앞서 살펴봤듯이 우리의 일상은 문제의 연속입니다. 이 말은 즉 언제나 새로운 제품과 서비스가 등장할 기회가 있다는 뜻입니다. 수험 생활을 끝내고 대학에 왔지만 학점 문제를 겪는 고객에게는 학과 공부를 도와줄 강의를 판매할 수도 있고, 그 덕분에 학점은 잘 받았지만 취업이 고민인 학생에게는 직무 경험을 쌓게 해줄 프로그램을 판매할 수도 있습니다. 취업을 했지만 커리어가 불안한 저연차 직장인에겐 커리어 멘토링을 판매할 수도 있고, 실무 능력을 향상시켜줄 온라인 강의나 책을 판매할 수도 있습니다. 우리는 늘 새로운 문제를 마주하고, 모든 문제가 100% 해결된 상황은 없으니까요.

혹은 기존의 해결책이 우리의 문제를 제대로 해결해주지 못할 수도 있습니다. 성적이 오를 걸 기대하고 학원에 가지만 강사나 강의가 마음에 들지 않는 경우가 있습니다. 배가 너무 고파 든든히 먹고 싶은 생각에 국밥집에 갔지만 생각보다 양이 적을 수도 있습니다. 혹은 맛이 기대와 미치지 못할 수도 있습니다. 취업은 했지만 연봉이 기대보다 적은 탓에 결혼 준비 자금을 모으기에 역부족일 수도 있습니다.

또는 해결책이 또 다른 문제를 낳기도 합니다. 배가 너무 고파 허겁지겁 먹은 나머지 탈이 날 수도 있고, 학원에 가서 예습을 한 덕에 성적은 올랐지만 수업 시간이 지루해져 딴청을 피우다가 태도 점수가 나빠질 수도 있습니다. 연봉이 높은 직장에 들어갔지만 업무가 과중해 연애나 취미 생활을 즐길 시간이 도저히 없을 수도 있습니다.

제품과 서비스는 문제를 해결합니다. 그런데 기대만큼 해결하지 못할 수도 있고, 이러저러한 이유로 우리는 새로운 문제를 맞닥뜨리기도 합니다. 그 속에서 프로덕트 매니저는 고객에게 남아 있는 문제를 발굴하고 정의하여, 이를 해결할 제품과 서비스를 기획합니다.

문제를 제대로 해결한
제품과 서비스는 가치를 제공합니다

우리 일상엔 문제를 해결해주는 제품이나 서비스가 이미 차고 넘치지만, 왜 그중에서 어떤 제품이나 서비스를 유독 많이, 자주, 오래 사용하는 반면 또 어떤 제품은 거들떠보지도 않는 걸까요? 제품을 만든 회사나 브랜드의 인지도 덕분일까요? 혹은 저렴한 가격 때문일까요? 또는 그저 우연일까요? 우리는 문제를 제대로 해결하여 우리의 돈과 시간에 상응하는 가치를 제공하는 제품과 서비스를 선택합니다.

문학적으로 표현하자면 이 세상 모든 것은 저마다 가치가 있습니다. 누군가의 피와 땀으로 세상에 출시된 제품과 서비스에는 저마다 기능이 있고, 멋진 디자인이 있고, 특징과 장점이 있습니다. 그런데 그 기능과 아름다움, 특징과 장점이 내가 해결하고 싶은 문제와 다르다면 무슨 소용일까요? 혹은 내가 원하는 바와 비슷하긴 한데 어딘가 아쉽다면 어떨까요?

우리가 경험하는 문제를 제대로 진단하여 제대로 해결하는 제품이나 서비스만이 고객의 관심과 애정을 받습니다. 특히 고객이 경험한 문제가 크면 클수록, 이를 해결해줬을 때 고객이 경험하는 감동과 만족감은 더 클 겁니다. 누구도 해결하지 못한 커다란 문제를 해결해준다면 고객은 더 많은 돈과 시간을 지불할 겁니다. 그래서 유명한 창업자들은 성공하기 위해서 "큰 문제를 해결하라"는 이야기를 하기도 합니다.

그래서 제품과 서비스를 기획할 때에 가장 중요한 건 고객의 문제를 제대로 파악하고 정의해서 이를 제대로 해결하는 것입니다. 아무리 기능과 장점이 많은 제품이더라도 내 문제를 해결하지 못한다면 나랑은 상관없는 제품입니다. "제발 저의 가치와 진정성을 알아주세요"라는 말은 적어도 시장과 비즈니스 세계에서 통하지 않습니다.

어쨌든 제품과 서비스는 수단 또는 매개물일 뿐입니다

제품과 서비스는 어떤 문제를 해결하기 위한 수단 또는 매개물일 뿐입니다. '태양 아래 새로운 것은 없다'는 말처럼 제품과 서비스 역시 단 한 번도 보지 못한 새로운 것은 매우 드뭅니다. 편의점이나 마트의 진열대에 자리 잡은 수많은 음료와 과자들도 서로 엇비슷하지 않나요? 우리가 사용하는 노트북이나 핸드폰도 큰 틀에서는 모두 유사하지 않나요? 그래서 우리는 여러 제품을 살펴볼 때 대체재 또는 경쟁 제품이라는 이야기를 합니다. 나이키와 아디다스, 맥도날드와 버거킹, 초코파이와 몽쉘처럼요. 물론 압도적인 기술력과 차별화된 브랜딩으로 이런 경쟁을 뛰어넘을 수도 있습니다.

혹은 같은 문제를 해결하는 데에도 전혀 다른 방법을 제공하기도 합니다. 피곤하다는 문제를 해결하는 데에는 잠이 보약이지만, 피곤해도 깨어 있어야 하는 문제를 해결하기 위해선 카페인 음료나 운동, 샤워처럼 여러 방법이 있습니다. 카페인 음료라고 할지라도 핫식스나 레드불과 같은 에너지 음료가 있는가 하면, 여러 종류의 커피도 있습니다. 또는 같은 업종의 제품과 서비스끼리만 경쟁하는 게 아닐 수도 있습니다. 잠과 커피는 전혀 다른 업종입니다. 주말의 심심함을 달래기 위해서는 영화관이나 OTT 서비스처럼 콘텐츠 서비스를 이용할 수도 있지만, 집 근처의 분위기 좋은 카페나 산책 코스도 대안이 될 수 있습니다. 어린 아이의 울음을 그치기 위한 수단이 예전에는 간식이나 장난감이었다면, 지금은 스마트폰과 유튜브입니다.

결국 우리가 경험하는 문제를 해결하는 수단이나 매개물로서의 제품은, 꼭 지금 이 모습, 이 가격, 이 기능이어야 한다고 정해진 게 아닙니다. 전혀 다른 산업군에서, 전혀 다른 기능과 모습을 갖춘 제품이 전혀 다른 방식과 가격으로 우리의 문제를 해결할 수도 있습니다. 우리가 일반적으로 사용자로서 마주하는 제품은 현재 지금의 모습일 뿐이니, 제품이나 서비스, 기능을 처음 기획할 때도 종종 제품과 서비스의 외관과 세부적인 기능에만 집중하게 됩니다. 이 외관과 기능은 어디까지나 세상에 존재할 수 있는 수백, 수천 가지의 방안 중 하나일 뿐인데도 말이죠.

그래서 프로덕트 매니저나 기획자가 하는 기획이란 지금 시장에 유행하는 다른 이들의 방식을 모방하거나, 머릿속에 번뜩 떠오른 창의적인 아이디어를 나열하는 일이 아닙니다. 그보다는 고객의 문제를 어떻게 정의할지 고민하고, 현재의 제품과 서비스가 고객의 어떤 문제를 해결해줄 수 있을지 추측하는 일입니다. '피곤함'을 해결하는 방안과 '피곤하지만 깨어 있어야 하는 상황'을 해결하는 방안은 천차만별일 겁니다. 이어 정의한 문제를 해결하기 위해 왜 이 기능을 구현했을까, 왜 이러한 UX와 정책을 택했을까, 왜 이러한 기술이나 방식으로 구현했을지를 추측하는 것이죠. 이를 '역기획'이라고도 부르기도 합니다.

우리가 눈으로 보는 제품과 서비스는 어디까지나 결과론적인 수단과 매개물일 뿐입니다. 기획은 그 너머에 자리한 문제, 맥락, 배경, 목적을 정의하고 파악하는 데서 시작합니다.

3

기획과 가설 검증, 그리고 프로젝트 관리

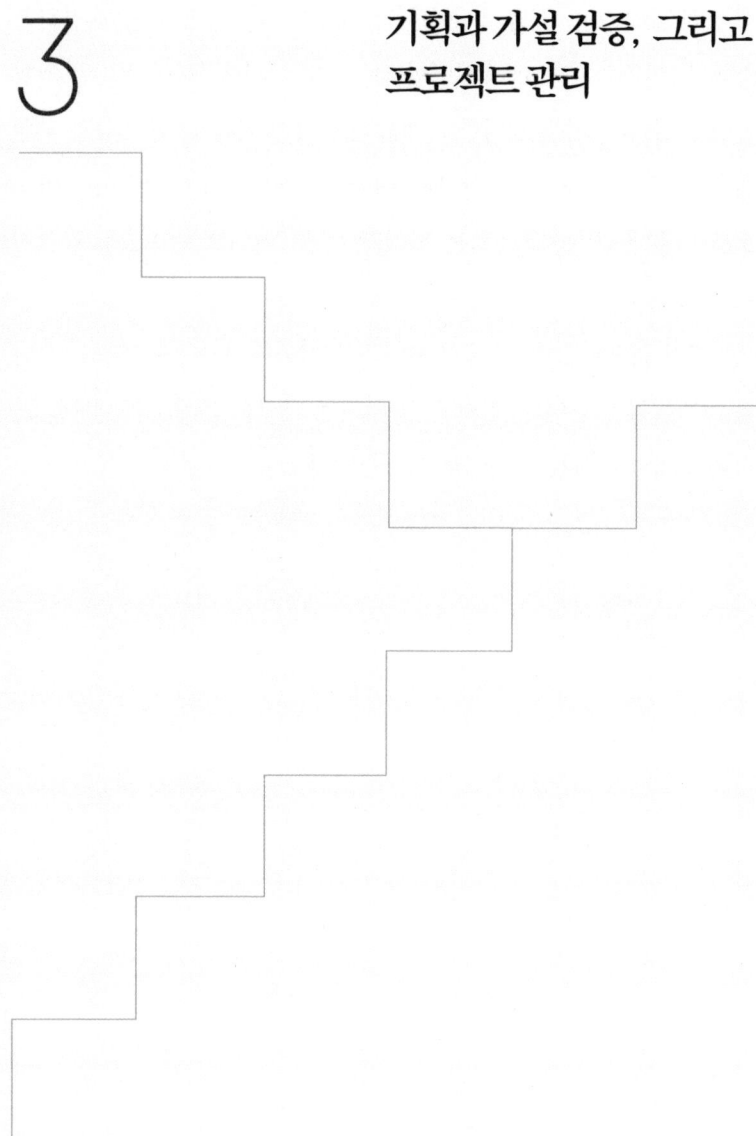

기획은 무엇일까요?

앞서 제품을 상세하게 정의하며 고객과 문제, 문제 해결과 가치 제공에 대해 살펴보았고, 기획이란 무엇인지에 대해서도 간단히 살펴보았습니다.

여기서 말하는 '기획'에도 다양한 정의가 있습니다. 제가 자주 이용하는 온라인 서점에 '기획'이라는 키워드로 검색을 하니, 이 원고를 쓰고 있는 2023년 2월을 기준으로 약 20,600건의 검색 결과가 등장합니다. 기획의 정의와 방법이 누구에게나 동일하고 명확하게 정해져 있었다면, 이만큼 많은 책이 나올 일은 없었을 겁니다.

이미지 출처: 알라딘

기획에 대한 관심이 많은 만큼 서로의 생각과 노하우, 정의는 모두 다를 겁니다.

그럼에도 우리는 앞서 정의한 몇 가지 개념을 빌려 기획을 다음과 같이 정의해볼 수 있습니다.

기획	시장에 존재하는 고객의 <u>문제를 발굴</u> 및 <u>정의하여 해결</u>(할 방안을 구상)하고 이를 통해 <u>비즈니스의 목표를 달성</u>하는 행위

문제의 발굴

하나씩 살펴봅시다. 시장에 존재하는 고객의 문제를 발굴한다는 건 어떤 뜻일까요? 우리가 앞서 이야기한 것처럼 인생은 문제의 연속입니다. 새로운 문제가 생겨나고, 예상치 못한 문제가 나타나고, 해결되다 만 애매한 상황의 문제도 있습니다. 이러한 상황에 놓인 사람들이 수백만, 수천만 명에 달합니다. 제품과 서비스를 담당하는 프로덕트 매니저로서, 우리는 그럼 대체 누구의 문제를 해결해야 할까요? 세상에 존재하는 수많은 고객의 문제 중에서 우리가 풀어야 하는 문제는 무엇인가요? 이를 어떻게 해결해야 할까요? 우리가 해결할 수 있는 건 맞나요?

IT 서비스의 프로덕트 매니저 혹은 기획자로서 제품과 서비스를 기획하는 일은 작은 식당을 창업하는 것과 다르지 않습니다. 어렵게 마련한 사업자금을 투자해 식당을 열기로 했다고 가정해봅시다. 그럼 우선 우리는 어떤 메뉴를 팔아야 할지 고민하며 이런 생각을 할 겁니다.

- 요새 잘 팔리는 게 뭐지?
- 정확히 어떤 걸 팔아야 하지?
- 근데 내가 만들 수 있나?

'요새 잘 팔리는 게 뭐지?'라는 질문은 결국 '사람들이 필요로 하는 게 뭐지? 수요가 많은 게 뭐지?'라는 질문과 동일합니다. 이를 다시 우리가 앞서 정의한 개념으로 표현하자면 '시장에 존재하는 고객의 문제는 무엇인가? 사람들이 요새 어떤 문제를 겪고 있는가?'와 같습니다. 애초에 사람들이 필요로 하는 게 아니라면 애써 만들 필요도 없고, 필요로 하는 사람이 있다고 하더라도 극히 드물다면 장사를 하기 어려울 겁니다. 그런데 모든 사람들이 모든 문제를 돈과 시간을 들여 해결하는 건 아닙니다. 우리는 사실 일상 속 대부분의 문제를 그냥 지나칩니다. 자각하지 못해서, 대수롭지 않게 여겨서, 혹은 해결하는 데 쓸 돈과 시간이 없어서요. 즉, 사람들이 경험하는 모든 문제가 비즈니스가 될 만한 '시장'을 형성하지는 않습니다. 모든 게 돈이 되지는 않습니다.

어떤 문제는 분명 많은 사람들이 일상 속에서 자주 경험하고 있지만 굳이 돈을 들여 해결하지 않아 시장이 형성되지 않습니다. 가령 겨울이면 우리 모두 코 끝이 시렵겠지만, 굳이 특별히 무언가를 구매하거나 착용하지는 않습니다. 필요하다면 마스크를 쓸 수는 있겠죠. 또 어떤 문제는 분명 돈을 주고 해결할 만한 절실한 문제지만, 경험하는 이들이 너무 적어 시장이 제대로 형성되지 않는 경우도 있습니다. 가령 난치병은 당사자 개개인에게는 너무나 크고 중요한 문제지만, 상대적으로 소수가 경험하기에 일반 기업의 투자나 지원, 연구 및 개발이 상대적으로 저조합니다. 노력과 자원을 많이 투입하는 데 비해, 제품과 서비스를 구매할 사람이 적으니까요. 식당도 마찬가지입니다. 분명 누군가는 좋아할 수 있지만, 굳이 돈을 주고 사 먹지는 않는 메뉴가 있습니다. 거꾸로 예전에는 돈을 주고 사 먹지 않던 것을 이제는 돈을 주고 사 먹게 되기도 합니다. 물, 간편식, 밀키트 등이 그렇습니다.

즉, 시장에 존재하는 고객의 문제를 발굴한다는 것은, 시장에 존재하는 여러 문제를 탐색하고 그중에서 비즈니스가 될 만한 것, 돈이나 시간을 들여 해결할 만한 것을 찾아내는 일입니다. 사람들은 요새 어떤 데에 관심이 있나요? 사람들은 어떤 문제를 경험하고 있나요? 사람들이 원하는 건 무엇인가요? 그중에서도 사람들이 기꺼이 돈과 시간을 들여 해결하고자 할 만한 문제는 무엇일까요? 여러분이 지금 사용하고 있는 대부분의 제품과 서비스는 여러분과 같은 사람들이 많기에 이 세상에 나올 수 있었습니다.

문제의 정의와 해결 방안

발굴한 문제를 '정의'하는 일에 대해서도 생각해봅시다. 앞서 살펴봤듯 제품이란 수단이나 매개물일 뿐이며 문제를 정확히 어떻게 정의하느냐에 따라 여러 가지 다른 방안이 나올 수 있습니다. 그 예시로 '피곤한 상황'과 '피곤하지만 깨어 있어야 하는 상황'을 해결하는 제품이나 서비스는 분명 다르다는 점을 들었습니다. 전자라면 잠깐이라도 눈을 붙이는 게 가장 효과적이지만, 후자라면 샤워나 커피가 더 나을 것입니다.

식당을 다시 예로 들어봅시다. 일본식 라멘에 대한 관심이 늘고 있고 인스턴트 라면과 달리 식당에 가서 돈을 주고 사 먹을 만한 가치가 있는 메뉴라는 걸 알았다고 가정해봅시다. 이 경우 일본식 라멘은 분명 돈이 되는 아이템, 즉 시장이 형성된 제품입니다. 그런데 우리에게 친숙한 한국식 라면을 놔두고 굳이 식당에 와서 일본식 라멘을 먹는 이들의 수요는 무엇인가요? 이들이 바라는 건 무엇일까요? 즉, 고객이 경험하는 문제는 정확히 무엇인가요?

고객이 경험하는 문제를 정확히 정의할 수 있어야 이에 적합한 제품과 서비스를 기획할 수 있습니다. 가령 시장의 대다수 고객이 기대하는 것이 한국식 인스턴트 라면과 달리 오랜 시간 은근하게 끓여낸 돼지 육수에서 나오는 깊은 풍미라면, 우리의 라멘에는 반드시 정성껏 끓인 돼지 육수 베이스의 국물이 있어야 할 겁니다. 혹은 돼지 육수가 아니더라도 여러 방식으로 육수에 신경을 써야겠죠.

반면 제대로 된 요리를 챙겨 먹었다는 느낌을 바란다면, 숙주부터 계란, 차슈 등 각종 고명을 넉넉하게 올려야 할 겁니다. 인스턴트 라면과 달리 고기와 계란도 들어 있고, 야채도 있어 영양부터 포만감까지 충분히 챙긴 제품이 되는 겁니다. 물론 이를 위해 고명으로 숙주를 올릴지 루꼴라를 올릴지는 다를 수 있겠죠. 또는 서울 도심 한가운데에서도 일본의 분위기를 제대로 느끼고 싶어 방문하는 이들이 많을 수도 있습니다. 그렇다면 프랜차이즈식 인테리어가 아닌, 일본의 분위기를 재현할 수 있는 인테리어와 소품이나 접객 서비스가 필요할 겁니다.

분명 우리는 일본식 라멘이 돈이 될 만한 아이템인 걸 알았지만, 그 안에서 구체적으로 무얼 어떻게 만들어야 할지는 결국 고객이 원하는 게 무엇인지에 따라 천차만별입니다. 이처럼 문제를 구체적으로 어떻게 정의하느냐에 따라, 문제를 해결하는 방안이 달라집니다.

비즈니스의 목표 달성

그런데 만약에 고객이 원하는 걸 우리가 제공할 수 없다면 어떨까요? 고객이 원하는 만큼 깊은 풍미의 육수를 우려내지 못하거나, 고객이 기대하는 만큼 일본식 접객 서비스를 제공하기에는 체력이나 성향이 뒷받침되지 못할 수도 있습니다. 또는 고명을 너무 많이 얹으려면 식자재 값을 감당하지 못할 수도 있습니다.

물론 어떤 경우에는 노력 또는 타협을 통해 고객이 원하는 바를 모두 제공할 수 있을지도 모릅니다. 잠을 줄여가며 비법 육수를 배워 온다거나, 식당에서 일하는 시간만큼은 어떻게 해서든 내면의 사교성을 끌어올린다든가 해서 손해는 면할 정도로 가게를 운영할 수도 있습니다. 그러나 이러한 상황이 오래가면 제품은 결국 살아남지 못합니다. 애초에 식당을 연 이유가 사라지는 겁니다. 비즈니스의 궁극적인 목표인 매출의 성장과 지속성이 사라지니까요.

짝사랑하는 이의 마음에 들기 위해 본모습이 아닌 모습을 지어내는 데에도 한계가 있듯이, 시장의 수요와 나의 공급 사이의 접점을 찾지 못한 제품에는 끝이 찾아오기 마련입니다. 이를 두고 PMF Product-Market Fit를 찾지 못했다고도 합니다. 말 그대로 제품과 시장의 핏fit이 맞지 않는다는 뜻입니다. 고객의 수요가 없기 때문에, 혹은 비즈니스를 영위하기에는 고객의 수요가 충분하지 않기 때문에, 혹은 고객이 바라는 바를 제공하기에는 기술이나 역량, 비용을 감당할 수 없는 상황을 말하는 것이죠. 경제학의 기본 원리와 비슷합니다. 수요와 공급이 만나는 지점에서 시장이 생겨납니다. 원하는 사람이 있고, 그들이 원하는 걸 줄 수 있는 사람이 있어야 합니다.

이후 여러분이 프로덕트 매니저나 기획자로서 담당하게 될 제품과 서비스는 이 과정을 거쳐 살아남는데 성공했거나, 혹은 살아남기 위한 방안을 찾아가는 과정에 있을 겁니다.

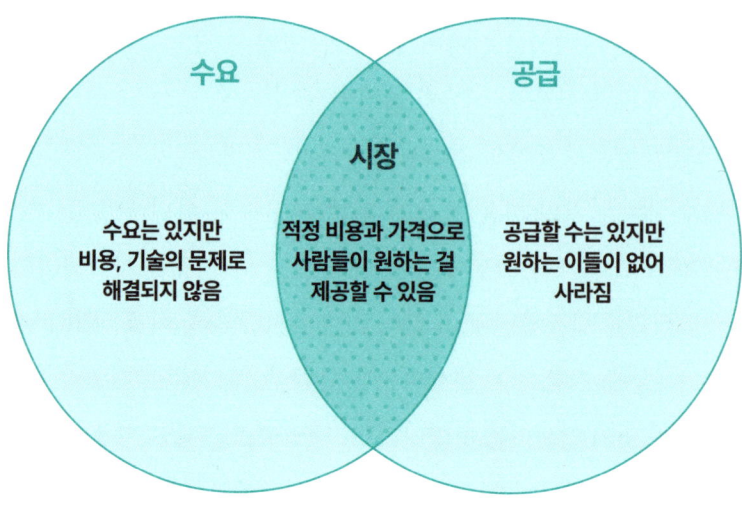

수요와 공급의 사이에서 시장이 형성된다는 당연하지만 머리로만 알던 원리를, 제품과 서비스를 기획하며 제대로 마주하게 됩니다.

결국 제품과 서비스를 담당하는 프로덕트 매니저 혹은 기획자로서 우리의 기획은 이러한 고민에서 출발합니다.

1. 시장에 존재하는 어떤 고객을 대상으로 우리의 제품과 서비스를 제공할 것인가? 혹은 고객의 어떤 문제를 해결할 것인가? 고객은 그 문제를 돈이나 시간을 들여 해결하고자 하는가?
2. 고객이 경험하는 문제의 정체는 정확히 무엇인가?
3. 우리가 정의한 고객의 문제를 해결하기 위한 방안은 무엇인가? 왜 이러한 방안이어야만 하는가?
4. 이러한 방안을 우리는 효율적이고 지속적으로 제공할 수 있는가? 고객의 문제를 해결하는 제품과 서비스를 제공하면서 돈을 벌 수 있는가?

기획의 다른 정의

물론 이 외에도 여러분이 이미 접했을 기획에 대한 다양한 다른 정의 역시 모두 정답입니다. 가령 '5 Whys'와 같은 방법도 문제의 본질을 찾아가는 한 가지 방식입니다. 5 Whys란 하나의 문제를 놓고 "왜?"라는 질문을 하고 답하는 과정을 다섯 번 연속하며 문제의 근원을 찾아가는 방식입니다. 즉 우리 눈에 표면적으로 보이는 문제는 어디까지나 현상이자 결과이며 그 뒤에 자리한 진짜 원인을 찾아야 문제를 해결할 수 있다는 맥락입니다.

가령 배가 아파 병원을 방문한 환자에게, 의사가 '통증'이라는 문제를 해결해주겠다며 진통제를 처방하고 끝나진 않을 겁니다. 대신 문진 또는 검사를 통해 복통의 원인을 찾아 이를 해결하는 처방을 내리거나 혹은 필요 시 수술을 진행함으로써 문제를 해결합니다. 또는 더 나아가 복통을 유발할 만한 상황을 반복하는 환자의 생활습관을 살피고 이에 맞는 식습관을 제안할 수도 있습니다. 원인의 원인까지 찾아가는 겁니다. 원인을 해결해야 결과인 현상이 정말로 해결되니까요. 현상만 덮어두는 건 고객에게도 우리에게도 그다지 좋은 해결책이 아니고요.

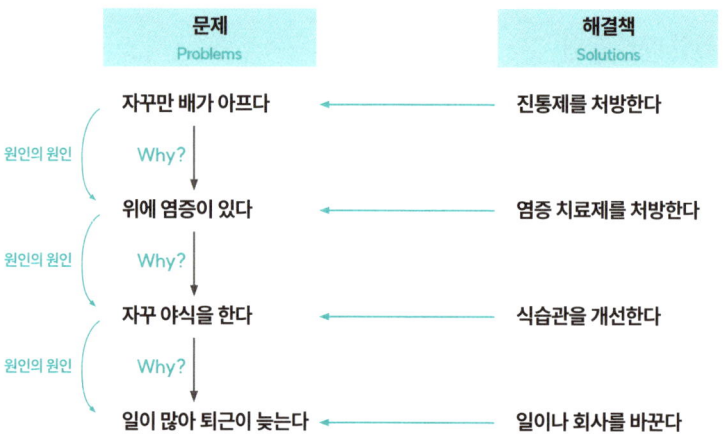

원인의 원인이야말로 진짜 문제일지도 모릅니다.
물론 어디까지 파고들어야 하는지는 경우에 따라 다릅니다.

    또는 기획을 '현실과 기대·이상·목표 사이의 간극을 줄이는 행위'라고 설명하기도도 합니다. 이는 앞서 우리가 이야기한 '고객의 문제를 해결'한다는 정의와 동일합니다. 세상은 대부분 상대적입니다. 우리가 '문제'라고 인식하고 경험하는 현상 역시, 우리가 기대하는 이상적인 상황과 비교하여 상대적으로 부정적이거나 상대적으로 부족한 상황일 뿐입니다. 그러니 문제를 해결한다는 것은 절대적으로 무언가를 없애거나 만들어낸다기보단, 현실과 기대(이상, 목표) 사이의 간극을 좁혀 상대적으로 해결해 나가는 과정에 가깝습니다.

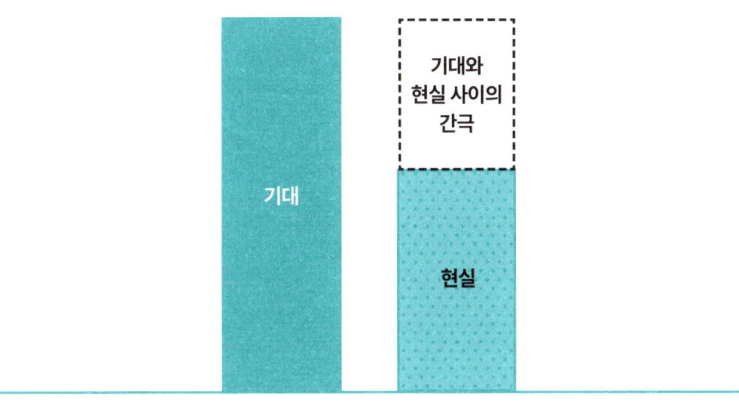

기대와 현실 사이에는 늘 간극이 생깁니다. 그 간극이 곧 '문제'고, 우리는 이런 문제를 해결하려고 노력합니다.

여기에서 한발 더 나아가, 기획을 '문제라고 인식한 것'을 해결하는 행위라고 설명하기도 합니다. 왜냐하면 문제란 건 결국 우리가 어떻게 받아들이냐에 따라 다르기 때문입니다. 예를 들어 엘리베이터가 단 한 대밖에 없는 고층 빌딩의 출근 시간을 상상해봅시다. 아무리 엘리베이터가 빠를지라도, 수많은 사람들을 각 층에 내려주고, 또 태우기 위해선 많은 시간이 걸릴 수밖에 없을 겁니다. 사람들은 '엘리베이터가 너무 느리다'며 불만을 토로할 테고요. 이러한 상황을 해결하는 데에는 여러 방안이 있을 겁니다. 저층부에 일하는 사람들은 계단을 이용하게끔 안내할 수도 있고, 엘리베이터의 속도를 최고 속도로 높일 수도 있고, 큰 돈을 들여 엘리베이터를 추가할 수도 있습니다. 그런데 만약 엘리베이터 앞에 TV나 거울을 두면 어떨까요? 거울을 보느라, 혹은 TV 속 예능 프로그램을 보느라 똑같은 시간을 기다려도 지루함은 조금 줄어들 겁니다. 혹은 엘리베이터의 위치나 속도를 실시간으로 표기하는 것도 방안이 될 수 있습니다. 상황은 바뀐 게 없지만, 동일한 상황을 체감하고 인식하는 방법을 바꾸는 겁니다.

그러나 이러한 다양한 정의에도 불구하고 프로덕트 매니저의 기획은 결국 고객이 '문제'라고 경험하거나 인식하는 것 수많은 문제 중에서 정말로 해결해야 할 문제를 찾아내어 정의한 뒤에, 이를 해결할 방법을 구상하여 제공하는 것입니다. 이를 통해 사업을 영위하는 겁니다.

> 그런데 그 기획은 정말
> 100% 확실한가요?

가설과 검증

시장에 존재하는 고객의 문제를 발굴하고 정의하기 위해 열심히 시장과 고객을 조사하고 제품과 서비스를 기획했다고 가정해봅시다. 리서치도 진행하고, 다른 서비스의 기능과 UI/UX도 살펴보고, 동료 디자이너 및 개발자와 치열하게 논의도 했습니다. 그런데 여러분은 정말로 시장에 그런 고객이 있다고, 고객이 그런 문제를 겪고 있으며 여러분이 만든 제품으로 그 문제를 해결할 수 있다고 장담할 수 있나요?

애초에 우리가 무엇인가에 대해서 100% 확신할 수 있을까요? 우리가 조사하고, 발견하고, 기획한 게 만고불변의 진리일까요? 당연히 아닙니다. 너무나 명확하게 증명된 몇 가지 과학적 사실들을 제외하고는, 어디에도 100% 확신할 수 있는 건 없습니다. 아마도 '비즈니스에서 확신할 수 있는 건 아무것도 없다'는 말뿐만 확실할 겁니다. 다시 말해, 우리가 하는 모든 기획은 '현재 알고 있는 것'을 바탕으로 하는 '추측' 또는 '가설hypothesis'에 지나지 않습니다. 아직 확실히 밝혀진 게 아니니까요.

- 시장에 이런 문제를 경험하는 고객이 존재할 거야.
- 고객들은 그 문제를 제법 절실하게 경험하고 있을 거야. 그러니 돈을 주고서라도 그 문제를 해결하려고 할 거야.
- 그 문제를 경험하는 사람들이 제법 많을 거야.
- 우리가 이러한 제품이나 서비스를 제공하면 고객의 문제를 해결할 수 있을 거야.
- 우리는 제품을 효율적이고 지속적으로 만들어 제공할 수 있을 거야.

이러한 추측을 확인하기 위해 시장조사를 통해 고객을 만나보고, 자료를 찾아보고, 제품을 테스트해보고, 팔아보기도 하는 겁니다. 이렇게 가설을 '검증'합니다.

사실 우리는 지금 이 순간에도 의식하지 못한 채 가설과 검증을 반복하고 있습니다. 이 책을 읽는 여러분이 집에서 나와 근처 식당에서 점심을 먹고, 버스를 타고 대형 서점에 방문해 이 책을 펼쳐 든 뒤, 표지와 목차를 스르륵 훑어보고는 괜찮은 책이라고 생각하여 책을 구매해 귀가했다고 가정해보겠습니다. 그럼 여러분은 채 반나절도 되지 않는 시간 동안 이러한 가설과 검증을 반복했을 겁니다.

가설	검증
오늘 날씨가 많이 춥지 않을 것이다.	나와보니 정말로 날씨가 포근하다.
배가 고픈데 식당에서 밥을 먹으면 배를 채울 수 있을 것이다.	먹어보니 음식의 양이 줄어서 배가 조금 허전하다.
거리가 애매하긴 한데 버스를 타면 걷는 것보단 빨리 도착할 것이다.	버스를 탄 덕분에 역시 10분 정도 일찍 도착했다.
서점에 가면 프로덕트 매니저에 관한 책이 한 권쯤은 분명 있을 것이다.	프로덕트 매니저에 관한 책이 세 권 있다.
제목과 표지를 보아하니 취업 준비생인 나한테 더 적합한 책은 이 책일 것이다.	목차를 비교해보니 맞는 것 같다. 다른 책은 현업 종사자를 위한 전문적인 내용이다.
목차와 서문을 보니 이 책의 저자는 쉽고 자세하게 풀어 쓰는 사람 같다.	앞에 두 챕터 정도를 읽어보니 역시 맞다.

물론 이건 어디까지 예시일 뿐입니다. 자세한 과정, 가설의 구체적인 내용과 검증의 방안은 다를 겁니다. 그러나 여러분이 이 책을 사서 읽는 과정에는 여러분도 의식하지 못한 채 수많은 가설과 검증, 추측과 확인이 반복되었습니다. 다만 점심 식사나 버스 탑승과 같은 일상 속의 활동은 이미 앞서 수많은 경험을 통해 검증이 완료되었기에 더 이상 의식하지 않았을 뿐입니다. 혹은 의식하여 가설을 수립하고 검증 방안을 설계할 만큼 굳이 그렇게 중요한 문제가 아닐 수도 있고요.

  논리적 사고란 현재 알고 있는 것을 바탕으로 추측하고, 새로운 정보를 얻어 추측이 맞는지 확인하고, 다시 이를 바탕으로 새로운 추측을 하는 과정의 연속입니다. 알고 있는 정보의 양을 늘리고, 오래된 정보는 최신의 정보로 대체합니다. 이런 과정을 통해 추측의 정확도를 높입니다. 100% 정확한 결과를 예측할 수는 없지만 추측의 정확도를 50%에서 80% 정도로 높일 수는 있으니까요. 우리의 추측의 정확도가 어느 정도 수준에 도달했다고 생각하면, 해당 문제에 대해서는 더 이상 의식적으로 노력하여 가설을 세우거나 정보를 얻지 않습니다. 새롭고 더 중요한 문제를 해결하고 가설을 검증하기 위해 이동합니다.

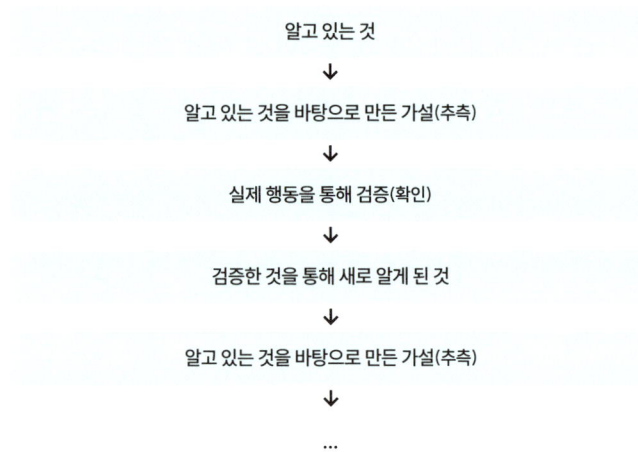

우리의 모든 사고 활동과 행동은 가설과 검증의 반복의 과정입니다.

가설의 조건

프로덕트 매니저 혹은 기획자가 하는 일은 가설을 세우고 검증하는 과정의 반복입니다. 우리가 하는 모든 것은 가설이고 검증이니, 우리는 아무런 가설이나 만들어보면 되는 걸까요? 아무 추측이나 생각나는 대로 던져보면 가설이 되는 걸까요? 아쉽게도 그렇지는 않습니다.

가설은 검증과 하나의 세트를 이룹니다. 검증할 수 없다면 가설로서 의미가 없습니다. 비즈니스에서 우리가 하는 추측이란 번뜩이는 아이디어와 창의력으로 상상하는 것과는 다릅니다. 어떤 현상을 놓고 '이럴 것이다'라고 추측했다면, 정말 그런지 확인하고 이를 증명할 수 있어야 추측을 하는 효용이 생깁니다. 즉 프로덕트 매니저, 기획자의 가설은 검증할 수 있는 것이어야 합니다.

비즈니스에서 가설을 검증할 수 있다는 것은 ① 가설을 명확하게 정의할 수 있고 ② 이를 바탕으로 측정하여 ③ 숫자로 드러낼 수 있다는 뜻입니다. '명확하게 정의'하는 일에 대해서는 앞에서 살펴보았습니다. 그러나 명확하게 정의된 가설이라 할지라도 측정하여 숫자로 나타낼 수 없다면, 다른 사람에게 설명할 수 없고 설득할 수도 없습니다. "무슨 말인지 알겠는데, 그래서 결과가 어떻다는 건가요?"라는 동료나 사수, 임원 및 대표님의 질문에 답을 할 수 없으니까요. 그래서 가설을 조금 더 어렵게 표현하면 '반증 가능한 추측이나 가정'이라고 설명하기도 합니다. 결과를 측정해서 드러낼 수 있다면 가설이 맞는지 혹은 맞지 않는지 증명할 수 있으니까요.

예를 들어보겠습니다. '밥을 먹으면 배가 부를 거야'라는 추측은 가설이 될 수 있을까요? 우선 정의가 모호합니다. 이 추측에서 이야기하는 밥이란 무엇인가요? 쌀밥을 의미하나요, 혹은 식사 일체를 의미하나요? 식사라면 메뉴는 구체적으로 무엇인가요? 혹은 식사의 양은 어떤가요? 무어라도 좋으니 식당에서 식사 메뉴로 판매하는 메뉴 중 하나로 '밥'을 정의했다고 가정해봅시다. 그럼 배부름은 어떻게 증명할 수 있을까요? 반대로 배가 부르지 않다는 건 어떻게 증명할 수 있을까요? 제가 배부르다고 하면 배가 부른 걸까요? 그런데 이걸 남들에게는 대체 어떻게 설명할 수 있을까요? '느낌적인 느낌'인걸요. 이런 경우 '밥을 먹으면 배가 부를 거야'라는 추측은 가설이 되지 못합니다. 밥과 배부름을 정의하더라도 측정해서 증명하거나 반증할 수 없으니까요.

물론 위의 예시를 과학의 영역으로 확장하면 충분히 가설로 만들 수 있을 겁니다. 가령 식사 후 위장의 크기가 얼마나 변화했는지, 몸무게는 얼마나 증가했는지, 식사 후 위산 또는 각종 호르몬의 분비량이 어떻게 변화했는지 등 '밥을 먹는 행위'와 관련된 여러 활동을 살펴보고 이를 측정한다면 숫자로 드러낼 수 있을테니까요. 그렇다면 '밥을 먹으면 배가 부르다'라는 추측은 가설이 될 수 있습니다.

그러나 이처럼 과학적으로 접근해야 추측을 검증할 수 있는 건 아닙니다. 우리의 일상 속 수많은 추측도 증명 혹은 반증 가능한 가설이 되곤 합니다. 모의고사 수학 점수를 올리기 위해 다니던 학원을 그만두고 다른 학원에 새로 등록한 수험생이 있다고 가정해봅시다. 이 경우 수험생과 학부모는 '현재 다니고 있는 A 학원에서 소문난 강사가 있는 B 학원으로 바꾸면, 다음 모의고사의 수학 점수가 증가할 것이다'라는 추측 혹은 기대를 갖고 학원을 옮겼을 겁니다. 이때 이 추측은 어떻게 검증해야 할까요? 이미 추측 속에 정답이 있습니다. '수학 점수'가 올라간다면 추측이 검증되고 그렇지 않으면 반증이 될 테니까요.

그래서 프로덕트 매니저나 기획자는 제품 및 서비스와 관련된 각종 지표와 숫자와 친해질 수밖에 없습니다. 나의 기획, 나의 추측을 검증하려면 숫자로 된 측정값이 필요하니까요. 물론 제품이 크고 복잡하다면 여러 가지 통계 모델, 분석 도구 또는 분석 언어를 이용해 구체적이고 심도 있게 분석해야겠지만, 이러한 분석 작업은 동료 데이터 분석가들이 하게 될 겁니다. 하지만 프로덕트 매니저 또는 기획자 역시 자신의 기획, 자신의 제품과 서비스가 어떤 지표로 표현되고 검증될 수 있는지를 알아야겠죠. 가설은 검증이 되어야 완성되며, 검증되지 못하는 가설은 의미가 없으니까요.

(Who) 어떤 유형의 사용자 또는 고객이/고객에게
          어떤 행동을 하는 사용자 또는 고객이/고객에게

(When / If) ~를 하면, ~를 할 때에, ~한 경우에

(Then) ~할 것이고 그 결과 지표 A가 ~만큼 증가/감소할 것이다
          ~한 반응을 보여 지표 B가 ~만큼 증가/감소할 것이다

가설마다 다르겠지만, 제품과 서비스에 기능을 추가하거나 실험을 하는 경우라면 대개 가설은 이러한 형태로 정리될 수 있을 겁니다.
구체적으로 누구에게 무엇을 하고, 그래서 구체적으로 어떤 지표가 어떻게 변화해야 하는지를 생각해보세요.

가설의 종류

이제 가설과 검증이란 게 무엇인지, 우리의 추측이 어엿한 가설이 되기 위해서 필요한 조건이 무엇인지 살펴보았습니다. 그럼 우리는 어떤 가설을 만들어볼 수 있을까요? 실제 업무에서는 어떤 가설을 세우게 되는 걸까요?

가설이란 건 어디까지나 증명 혹은 반증 가능한 추측이므로 상황에 따라, 필요에 따라 얼마든지 다양한 가설이 생겨나고 또 폐기될 겁니다. 꼭 IT 제품과 서비스에서만 가설을 세우는 것도 아니고요. 그렇지만 프로덕트 매니저로서 만드는 다양하고 수많은 가설을 아래와 같이 몇 가지 유형으로 분류해볼 수는 있을 것 같습니다. 하나씩 살펴보겠습니다.

1 시장과 고객에 대한 가설
2 제품과 제품의 가치에 대한 가설
3 제품과 비즈니스의 성장에 대한 가설

시장과 고객에 대한 가설은 이미 앞선 내용에서 살펴본 것과 동일합니다.

- 시장에는 이러한 고객이 이러한 문제를 경험하고 있지 않을까?
- 그 고객들은 이러한 문제를 해결하기 위해 돈이나 시간을 들일 만큼 문제를 절실하게, 충분히, 자주, 많이 경험하고 있지 않을까?

- 이러한 문제를 경험하는 고객이 충분히 많지 않을까?
- 이러한 문제는 이러한 상황과 맥락에서, 혹은 이러한 이유로 경험하고 있지는 않을까?

물론 산업과 제품, 서비스의 유형에 따라 이 밖에도 고객에 대해 파악해야 하는 내용이 많을 겁니다. 정책을 기획한다면 고객의 연령, 지역, 성별과 같은 인구통계학적 정보나 특정 직업군 또는 연차 등이 유의미한 지표가 될 수 있습니다. 그러나 핵심은 동일할 거라고 생각합니다. 고객이 있는지, 문제를 겪고 있는지, 그 문제가 해결할 만한 문제가 맞는지 알아야겠죠. 제품과 제품의 가치에 대한 가설은 다음과 같습니다.

- 이러한 문제를 이런 맥락에서 경험하는 고객에게 이러한 제품이나 서비스를 제공하면 그 문제가 해결되지 않을까?
- 고객이 우리 제품과 서비스를 통해 해결하고 제공받길 바라는 가치는 이런 게 아닐까?
- 우리가 가진 자원과 기술로 제품과 서비스를 만들 수 있지 않을까?

역시나 이 외에도 구체적으로 다양한 가설이 있을 수 있습니다. 그러나 제품이란 건 결국 고객의 문제를 해결하기 위한 수단 혹은 매개물이므로, '이러한 형태, 방식, 기능의 제품이라면 고객의 문제를 해결할 수 있을 것이다'라는 가설은 핵심이자 공통 사항일 수밖에 없습니다. 당연히 그런 제품을 우리가 공급할 수 있다는 가설 혹은 전제가 밑바탕에 있어야겠죠.

제품과 비즈니스의 성장에 대한 가설이란 건 이런 겁니다. 고객이 우리가 추측한 문제를 실제로 경험하고 있고, 그런 고객의 수도 많고 값을 지불할 의사도 있어 시장이 있는데다, 우리가 제공하는 제품과 서비스를 통해 고객이 만족스럽게 문제를 해결하여 가치를 제공받았다고 가정해봅시다. 그럼 거기서 끝일까요? 프로덕트 매니저 또는 기획자로서 우리는 이렇게 여러 가설과 검증의 과정을 거쳐 자리잡은 제품과 비즈니스가 계속 성장하기를 바랄 겁니다. 그렇다면 어떻게 하면 제품과 비즈니스가 성장할 수 있는지, 더 많은 고객이 더 자주, 오래 우리 제품과 서비스를 찾아주고 더 많은 매출을 발생시키고 더 많은 순이익을 남길 수 있을지 고민할 겁니다.

- 시장에 동일한 유형의 고객이 더 많지는 않을까?
- 혹은 더 다양한 고객들에게 우리의 제품과 서비스를 제공할 수 있진 않을까?
- 더 많은 고객이 우리 제품과 서비스를 발견하여 사용하게 만들 수 있지 않을까?
- 고객이 우리 제품과 서비스를 발견하여 사용하게끔 홍보하는 과정을 더 쉽고 저렴하게 진행할 수 있지 않을까?
- 이미 우리 제품과 서비스를 이용하게 된 고객이 우리의 제품과 서비스를 계속해서, 더 오래, 더 자주, 더 많이 사용하고 구매하게 만들 수 있지 않을까?
- 동일한 제품과 서비스를 더 쉽고 빠르게, 더 저렴하게 생산하여 제공할 수 있지 않을까?

다시 식당을 예로 들어봅시다. 시장과 고객, 제품에 대한 가설과 검증의 과정을 거쳐 진한 육수의 돈코츠라멘과 쇼유라멘을 주 메뉴로 하는 가게를 열었습니다. 그런데 가게에 찾아오는 고객의 수가 비슷하고 늘 같은 손님만 찾아옵니다. 이곳저곳에 가게를 홍보하면 조금 더 먼 곳에서도 더 다양한 손님이 우리의 돈코츠라멘과 쇼유라멘을 찾아 방문할 수도 있지 않을까요? 혹은 기존 고객들의 반응을 보니 의의로 담백한 맛의 시오라멘도 승산이 있겠다는 생각을 하게 됩니다. 또 사이드 메뉴가 있다면 맥주도 곁들일 수 있어 퇴근길에 더 자주 찾을 것 같다는 생각을 하게 됩니다. 그럼 이러한 메뉴 한두 개를 추가하면 이전에 찾아오지 않던 고객들도 우리 가게에 찾아오게 할 수 있지는 않을까요?

또는 배달 플랫폼에 입점하는 것 외에도 SNS를 통해 더 공격적으로 홍보할 수는 없을까요? 고객들이 굳이 우리의 가게 앞을 지나가지 않아도, 우리 지역에 살지 않아도 우리 가게에 대해 알 수 있게 만들 수는 있지 않을까요? 지역별 맛집 리스트를 소개하는 인스타그램 계정에 홍보나 협찬을 제안할 수는 없을까요? 유명 블로거에게 섭외를 제안할 수는 없을까요? 또는 이런 비용이 너무 부담스럽다면, 간단한 서비스를 제공하는 리뷰 이벤트를 통해 훨씬 더 저렴하게 홍보를 할 수는 없을까요? 쿠폰이나 포인트 정책을 이용해 고객이 한 번 더 방문하게 만들 수는 없을까요? 모아두기 시작한 쿠폰이나 포인트가 아까워서라도 다른 가게 대신 우리 가게에 한 번 더 방문하게 되진 않을까요?

이미 존재하는 제품과 서비스의 프로덕트 매니저 혹은 기획자로서 제품의 성장을 담당하게 된다면, 여러분이 하게 될 고민과 세우게 될 가설은 대부분 이런 맥락에서 벗어나지 않을 겁니다.

가설의 검증 방안

우리는 이제 가설과 검증이 무엇인지 알았고, 우리의 엉성한 추측이 어엿한 가설이 되기 위한 조건과, 제품과 서비스를 담당하는 프로덕트 매니저로서 세우게 될 가설의 대표적인 유형도 알게 되었습니다. 그렇다면 이런 가설은 어떻게 하면 검증할 수 있을까요?

프로덕트 매니저 또는 기획자로서 하는 대부분의 업무는 가설을 검증하는 일이라고 했습니다. 그러니 가설을 검증하는 방법을 알기 위해서는 프로덕트 매니저와 기획자가 하는 일들을 살펴보는 것도 방법입니다. 그런데 여러분에게는 먼저 어떤 일이 떠오르나요? 혹시 화면 설계서를 그리고, 이를 디자이너와 개발자와 논의하여 새로운 서비스나 기능을 출시하고 배포하는 게 떠올랐나요? 그렇다면 반은 맞고 반은 틀렸습니다.

반이 맞은 이유는 새로운 제품, 서비스, 기능을 출시 및 배포하는 일이 절대적으로 많은 시간을 차지하기 때문입니다. 분명 동료 디자이너 및 개발자의 대부분의 시간은 여기에 할애합니다. 그럼 나머지 반은 틀린 이유는 무엇일까요? 새로운 제품이나 서비스, 기능을 출시하는 것 외에도 가설을 검증하는 방안은 얼마든지 많기 때문입니다.

프로덕트 매니저가 가설을 검증하는 방법은 이처럼 여러 가지가 있습니다.

1 설문조사와 인터뷰로 직접 물어보기

가설은 크게 시장과 고객에 대한 가설, 제품과 제품의 가치에 대한 가설, 제품과 비즈니스의 성장에 대한 가설이 있습니다. 그럼 우리가 생각하는 유형의 고객과 문제가 존재하는지 알기 위해 반드시 실제 제품이나 서비스를 만들어봐야 할까요? 혹시 내 가설에 부합하는 사람들을 만나 직접 물어보면 안 될까요? 평소에 이런 고민이 있진 않앉는지, 있다면 얼마나 자주 하는지, 어떤 이유로 하는지 말이죠. 그래서 기업은 시장조사를 하고, 설문조사를 하고, 나아가 고객을 직접 만나 인터뷰를 하기도 합니다.

물론 물어보는 것만으로 모든 걸 알 수는 없습니다. 누군가는 우리를 속일 수도 있고, 속이려 하지 않아도 어쩌다 보니 진심과 다른 말을 하거나, 그때는 진심이었지만 지금은 아닐 수도 있습니다. 그래서 이를 더 정확하게 하고자 많은 고객을 만나보고, 포커스 그룹 인터뷰 Focus Group Interview 등의 다양한 인터뷰를 진행하기도 하고, 혹은 각종 편향과 오해를 없애기 위해 설문조사의 설계에 더 많은 공을 들일 수도 있습니다. 중요한 건 실제 제품과 서비스를 만들지 않고도 우리의 질문에 답을 구하고 가설을 검증할 수 있는 방안이 있다는 점입니다. 다만 스타트업에서 이제 막 새로운 가설을 세운 경우라면, 너무 엄밀하고 어려운 인터뷰 및 설문조사를 설계하거나 사용할 필요는 없는 것 같습니다. 문제 정의의 단서를 얻고 가설을 일정 수준으로 검증하기 위해서는 일반적인 질의응답으로도 충분할 수 있습니다.

혹시 고객이 정말로 본인의 문제를 해결하기 위해 돈이나 시간을 들일 의사가 있는지, 그만큼 절실하게 문제를 경험하는지를 알기 위해서도 설문조사나 인터뷰를 사용해볼 순 없을까요? 이 경우에도 꼭 실제 제품이나 서비스가 있어야만 할까요? 물론 제품과 서비스를 만들어 출시하고 나면 정말로 돈이나 시간을 들여서라도 문제를 해결하고 싶은 고객이 누구인지, 얼마나 되는지 알 수 있을 겁니다. '실제로' 제품이 있어야 고객이 '실제로' 사는지 확인할 수 있으니까요. 그렇지만 '거의 살 것 같은' 고객 혹은 '구매할 확률이 높은 것 같은' 고객을 아는 정도로도 충분하다면, 실제 제품이나 서비스가 필요하지 않을 수도 있습니다.

대신 고객에게 그 고민을 해결하기 위해 평소에 나름의 해결책이나 노하우가 있는지 물어보면 어떨까요? 고객이 정말 자신이 경험하는 문제를 심각하게 받아들이고 있다면, 이미 어떤 식으로든 어떤 제품이나 서비스를 이용해서라도 얼추 해결하고 있지 않을까요? 더 나아가 기존의 방식과 제품에서 아쉬운 부분은 무엇이었는지, 그럼에도 여러 대안 중 그 방식이나 제품을 선택한 이유를 물어본다면, 우리 제품과 서비스를 기획하는 데 추가적인 단서를 얻을 수도 있을 겁니다.

직접 물어보는 게 만능은 아닙니다. 그러나 직접 물어보는 것만으로도 답을 구할 수 있는 질문은 분명 있습니다.

2 프리토타입

만약 직접 물어보는 것만으로는 부족하다면, '실제 제품처럼 보이는 것'을 만들어보면 어떨까요? 실제 완성된 제품은 아니지만, 마치 제품이 있는 것처럼 행동하는 겁니다. 『아이디어 불패의 법칙』이라는 책에서 저자는 실제 제품이 없이도 우리의 아이디어와 가설을 검증할 수 있는 여러 가지 방법을 소개합니다. 시제품을 의미하는 프로토타입 Prototype 보다도 앞서 진행한다는 의미에서 '프리토타입 Pretotype'이라고 부르는데요. 가령 어느 골목에 서점을 열면 실제로 장사가 될 것 같은지, 서점을 방문할 만한 고객이 얼마나 되는지 알기 위해 진짜로 서점을 열어보는 대신, 빈 가게를 빌려 외관만 간단히 서점처럼 꾸미고 빈 가게가 진짜 서점인 줄로 알고 들어가는 행인의 수를 세어보는 거죠. 물론 실제로 책을 구매해서 나오는 여부까지는 알 수 없지만, 적어도 이 지역에 지나가다 서점을 방문할 만한 사람들의 수를 어림잡아 짐작하는 데는 충분할 겁니다.

우리가 소비자로서 종종 경험하는 팝업 스토어나 크라우드 펀딩 응원, 사전 모집 등도 이와 크게 다르지 않습니다. 큰 돈을 들여 부동산을 임차해 인테리어를 진행하여 가게를 열어보지 않고도 며칠 간의 팝업 스토어를 통해 제품에 대한 고객의 구매 의사와 규모를 검증해볼 수 있습니다. 또는 실제 제품은 없지만 제품이 나오게 되면 어떤 모습일지, 어떤 기능을 통해 어떤 문제를 해결해주는지, 가격과 구성은 어떤지 소개하는 상세 페이지를 만들어 사전 신청 혹은 펀딩 응원의 메시지를 받을 수도 있습니다. 신청 또는 응원을 남긴 모든 이들이 구매자가 되진 않겠지만, 적어도 구매 의사 내지는 관심이 있는 고객이 어느 정도 되는지는 충분히 파악해볼 수 있겠죠. 진짜 제품이나 서비스가 없이도요.

물론 여러분이 온라인 웹/앱만을 제품이라고 생각한다면 이러한 방안이 낯설 수도 있습니다. '그럼 홈페이지가 있는 척을 해야 하나? 기능이 있는 척을 해야 하나?' 싶은 생각에 의아할 수도 있습니다. 저는 지금껏 단 한 번도 '제품 = 온라인 웹/앱'이라고 정의한 적이 없습니다. 제 정의만이 아니라 실제로 그렇습니다. 웹/앱은 대부분 서비스가 소개되고, 전달되기 위한 중간 과정, 매개체, 채널, 또는 플랫폼인 경우가 많습니다. 많은 제품과 서비스는 웹/앱 바깥의 오프라인에 존재합니다. 예컨대 항공권 예약 플랫폼에서의 제품은 예약 사이트만인가요, 혹은 항공권 및 패키지 상품도 제품인가요? 인터넷 직무 강의를 제공하는 사이트의 제품은 직무 강의인가요 강의를 구매하기 위한 홈페이지인가요? 요지는 실제 제품이 없이도 제품같이 보이는 무언가로 여러분의 제품에 대한 구매 의사를 확인할 방안은 얼마든지 있다는 겁니다.

3   사용성 테스트와 QA

실제 제품과 서비스를 통해서만 검증할 수 있는 가설이 있습니다. 제품은 고객의 문제를 해결하는 수단이고, 정말로 문제를 해결하고 가치를 제공하는지 알기 위해서는 어떤 식으로든 실제 제품을 제공해야 하니까요. 그런데 우리의 제품과 서비스가 고객의 문제를 우리가 의도한 대로 해결하고 가치를 제공할 수 있을지 알기 위해서 제품의 실제 출시를 기다려야만 한다면 너무 늦지 않을까요? 특히나 사용성이 너무 불편하거나 제품의 품질에 문제가 있다면, 이를 제품이 완성된 후에 전부 뒤엎거나 뜯어 고친다면 너무 허무하지 않을까요? (물론 한 번 만든 제품이 이후 수정 없이 그대로 완성되는 경우는 사실상 없습니다.)

이를 위해 여러분의 동료인 프로덕트 디자이너 또는 UI/UX 디자이너들은 사용성 테스트Usability Test를 진행합니다. 디자이너는 '고객이 이러이러한 문제가 있고, 이러한 문제를 해결하기 위해서는 제품이 이러한 구성과 기능을 이러한 위치에서 이러한 형태와 방식으로 제공해야만 고객이 가장 쉽고 편리하게, 혼선 없이 제품을 이해하고 사용할 수 있을 것이다'라는 가설을 토대로 제품의 경험과 시각적 요소를 설계합니다. 무엇이 가장 먼저 보여야 하는지, 무엇이 어디에 위치해야 하는지, 이걸 클릭했을 때 정보는 어떤 순서로 어떻게 보여야 하는지 등을 말이죠.

그런데 이것 역시 어디까지나 가설입니다. 실제 사용해보기 전까지는 모릅니다. 그래서 출시 전에 우리가 제품을 제공하고 싶은 실제 고객 혹은 그 고객과 가장 유사한 사람들을 만나 사용법을 설명해주지 않고 제품을 사용해보게끔 합니다. 고객이 해결하고 싶은 문제를 해결하기 위해서, 우리가 설계한 기능을 잘 발견하는지, 발견한 기능을 잘 이해하는지, 이해한 걸 바탕으로 잘 사용해서 결과적으로 원하는 걸 얻어내는지 살펴봅니다. 말 그대로 사용성이 괜찮은지 살펴봅니다. 이 경우에도 실제 제품은 아직 출시되지 않았습니다. 어디까지나 사용성을 살펴볼 만큼의 디자인 파일, 혹은 약식 형태의 제품이 있을 뿐입니다.

이른바 품질 보증 또는 검수라고도 부르는 QA Quality Assurance의 경우 통상 '오류가 없는지 확인하는 과정'으로 설명됩니다. 웹/앱 제품 내의 복잡하고 다양한 경우의 수를 잘 정리해서 의도한 대로 기능이 동작하는지 확인합니다. 화면 설계서 등의 기획안에서 명시한 대로 작동된다면 통과하고, 이상이 있는 부분은 다시 수정합니다. 그런데 저는 이 역시도 넓은 의미에서는 가설을 검증하는 과정이라고 생각합니다. '제품이 의도한 대로 잘 만들어졌을 것이다. 그래서 실제 사용자는 어떠한 오류 없이 의도한 활동을 정상적으로 잘 수행할 수 있을 것이다.'라는 가설을 확인하는 겁니다. 이를 통해 우리의 제품의 품질을 보장하는지 확인하는 겁니다.

더욱이 저는 오류를 단순히 오류라서 발견하고 수정하는 건 아니라고 생각합니다. 오류를 발견하고 수정하는 이유는, 이러한 오류가 때로 우리의 가설을 확인하는 데에 장애물이 될 수 있기 때문입니다. 제품에서 품질 문제는 제품이 과연 제대로 문제를 해결하고 가치를 제공하는지 확인하지 못하게 만듭니다. 오류가 나쁘다는 건 그저 불편하거나 이상해서가 아니라, 우리가 제품을 만드는 이유에 어긋나기 때문입니다.

4 실제 제품과 A/B 테스트

실제 제품이 출시되면 우리는 인터뷰나 설문조사, 프리토타입 등으로 그 전에는 알지 못했던 가설들을 검증하게 됩니다. 구매 의향이 있을 것 같은 고객이 아닌 실제 구매자를 알 수 있게 되고, 이들이 제품과 서비스를 어떻게 사용하고 또 얼마나 사용하는지 알 수 있게 됩니다.

그런데 실제 제품을 구상하는 과정 혹은 제품이 출시되고 이를 개선하거나 수정하는 과정에서, 우리가 떠올리는 방안이 과연 한 가지일까요? 제품과 서비스에 대해 논의를 하다 보면 여러 아이디어와 대안이 생기곤 합니다. 그렇다고 모든 아이디어와 대안을 제품으로 만들어볼 수도 없습니다. 또는 고객에게 '어느 게 좋은지 모르겠으니 이것도 가지고, 저것도 가지세요!'라며 둘 다 제공할 수도 없습니다. 돈이나 시간이 많이 들거나, 법이나 의료, 정책이나 보안처럼 그러면 안 되는 경우도 있을 테니까요.

그러면 우리는 대체 실제 제품과 서비스에서 여러 옵션 중 더 나은 방안이 무엇인지를 어떻게 알 수 있을까요? 이런 고민을 해결하기 위해 많은 IT 제품은 A/B 테스트를 진행합니다. A 그룹의 사람들에게는 이걸 주고 B 그룹의 사람들에게는 저걸 줘서, 어떤 그룹의 결과가 더 좋은지를 확인해보는 겁니다. 그러면 굳이 두 가지 방안을 모두 최종 버전으로 완성해 출시할 필요가 없고, 모든 고객에게 두 가지를 제공하지 않고서도 어떤 방안이 고객의 문제를 더 잘 해결하는지를 알 수 있을 겁니다.

사실 A/B 테스트는 이보다 더 복잡한 개념입니다. 단순히 사람들을 불러 모아놓고 절반으로 나눈 뒤 아무거나 두 가지를 나눠주는 것만으로는 A/B 테스트가 되지 못합니다. 또는 두 개 이상을 비교할 수도 있으며, 정확한 이해를 위해서는 표본집단과 모집단, 독립변수와 종속변수, 표본의 수와 p값p-value, 확률과 우연 등 통계 지식을 이용해야 합니다.

프로덕트 매니저로서 이해해야 하는 A/B 테스트에 관한 이야기는 뒤에서 다시 이어 나가겠습니다. 우선 우리는 여러 대안을 떠올리고, 각 대안을 모두 최종본으로 만들어 제공하지 않고도 더 나은 방안이 무엇인지 비교해볼 수 있는 방법이 있다는 걸 알면 됩니다.

| 5 | 데이터 분석 |

  데이터 분석은 개발이나 서비스 기획 또는 프로덕트 매니저만큼이나 IT 영역으로의 취업 또는 직무 전환을 희망하는 분들에게 뜨거운 관심을 받는 분야인 것 같습니다. 빅데이터, 머신러닝, 딥러닝 등의 멋진 용어가 등장하기도 합니다.

  여담이지만 저는 숫자로 세상을 이해하고 숫자로 된 질문을 던지기를 좋아합니다. 프로덕트 매니저 직무로 일을 하기 전 작은 스타트업에서 일할 때는 서비스의 운영 개선 및 관리를 위한 데이터 파이프라인을 설계하고, 대시보드를 구성하고, 분석하는 일도 병행했습니다. 그때의 경험이 프로덕트 매니저로서 제품과 서비스의 지표를 분석하는 데에 많은 도움이 되고 있습니다.

  프로덕트 매니저는 데이터 분석가도 아닌데 왜 데이터를 들여다 보는 걸까요? 숫자를 보면 여러 가설에 대한 답을 얻을 수 있기 때문입니다. 어떤 데이터를 언제 어떻게 측정하고 수집하느냐에 따라 다르겠지만, 제품과 서비스에 담긴 데이터를 보면 어떤 유형의 고객이, 어떤 디바이스(기기) 환경에서, 언제, 어떤 행동을 얼마나 하는지 등을 알 수 있습니다. 이후 이야기할 리텐션Retention과 전환율Conversion Rate, 체류 시간, 방문 빈도, RFMRecency, Frequency, Monetary 등 우리의 비즈니스와 관련된 고객의 주요한 현황과 추이를 확인할 수 있습니다. 결국 이 지표를 확인하기 위해 제품을 출시하고, 데이터를 수집하고 분석하는 겁니다.

  제품과 서비스에 대한 고객의 반응과 구체적인 행동을 나타낸 데이터를 분석하려면, 어떤 식으로든 실제로 고객에게 제품이 전달되어야 합니다. 제품이 없는데 제품에 대한 반응과 행동을 할 수는 없으니까요. 한편 어떻게 설계하느냐에 따라 고객에 대해 가장 많은 것을 알 수 있는 방안이기도 합니다. 인터뷰와 설문조사, 사용성 테스트의 딥변은 거짓일 수 있습니다. 그렇지만 고객이 남긴 행동에는 진실이 담겨 있습니다.

다만 실제 제품에 쌓인 데이터로도 알 수 없는 게 있습니다. 바로 '왜Why'로 시작하는 가설에 대한 답입니다. 누가 언제 어디에서 무엇을 얼마나 사용하고 구매했는지는 데이터로 차곡차곡 기록됩니다. 그런데 왜 그렇게 행동했는지, 왜 구매하거나 구매하지 않았는지는 결코 알 수 없습니다. 결국 직접 물어봐야 합니다. 그래서 제품 출시 후에도 설문조사와 인터뷰는 여전히 유효합니다. 또는 고객이 우리 제품과 서비스에 직접 남긴 문의 내역과 불편 사항인 VoCVoice of Customer 역시 강력한 단서가 됩니다.

6 베타 테스트

실제 제품을 통해 고객의 구체적인 사용 후기나 행동 데이터 등으로 가설을 검증해야 하는데, 꼭 모든 고객에게 한꺼번에 제품을 제공해야 할까요? 게임을 좋아하는 분이라면 '베타 테스트'에 익숙할 겁니다. 신청자 중 특정 기준을 통해 선발한 일부 사용자에게만 게임을 제공하여 최종 출시 전 피드백을 받아보는 방식입니다. 실제 고객의 반응과 행동이 필요하지만 우려되는 부분이 있다거나 더 높은 품질을 달성하기 위해 개선할 여지를 찾을 때에 효과적입니다. 베타 테스터가 된 고객은 좋은 서비스를 다른 사람들보다 미리 체험할 수 있으니 기쁘고, 베타 테스트이므로 정식 출시된 제품에서라면 실망했을 실수나 오류, 아쉬운 부분에 대해 상대적으로 덜 민감합니다. 제품과 서비스를 공급하고 운영하는 입장에선, 개선할 여지를 미리 발견할 수 있고, 운영의 부담이 감소하면서도 시장과 고객에 대한 가설은 여전히 검증할 수 있습니다.

실제로 배달의민족은 쇼핑몰 서비스인 'B마트'를 정식 출시하기 전에 서울시 송파구 한 곳에서만 먼저 서비스를 테스트해보았다고 합니다. 다른 지역에 비해 1인 가구 비중이 높고 소비력이 높아 배달비에 상대적으로 덜 민감하면서도, 인구 밀집도는 높아 배달 서비스를 운영하기에 유리하기 때문이었죠. 최근 토스는 모바일 요금제를 출시했는데, 이 역시 일부 고객을 대상으로 제한적이고 단계적으로 먼저 소개했습니다.

베타 테스트를 진행하는 경우에도 반드시 모든 고객을 실험에 노출시킬 필요는 없습니다. 실험의 가설을 검증하는 데에 필요한 표본을 수집하는 데 문제가 없다면, 혹은 실험에 따른 부작용이 우려된다면, 일부 고객을 대상으로 실험을 진행할 수도 있습니다. 조금 더 구체적인 이야기는 이후에 이어가겠습니다.

앞서 우리는 반드시 실제 제품이 있어야만 가설을 검증할 수 있는 게 아니라는 이야기를 했습니다. 다양한 검증 방안에 대해서도 살펴보았습니다. 마찬가지로 우리가 만나는 모든 고객을 대상으로 검증해야만 하는 것도 아닙니다. 무엇이든 알고 싶은 것을 알기 위해 적절한 방법으로 적절한 만큼만 진행하면 됩니다. 기획은 정의한 문제를 해결하기 위한 최적의 방법을 찾아내는 일이기도 합니다. 검증 방안 역시 마찬가지입니다.

가설을 가장 효율적으로 검증하기 위한 린과 MVP

1 린 스타트업

  가설을 검증할 수 있는 데에는 여러 방법이 있지만, 결국 어느 시점에는 실제 제품이나 서비스를 출시해야만 합니다. 어떤 가설은 제품을 실제로 출시해야만 검증할 수 있고, 더욱이 우리는 결과적으로 사용자에게 제품을 통해서 실제 가치를 제공할 수 있으니까요. 앞서 살펴본 여러 방안은 '잘 모르겠으니 일단 제품부터 만들어보자!' 하는 상황을 피하기 위한 방법에 가깝습니다.

  그럼 우리는 제품이나 서비스를 얼마나 어떻게 만들어야 할까요? 이것저것 좋아 보이는 것들을 모두 담아 업계와 고객을 모두 깜짝 놀라게 해야 하지 않을까요? 혹은 요즘 유행하는 키워드를 모두 담아 업계를 선도할 제품을 내놓아야 하는 건 아닐까요? 판교의 멋진 기획자들은 그런 걸 하지 않던가요? 아쉽게도 아닙니다. 최소한 IT 제품을 제공하고 있거나, 스타트업처럼 이전에 없던 새로운 제품과 서비스, 비즈니스 모델을 검증해 나가는 경우라면요.

우리는 어디까지나 시장과 고객, 제품과 가치에 대한 가설을 검증하기 위해 실제 제품과 서비스를 만들어 출시하는 중입니다. 그럼 우리의 제품과 서비스엔 어떤 기능과 정책이 있어야 할까요? 우리의 가설을 검증하기 위한 기능과 정책이, 더도 덜도 말고 우리의 가설을 검증하는 데 필요한 만큼만 있으면 되지 않을까요? 실제 고객의 반응을 살핀 뒤, 이를 바탕으로 새로운 가설을 세우고 이러한 가설을 검증하기 위해 제품을 개선하거나 새로운 기능을 추가하면 되지 않을까요?

이러한 일련의 사고방식이나 접근법, 또는 가치관을 린Lean이라고 합니다. 『린 스타트업Lean Startup』이라는 책을 통해 소개된 방식이기도 합니다. 린 스타트업이 대두된 지 이미 제법 오랜 시간이 지났지만 여전히 IT 업계에서 여러 논의가 이루어지는 주제이기도 합니다. 모든 산업과 모든 회사, 모든 경우에 적용할 수 있는 만병통치약은 아니지만, 오랜 시간 많은 이들이 추구하거나 논의할 만큼 영향력이 있는 방법론인 건 분명합니다.

그런데 왜 가설을 검증할 만큼만 해야 할까요? 그럼 어딘가 아쉽거나 부족한 상태가 되지는 않을까요? '고객은 왕'이라는데, 우리의 임금님께 하나라도 더 많은 걸 주면 좋은 거 아닐까요? 배달 음식을 시킬 때에도 서비스라도 하나 더 주는 곳을 찾게 되지 않나요? 할인 쿠폰이라도 하나 더 주는 플랫폼을 이용하게 되지 않나요? 기능과 정책은 다다익선 아닌가요?

고객의 입장에선 단기적으로 그럴 수도 있습니다. 그러나 우리가 제공받는 서비스 하나, 쿠폰 하나에도 실은 가설이 숨어 있습니다.

'쿠폰을 주면 구매가 증가할 것이다'라든가, '서비스를 주면 다음에도 또 방문할 것이다'라는 가설이요. 기획자는 그 가설을 검증하기 위해 이에 딱 맞는 쿠폰, 서비스를 제공했을 겁니다. 아무런 목적이나 가설도 없이 무언가를 제공하는 사람은 없습니다.

'가설을 검증할 만큼의 제품'을 만드는 이유는 또 있습니다. 가장 리스크가 적은 방법이기 때문입니다. 세상은 점점 더 빠르게 변하고 있습니다. 지난 달에 유행했던 것이 이번 달에는 더 이상 유효하지 않습니다. 고객의 마음은 금세 바뀝니다. 혹은 다른 누군가가 먼저 나서 고객이 원하는 걸 제공하며 시장을 선점할 수도 있습니다. 세상에 비슷한 아이디어를 가진 사람은 많습니다. 우리만 독보적으로 지닌 원천 기술이 아니라면, 다른 이들도 비슷한 제품과 서비스를 얼마든지 만들어낼 수 있습니다.

이러한 상황에서 우리가 욕심을 내느라 여러 기능과 정책을 덧붙인다면 어떻게 될까요? 그만큼 추가로 비용이 발생하게 됩니다. 사람들의 마음이 변했으니 기껏 고생해 출시한 제품은 외면받을 겁니다. 혹은 다른 누군가가 먼저 앞섰으니, 우리는 후발 주자가 되어 불리한 상황에서 시작하게 될 겁니다.

언제든지 제품을 수정할 수 있는 IT 제품과 서비스 시장에서 속도는 생명입니다. 구성원을 다그치고 야근을 강요하며 속도를 낼 수 있던 시기는 지났습니다. 개발자를 구하기 어렵다고 아우성치는 이때에, 그런 방식으로 일하는 회사에 남아 있을 분들은 많지 않을 겁니다. 결국 속도는 '필요한 만큼만' 만드는 데서 나옵니다. 그래서 우리는 시장과 고객, 문제에 대한 가설을 명확하게 정의하여 필요한 것이 무엇인지 분명히 정리하는 겁니다. 그 이외의 것들은 잠시 잊어두고요.

이 글을 작성하고 있는 지금, ChatGPT의 새로운 버전이 출시된 지 얼마 되지도 않았는데 벌써 이를 응용한 제품이 속속들이 등장하고 있습니다. 여러분보다 더 다양하고 재미난 아이디어를 지닌 사람들이, 더 빠른 몸놀림으로 가설을 수립하고, 제품을 기획하여 출시하고 있습니다. 이런 상황에서 '단순히 요새 유행하니까', '우리 회사 대표님이 말씀하셨으니까', '담당자로서 괜한 욕심이 생겨서' 기능이나 정책을 추가하는 건 너무나 비효율적입니다.

여담이지만 이런 이야기를 하는 저 역시 처음에는 이러한 사실을 몰라 '욕망의 집합체'를 만들었던 적이 있습니다. 지금도 그때의 기획을 생각하면 부끄럽습니다. 그러나 이러한 경험이 있기에 필요 이상의 기능을 얹은 제품을 기획하고 출시할 때의 어려움을 알게 되었습니다. 이 책을 읽는 여러분은 같은 실수를 하지 않기를 바라겠습니다.

2 MVP는 어렵다

가설을 검증하기 위해 필요한 만큼 만들어낸 제품을 MVP_{Minimum Viable Product} 또는 최소 기능 제품이라고 부릅니다. "MVP만 만들어 빠르게 검증해보자." 같은 말을 듣는다면, 가설을 검증하기 위해 필요한 만큼의 기능과 정책, UX를 구현하여 출시하자는 이야기입니다.

그럼 대체 MVP의 수준은 어느 정도인가요? 최소 기능이라는 건 정확히 무엇일까요? 다시 라멘 식당을 예로 들어보겠습니다. 새로 출시한 라멘에 대한 반응을 검증하기 위해 세트 메뉴나 맥주 등은 우선 제쳐 두고, 라멘만 정식 메뉴로 출시했습니다. 그런데 "이것이 바로 나의 가설을 검증하기 위한 최소 수준의 제품입니다."라며 라멘을 대충 일회용 그릇에 담아 전달하면 괜찮을까요? 또는 서비스가 엉망이어도 될까요? 단무지나 김치를 요청하는 손님에게 "네? 단무지랑 김치는 제 가설에 없었는데요?"라고 이야기해도 되는 걸까요?

 우리의 가설과 별개로, 제품과 서비스에 대해 고객이 당연하다고 기대하는 부분이 있습니다. 제품이 제 기능을 하기 위해 필요한 부분일 수도 있고, 시장의 다른 제품과 서비스로 인해 생겨난 기대치일 수도 있습니다. 가령 식당이라면 숟가락과 젓가락 등의 집기류, 물과 티슈는 필수입니다. 메뉴가 아무리 맛이 좋고 가격이 적당해도 집기류도 제공하지 않는 식당에 가는 고객은 없을 겁니다. 밑반찬은 어떤가요? 없어도 그만일 수도 있지만, 단무지와 김치 정도는 기대하기 마련입니다. '저 집은 김치 한 조각 없어'라는 리뷰가 쌓인다면 과연 다른 손님들이 식당에 찾아갈까요?

 온라인 웹/앱의 제품이라면 일정 수준의 속도와 안정성은 필수입니다. 물론 이제 막 창업한 회사의 첫 제품이라면 사용자들도 이해할 수 있을 겁니다. 사용자와의 커뮤니케이션과 이후 조치를 어떻게 하느냐에 따라 "우리도 이해해줄 수 있지. 응원합니다!" 같은 반응을 보일 수도 있습니다. 그러나 이러한 상황이 자꾸 반복된다면, 특히 이미 커질 대로 커진 회사에서 내놓은 MVP가 여전히 초창기만큼의 속도나 안정성을 보인다면 과연 고객이 이전처럼 반응해줄까요? 여태 이런 것 하나 제대로 하지 못하는 서비스라며 돌아서진 않을까요? 개인정보 보호 등의 문제라면 말할 것도 없습니다.

린과 MVP의 방식에 대해 '너무 많은 것을 복잡하게 생각하지 말고 일단 하고 보자'와 같은 의미로 이해할 수도 있습니다. 좋습니다. 일단 하고 보려면 이런저런 것들에 욕심을 낼 확률이 낮아질 테니까요. 그러나 아무리 '최소 기능'이라 할지라도, '제품'으로서 작동하지 않는다면 아무런 의미가 없습니다. 우리는 '최소 기능'을 만드는 게 목적이 아니라, '최소 기능'만 담은 '제품'을 만드는 게 목적이니까요. 예컨대 담을 그릇이 없는 라멘은 제품이 아닙니다. 다시 말해 시장과 고객, 문제에 대한 가설을 검증하고 고객의 문제를 해결할 수 있을 만큼의 기능과 가치는 반드시 담겨 있어야 합니다. 빠르게 진행하기 위해 핵심 정책을 빠트리거나, UX를 엉망으로 설계하거나, 곳곳에 오류가 가득하다면 그것이 최소 기능이든 최대 기능이든 '제품'으로서 작동하지 않습니다. 고객에게 가치를 제공하지 못하니까요.

MVP야말로 우리의 가설을 검증하기 위한 가장 효율적인 방법이라고 이야기했지만, 그 '최소'란 무엇을 의미하는지, 대체 무엇을 얼마나 제공해야 할지, 기획과 구현을 위해 고려해야 할 사항은 무엇인지는 모두 저마다 다릅니다. MVP는 상대적입니다. 그래서 어렵습니다. 프로덕트 매니저 혹은 기획자로서 여러분은 이러한 과정을 거쳐가게 될 겁니다. 각자의 산업에서, 회사와 제품에서, 기획과 목표에 따라 매번 나름의 MVP를 정의하게 될 겁니다. 돌이켜보니 MVP가 아닌 욕망의 집합체를 만들었을 수도 있고, 거꾸로 중요한 무언가를 빠뜨렸을 수도 있습니다. 제품 출시 후 잔뜩 당황하거나, 회고하는 자리에서 한바탕 논쟁이 오고 갈지도 모릅니다. 저 역시 여전히 제품을 통해 제공하고자 하는 가치와, 그 가치를 전달하고자 고객과, 이를 통해 검증하고자 하는 지표와는 무관한 것들을 종종 첫 기획안에 포함시키고 맙니다. 제품의 본질적인 가치보다 예외 케이스, 세부 정책 등을 먼저 떠올리는 탓입니다.

그러나 한편으로는 '그럼 뭐 어떤가' 하는 생각도 듭니다. '이것이 MVP일 것이다'라는 우리의 생각 또한 추측이자 가설인걸요. 추측하고, 시도해보고, 틀리고, 수정해 나가면서 성장하는 겁니다. 제품도, 제품을 담당하는 프로덕트 매니저도 그렇게 성장해 나갑니다. 처음부터 모든 걸 알았더라면, 저도, 이 책도, 여러분도 지금 여기에 없었을 겁니다.

> **제품에서 욕심을 덜어내기 위한 팁Tip**

1. 우선 필요하다고 생각하는 것들을 쭉 정리하고 정의해보기
2. 가설을 검증하려는 고객과 관계없는 기능이라면 덜어내기
3. 해당 고객에게 제공하려는 가치를 전달하는 데에 관계없는 기능이라면 덜어내기
4. 가설을 검증하려는 지표와 관계없는 기능이라면 덜어내기
5. 이 제품 실험을 통해서 침해될 것이 우려되는 부분을 방지하기 위한 기능이나 정책이 아니라면 덜어내기

3 개발 없이 만드는 MVP

제품과 서비스는 자신이 갖고 있는 가설마다 다를 테니 MVP의 형태나 세부 사항에는 정답이 없습니다. MVP를 만드는 방법 역시 꼭 개발이 아닐 수도 있습니다. 모든 가설을 실제 제품이나 서비스를 만들어서 검증할 필요가 없는 것처럼, 제품을 만들어 검증할 때 노션Notion 같은 도구를 이용해 개발 없이, 혹은 약간의 개발만으로 만들어 볼 수도 있습니다. 이런 도구를 노 코드No-code 또는 로우 코드Low-code 도구라고도 합니다. 말 그대로 코드를 작성하지 않거나 거의 필요하지 않다는 뜻입니다.

예컨대 글과 이미지로 된 콘텐츠를 담을 페이지에서 제품이나 서비스를 소개하고 신청자를 접수해야 한다면 노션을 이용해 콘텐츠 페이지를 만들고, 버튼을 클릭해 구글 폼 같은 설문조사 양식으로 이동하게 할 수 있습니다. 노션을 쓴다면 방문자 수 집계 서비스를 노션 페이지에 심어서 페이지 방문 현황을 확인할 수도 있고, 페이지 URL에 비틀리Bitly 같이 클릭 수를 집계하는 서비스를 이용하면 버튼의 클릭 여부와 전환율도 확인할 수 있습니다.

고객에게 안내를 보내는 게 필요하다면 내부 알림이나 앱 푸시 메시지 없이 수동으로 이메일을 보내는 것도 MVP일 수 있습니다. 가령 '특정 콘텐츠를 수신해 이를 인지한 고객은 기대감이 생겨 서비스에 더 자주 방문할 것이다'라는 식의 가설을 세운다고 가정해봅시다. 이런 경우는 고객이 '콘텐츠를 수신하고 인지'하기 위해 내부 알림 또는 앱 푸시 메시지가 없어도 이메일 서비스를 이용해 콘텐츠를 작성하고 보내면 그만입니다. 이메일을 일일이 보내자면 다소 번거롭지만 그것만으로도 유사한 경험과 가치를 제공할 수 있으니까요. 가설이 검증되면 그다음에 실제 제품과 서비스의 알림 기능을 개발해도 늦지 않습니다.

스타트업 시장의 성장과 함께, 개발자 없이도 가설을 검증할 수 있도록 돕는 서비스와 제품이 날로 늘어나고 있고 노하우도 쌓이고 있습니다. 검증하고자 하는 가설이 무엇인지 고민하는 것도 중요하고, 그 가설을 꼭 제품으로 검증해야 하는지 고민하는 것도 중요하지만, 제품이 필요한 경우에 그걸 꼭 실제 개발로 만들어야 하는지 고민하는 것도 중요해졌습니다. 그만큼 좋은 개발자를 만나기가 어렵기 때문이기도 하고, 개발 없이도 MVP를 만들어 볼 수 있는 방안이 많아졌기 때문입니다. 아직 개발자를 구하지 못한 창업가뿐만 아니라, 개발자가 있지만 늘 리소스가 부족해서 고민하는 프로덕트 매니저에게도 해당되는 이야기입니다.

기획의 산출물

꽤 많은 분량을 할애해 기획과 가설에 대해 살펴보았습니다. 이러한 개념과 사고방식이 얼마나 익숙하거나 낯설든, 기획의 마무리 단계에서 우리는 기획의 결과물 또는 산출물을 내놓아야 합니다. 말로만 기획하고 말로만 설명할 수는 없으니까요.

다만 저는 이 책에서 여러분에게 기획안의 산출물을 작성하는 구체적인 방식이나 노하우를 설명하고 싶지는 않습니다. 사실 그건 제 전문 영역이 아닙니다. 이미 그런 내용을 다루는 좋은 책들이 세상에는 얼마든지 많이 있습니다. 화면 설계서와 와이어프레임을 작성하는 노하우와 피그마Figma나 액슈어Axure 혹은 하다 못해 파워포인트PowerPoint를 잘 쓰는 방법을 가르치는 강의도 많습니다. 저 역시 처음 온라인 제품을 담당하게 되었을 때 그런 책들을 가볍게나마 살펴보았습니다.

다만 저는 이 책에서 여러분에게 산출물 너머의 맥락과 배경을 설명하고자 합니다. 왜냐하면 산출물이라는 것도 결국은 하나의 수단 또는 매개물일 뿐이니까요. 어느 도구를 이용해 어떤 양식으로 작성할 건지는 회사마다 다르고, 팀마다 다를 수도 있습니다. 또 프로덕트 매니저 또는 기획자로서 어떤 산출물까지가 여러분의 몫인지도 회사마다, 팀마다, 심지어는 프로젝트마다 다를 수 있습니다. 동시에 이런 구체적인 산출물을 작성하는 방법은 회사에 사수가 있거나 혹은 정해진 양식이 있다면 가장 빠르게 배울 수 있는 부분이기도 합니다. 정말 중요한 건 그 산출물의 맥락과 목적을 이해하는 일입니다. 그러면 이후 얼마든지 응용할 수 있을 겁니다. 저는 이 책에서 다음 세 가지 산출물에 대해 설명하고자 합니다.

- 저니 맵(Journey Map)
- 화면 설계서 또는 스토리보드(Storyboard)
- 제품요구사항정의서(PRD, Product Requirement Documents)

왜 프레임워크인가?

멘토링과 부트캠프에서 프로덕트 매니저 또는 서비스 기획자로 취업을 희망하는 취업 준비생들을 만나곤 합니다. 하나의 제품을 기획하고 제작하여 출시하기까지의 모든 과정을 경험하게 돕는 부트캠프의 특성상, 수강생분들의 과제와 포트폴리오에는 시장 선정부터, 문제 발굴과 정의를 위한 사용자 인터뷰, 저니 맵을 통한 제품과 서비스의 문제점 발견부터 개선안 등에 이르는 내용이 담겨 있습니다. 그런데 대부분의 과제나 포트폴리오는 동일한 흐름과 형식으로 정형화되어 있습니다. 일반적으로 사용하는 프레임워크라는 게 있으니까요.

1. 시장을 선정하여 규모를 추정한다.
2. 해당 시장의 미 충족 수요(Unmet Needs) 또는 기존의 문제점(Pain Point)를 진단한다.
3. 이를 확인하기 위해 간략히 인터뷰 자료를 진행하여 페르소나(Persona)를 정의한다.
4. 해당 페르소나가 서비스 내에서 경험하는 경험을 저니 맵의 형태로 정리한다.

5 그중에서 몇 개의 문제를 발굴 및 최종 선정한다.

6 이를 해결하기 위한 MVP를 정의하여 제품화하기 위한 와이어프레임(Wireframe), IA(Information Architecture) 문서 등을 작성한다.

프레임워크는 거대하고 복잡한 세상을 이해하게 해주는 일종의 관점입니다. 프레임워크에 따르자면 기획이 획일화되는 단점이 있을 수 있지만, 전대미문의 예술이나 혁신을 추구하는 게 아니라면, 이런 프레임워크를 통해 산업과 직무의 본질을 조금 더 쉽게 이해할 수 있습니다. 문제는 프레임워크가 그렇게 구성된 이유에 대해 생각해보지 않는 점입니다.

프레임워크에 맞춰 예쁘게 잘 정리된 과제와 포트폴리오를 마주할 때면, 실무자의 입장에서 볼 때 다음과 같이 여러 가지 질문이 떠오릅니다.

- (통계 자료가 제시되지 않은 경우) 해당 시장의 규모를 추론하게 된 근거는 무엇인가?
- 인터뷰를 통해 검증하려던 것은 무엇이었나? 구체적으로 어떤 질문을 어떻게 물어봤을까?
- 페르소나를 그렇게 정의한 이유는 무엇일까?
- 저니 맵을 통해 발굴 및 선정한 그 문제가 가장 중요하다고 판단한 이유는 무엇인가?
- 제시한 MVP는 그 문제를 정말로 해결하기 위한 최소 단위가 맞는가?

이러한 질문을 통해 정말로 알고 싶은 건, '프레임워크 너머의 진짜 맥락과 목적을 이해하고 있을까? 이 흐름의 전체 또는 일부를 스스로 도출하고 응용할 만큼 깊이 생각해보았을까?'에 가깝습니다. 단순히 눈에 보이는 걸 따라 하는 건 누구나 할 수 있으니까요.

왜 저니 맵인가?

그중에서도 저니 맵(사용자 여정 지도)을 먼저 살펴봅시다. 프로덕트 매니저 또는 서비스 기획에 관심이 있거나, 프로덕트 및 UI/UX를 공부한 분들이라면 어느 정도 알고 있을 거라고 생각합니다. 저니 맵에는 보통 다음 내용이 공통적으로 포함됩니다.

- 제품을 사용하는 특정 유형의 페르소나를 가정한다.
- 해당 페르소나의 사용자가 서비스에서 거치는 과정이나 단계를 나열한다.
- 각 과정 또는 단계마다 사용자가 겪는 경험과 감정을 묘사한다.
- 서비스의 핵심 가치를 경험하는 시점과 가치를 경험하는 데 저해되는 요소를 나열한다.
- 나름의 기준에 따라 우선순위를 따져 가장 시급한 부분에 대한 제안을 첨부한다.

이는 물론 어디까지나 프레임워크일 뿐이므로, 이 외에도 다양한 요소를 추가하거나 다르게 구성할 수도 있습니다. 핵심은 사용자가 우리 제품을 사용하는 여정 혹은 과정에서 언제 어떤 경험을 하는지를 관찰하고 서술하여, 문제점을 발굴하고 이에 대한 해결책을 제안하는 데 있습니다.

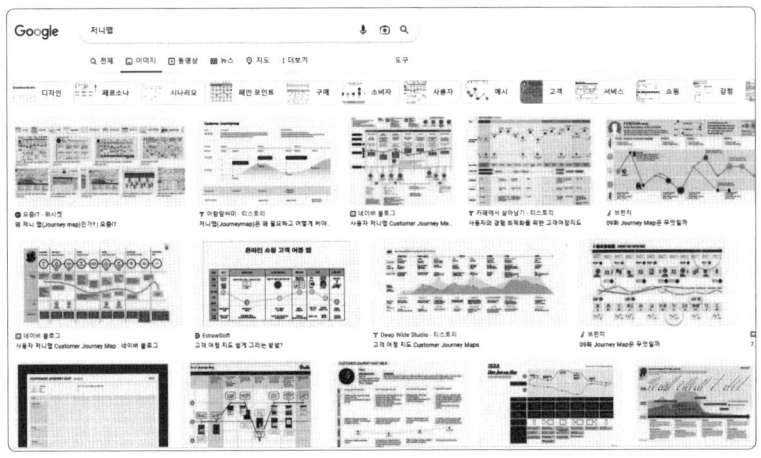

구글에서 '저니 맵'을 검색한 결과. 세부 사항은 다르지만, 특정 유형의 사용자가 어떤 여정을 거치며 그 여정 동안 어떤 경험을 하는지를 설명하거나 진단합니다.

그런데 대체 우리는 왜 이러한 형태로 저니 맵을 그리게 된 걸까요? 당연히 "제가 참가한 부트캠프의 강사님이 이렇게 하라고 시켰어요."는 정답이 아닐 겁니다. 하나씩 살펴봅시다.

우선 우리가 이미 앞서 살펴봤듯이, 모든 제품과 서비스의 목적은 고객의 문제를 해결함으로써 가치 또는 가치 있는 경험을 제공하는 것입니다. 고객은 이유 없이 제품과 서비스에 방문하거나 구매해서 사용하지 않습니다. 이처럼 고객의 문제를 해결하는 건 마술처럼 '짜

잔' 하고 한 순간에 이루어지지 않습니다. 여러 요소가 함께 어우러져 하나의 제품 또는 서비스가 되기도 하고, 제품과 서비스를 이용하는 데에도 여러 절차나 과정이 있기 마련입니다. 사용자 경험 또는 UX User Experience라는 건 이처럼 제품과 서비스를 사용하는 과정에서 사용자가 겪는 모든 경험의 집합을 의미합니다. 시각적인 요소 외에도 텍스트를 통한 안내, 제품의 정책, 성능 등이 모두 포함됩니다.

바꿔 말하면 고객은 분명 우리 제품을 통해 본인이 경험하는 문제를 해결하고 가치를 제공받기를 원하지만, 그 과정이 순탄치 않으면 실망하게 됩니다. 원하는 결과를 더 쉽고 편하게, 더 빠르고 친절하게 제공받기를 바랍니다. 예컨대 금융 업무를 위해 은행에 방문했는데 대기표를 뽑아야 한다는 안내가 없어 한참을 기다리다가 뒤늦게 "대기표 뽑고 오세요."라는 안내를 받으면 기분이 어떨까요? 그래서 고객이 방문하면 대부분의 은행에선 청원 경찰이나 다른 직원이 다가와서 고객의 방문 사유를 묻고 이에 맞는 대기표를 뽑아 건네줍니다. 고객이 헛수고하는 경험을 미리 방지하는 것이죠.

그런데 대기표를 뽑았더라도 우리의 경험은 그다지 순탄치 않을 수도 있습니다. 앞에 도착한 고객이 몇 명 없지만, 한 명 한 명의 상담이 길어져 너무 오래 기다려야 할 수도 있으니까요. 이런 경우에도 우리의 사용자 경험은 그다지 좋지 못할 수 있습니다. 마치 수십 초 이상을 기다리고 새로고침을 몇 번이고 하고 나서야 콘텐츠를 확인할 수 있는 웹페이지 같은 겁니다. 이럴 때 대기표 없이 바로 VIP 공간으로 안내받아 필요한 업무를 상담할 수 있다면 가장 좋은 사용자 경험이 되지 않을까요?

  은행 업무처럼 우리 일상 생활 속 수많은 서비스가 사용자의 경험을 중요시하고 있습니다. 그중에서도 서비스 산업, 특히 호텔과 같은 환대Hospitality 산업은 고객의 경험에 많은 노력을 쏟습니다. 호텔 앞에 차를 세우는 순간부터 로비에 들어서 체크인을 하고, 객실을 이용하고, 떠나는 그 순간까지, 호텔이라는 제품 혹은 서비스가 고객과 만나는 주요한 접점마다 섬세한 기획 의도가 숨어 있습니다. 이를 통해 최고의 사용자 경험을 선사하려고 노력하는 거죠.

  아무리 잘 설계한 제품과 서비스라 할지라도, 오프라인 현실의 사용자 경험은 기획자나 공급자의 뜻과 다르게 정해진 시나리오와 흐름대로 흘러가지 않습니다. 보통 고객은 1층 현관을 통해 로비에 들어오겠지만, 지하 주차장을 거쳐 들어오는 사람도 있을 수 있습니다. 또는 로비에 들어서고도 귀에는 이어폰을 꽂고 바닥만 보고 걸어오느라 엉뚱한 곳으로 이동하고 직원의 응대도 받지 못한 채 "이 호텔은 안내가 불친절하다."며 화를 내는 고객도 있을 수 있습니다. 반면 우리가 설계하고 제작하는 온라인 제품은 상대적으로 명확한 시나리오와 흐름을 설계하여 이를 사용자에게 요구할 수 있습니다. 예컨대 [이전] 버튼과 [다음] 버튼을 배치해 사용자가 둘 중 한곳으로만 가게 만드는 겁니다.

  오프라인 서비스는 고객의 표정 변화나 심박수, 심경 변화를 일일이 관찰하고 기록할 수도 없습니다. 만약 CCTV를 통해 고객의 얼굴 이미지에서 나이나 인종을 추측하거나 고객 동선을 함부로 훔쳐본다면 중대한 범죄가 될 겁니다. 반면 온라인 제품과 서비스에서는 이 모든 추적이 자연스럽게 이루어집니다. 어느 곳에서 어떤 경로로 우리 제품과 서비스에 방문했는지, 이들이 사용하는 디바이스 환경은 무엇인지, 어떤 기능을 언제 몇 번 사용했는지, 그 안에 어떤 값을 입력했는지, 어떤 물건을 구매했고 지난 번 구매한 물건과는 어떤 관계가 있는지 등을 모두 알 수 있습니다.

즉, 우리가 일반적으로 생각하는 온라인 제품 또는 서비스에서, 대부분의 고객은 우리가 설계한 시나리오 또는 흐름 속에서 행동하며 이에 따른 반응을 실시간으로 우리에게 제공합니다. 언제 어떤 곳에서 어떤 경험을 했는지 모두 알 수 있습니다. 저니 맵은 이러한 맥락에서 등장한 겁니다. 저니 맵은 다음과 같은 사항을 관찰하고 진단합니다.

- 우리의 제품 또는 서비스의 핵심 사용자
- 우리의 제품 또는 서비스에 방문하여, 문제를 해결하고 가치를 제공받고 나가기까지 일련의 과정
- 해결하고자 한 문제를 제대로, 정확히, 불편 없이 해결하고 있는지, 그럼으로써 우리가 주려는 가치를 충분히 경험하였는지 여부
- 또한 이 밖의 예상치 못한 이유나 요소로 인하여 불편한 경험을 하지는 않았는지 여부

비단 온라인 제품이 아니더라도 저니 맵을 작성할 수 있습니다. 호텔의 예시에서 살펴봤듯이 저니 맵이란 말 그대로 사용자가 경험하

는 여정입니다. 다만 조금 더 다양한 시나리오나 흐름을 고려하거나, 의도하지 않은 것들을 더 폭넓게 마주해야 할 수도 있습니다. 무엇보다 이를 데이터로 측정하여 살펴보는 것이 매우 어려울 겁니다.

제품과 서비스에 관련한 모든 업무에 이러한 저니 맵이 필요한 건 아닙니다. 특정 부분의 단순 오류를 수정하거나, 동일한 여정 안에서 교체하는 식의 개선이라면 전체 여정은 동일할 테니까요. 또한 저니 맵을 그린다고 하더라도 매번 제품의 시작부터 끝까지 모든 여정을 살펴봐야 할 필요가 있는 것도 아닙니다. 특정 기능에 대한 실험 혹은 개선을 진행한다면 해당 영역과 관련된 부분만을 살펴볼 수도 있습니다.

또한 저니 맵을 데이터를 통해 살펴볼 수도 있습니다. 어떤 구간에서 가장 방문자 수가 적은지, 어떤 구간의 전환율이 가장 낮은지 등을 확인하는 거죠. 이른바 '퍼널Funnel을 개선하는 작업'을 할 때에는 데이터 확인이 필수입니다. 퍼널에 대한 이야기는 뒤에서 하겠습니다.

마지막으로, 모든 고객이 동일한 사용자 여정을 거치는 것도 아닙니다. 이후 다시 이야기하겠지만, '반려 동물과 건강한 식습관을 선호하는 20대 MZ 세대 취업 준비생' 같은 페르소나를 설정했다고 할지라도, 실제로 제품과 서비스에 방문하는 고객의 유형은 그보다 더 다양합니다. 이들이 저마다 우리의 제품과 서비스에서 기대하는 바는 조금씩 다릅니다. 그래서 각기 다른 여정을 거쳐 제품과 서비스를 사용합니다. 그에 따라 저니맵도 달라집니다.

왜 스토리보드인가?

저는 화면 설계를 잘하지는 못합니다. 프로덕트 매니저, 프로덕트 오너, 서비스 기획자, UI/UX 기획자 등의 직무소개나 채용공고를 살펴본 분이라면, 어떤 경우에는 화면 설계서 또는 스토리보드 작성 능력이나 포트폴리오를 요구하기도 하고 어떤 경우에는 요구하지 않는다는 걸 발견했을 겁니다. 어떤 프로덕트 매니저는 화면 설계를 직접 하기도 하고, 어떤 프로덕트 매니저는 화면 설계서를 작성하는 일이 없거나 드물다는 뜻입니다. 저는 후자에 속합니다.

왜 그런 걸까요? 스토리보드를 작성하지 않는다면 프로덕트 매니저는 대체 무엇을 작성하는 걸까요? 애초에 화면을 설계한다는 것은 무엇이고 이를 담아낸 화면 설계서 혹은 스토리보드Storyboard란 무엇인가요? 이에 관한 이야기를 잠시 해보고자 합니다.

스토리보드에는 통상적으로 다음의 내용이 포함됩니다.

- 콘텐츠, 버튼, 기능의 위치와 형태를 묘사한 와이어프레임(Wireframe)
- 각 기능의 정책과 로직, 예외사항 등을 묘사한 상세 설명(Description)

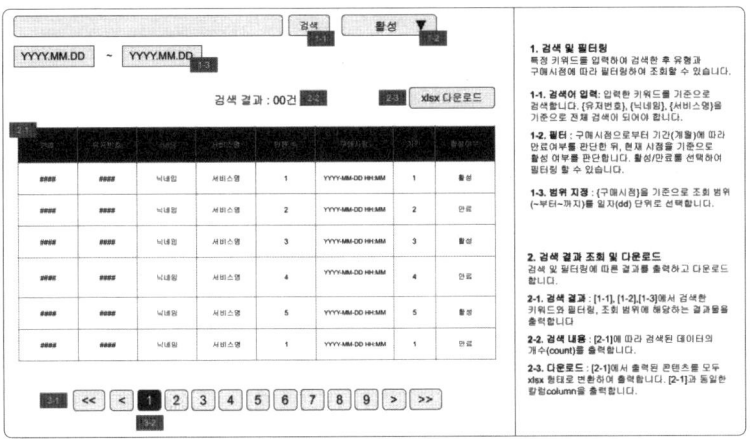

화면 설계서의 예. 서비스의 UX, 필요한 기능, 관련 정책을
간단한 도식 형태의 와이어프레임과 상세 설명을 통해 서술합니다.

    오늘도 프로덕트 매니저나 서비스 기획자 또는 이에 준하는 직무로 취업을 희망하는 분들은 열심히 다른 서비스의 겉모습을 보고 이를 스토리보드로 바꿔 포트폴리오로 만들어 제출합니다. 혹은 사이드 프로젝트, 부트캠프 등에서 기획한 제품과 서비스를 스토리보드로 그려내고 고민합니다. '이 버튼을 여기에 위치하는 게 맞나?', '라디오 버튼과 셀렉트 박스 중 어떤 걸로 해야 하지?', '이런 경우엔 어떻게 처리해야 하지?', '이걸 누르면 어디로 이동해야 하지?' 눈에 보이는 결과물을 만들어내니 재미있고, 구체적인 결과물을 만들어내니 왠지 벌써 실력이 생긴 것만 같은 느낌이 들기도 합니다.

    사실 스토리보드란 영화와 드라마, 애니메이션이나 광고 등 영상을 제작하는 분들이 이미 사용하던 양식입니다. 영상의 내용이 어떤 흐름으로 전개되는지를 주요한 컷cut 단위로 분리하고, 이때 출연자의 동선이나 카메라의 위치와 각도, 조명 등을 통한 화면 구성은 어떠해야 하며, 유의해야 할 소품 등을 설명합니다. 감독의 머릿속에는 '내가 기획한 영상은 이런 거고, 이런 식으로 찍고 이런 식으로 만들어야 해'라는 구상이 있지만, 원하는 걸 만들기 위해 필수적으로 준비하거나 고려해야 하는 사항을 다른 사람에게 전할 방법이 필요합니다. 나머지 세부적인 것들은 현장의 분위기나 이 밖의 여러 사정으로 변경되어도 무관합니다. 결국 스토리보드란 이런 겁니다. '내 제품은 이러이러해야 하고, 그래서 이 부분은 꼭 이렇게 만들어야 해. 나머지는 맞춰 가보자.'

이걸 온라인 웹/앱 제품과 서비스에 옮겨보면 어떨까요? 이러이러한 시장에서 이러이러한 고객의 이러이러한 문제를 해결하는 제품이니, 이러이러한 UX와 기능을 통해 이러이러한 가치를 제공하겠다는 게 핵심일 겁니다. 그런데 이걸 손짓 발짓 또는 줄글로 모두 설명하기는 어렵습니다.

그래서 스토리보드에는 우선 화면에 대한 대략적인 구조와 위치가 들어갑니다. 이른바 와이어프레임Wireframe이죠. 어디가 적절한지는 모르겠지만 우선 대충 이런 요소가 있어야 사용자가 필요한 활동을 할 수 있다는 내용과, 이런 버튼이 이런 위치에 이런 모양으로 있어야 잘 발견하고 오해 없이 사용할 것이라는 설명인 겁니다.

그런데 이걸 그림으로만 설명하면 제품의 제작에 참여하는 다른 동료와 이해관계자들이 제대로 이해할 수 없으니 해당 요소에 대한 구체적인 설명이 추가되어야 합니다. 그래서 상세 설명Description을 작성합니다. 무엇이 발생해야 하는지, 무엇이 발생하지 않아야 하는지, 만약 그렇지 못한다면 어떻게 할 것인지 등을 말이죠.

 신입 프로덕트 매니저나 서비스 기획자를 채용하여 키울 만한 회사라면 이미 제품과 서비스가 매우 크고 복잡할 겁니다. 이미 회사 또는 팀에서 약속된 UI/UX의 방식과 체계가 있을 테니 무엇을 하나 추가하거나 바꾸려고 해도 여러 요소가 얽혀 있는 상태이죠. 그러니 아주 꼼꼼하게 생각하고 고려하고 작성하는 능력이 필요하기도 합니다. 내 실수 하나로 여러 사람을 괴롭힐 수도 있으니까요. 이런 맥락에서 서비스의 구체적인 정책과 로직, 예외사항과 특이사항을 정해진 양식으로 담아낼 필요가 생깁니다.

 그래서 스토리보드에는 UI/UX를 설명하는 와이어프레임과 구체적인 정책이 포함됩니다. 이것으로도 모자라면 제품의 전체 구조를 설명하는 IAInformation Architecture 또는 전체적인 흐름을 설명하는 플로우 차트Flow Chart 등의 문서가 추가되기도 하죠.

 이러한 맥락을 놓치는 분들은 간혹 꼼꼼하고 자세하게 작성하는 데에만 집중하거나, 일단 무언가를 작성하는 데 만족감을 느끼거나, 더 나아가서는 이런 여러 종류의 문서를 작성하고 관리해야 한다는 사실에 압도되기도 합니다. 그중 최악은 제품과 서비스가 해결하고자 하는 문제를 잊고, 어디선가 본 UI/UX와 정책을 토대로 관성적으로 작성하는 경우입니다. 애초에 왜 제품과 서비스라는 걸 기획하고 있는지, 왜 문서를 작성하고 있는지 그 배경과 목적을 잊은 거죠.

그래서 잊지 말아야 합니다. 여러분은 앞서 발굴하고 정의한 시장과 고객, 문제를 해결하기 위한 제품과 서비스가 어떤 형태여야 하는지, 어떤 기능과 정책을 통해 어떤 가치를 제공해야 하는지를 먼저 생각해야 하며, 이를 가장 잘 드러낼 수 있는 핵심적인 부분, 꼭 설명되어야 하는 부분을 문서로 구현하는 겁니다.

왜 PRD인가?

이런 방식으로 프로덕트 매니저 또는 기획자가 일일이 UI/UX와 정책, 로직을 담아 스토리보드를 작성하다 보면 문제가 하나 생깁니다. 스토리보드가 모두 완성되기 전까지는 디자이너와 개발자가 일을 시작할 수 없게 됩니다. 어떤 UI/UX를 토대로 어떤 기능과 정책이 구현되어야 하는지 모르니 문서가 나오기를 하염없이 기다릴 뿐입니다. 프로덕트 매니저가 팀에 병목 현상을 일으키는 주범이 됩니다.

또는 나름의 의도와 가설, 알고 있는 기술 용어와 정책을 토대로 작성해갔지만 동료 디자이너와 개발자가 보기엔 어딘가 부족하거나, 수정해야 할 점이 생길 수 있습니다. 당연합니다. 프로덕트 매니저라고 해서 모든 걸 알 수는 없으니까요. 그럼 기껏 작성한 문서를 다시 가져가 모두 고쳐야 합니다. 만약 핵심이 되는 부분에서 수정 사항이 생긴다면 문서 전반을 다시 작성해야 할지도 모릅니다. 그러면 다시 팀은 문서를 기다립니다.

만약 수정할 사항이 없다고 해도 문제가 됩니다. 프로덕트 매니저가 제품의 시작부터 끝까지 모든 요소를 모두 결정하여 전달하고 나면, 동료 디자이너와 개발자는 무엇을 하면 될까요? UX가 모두 정해졌으니 동료 디자이너는 여기 위에 색을 칠하고, 픽셀px 단위로 위치만 조금 조정하면 되는 걸까요? 정책과 로직마저 모두 정해졌으니 개발자는 시킨 대로 만들기만 하면 될까요? 팀의 동료가 아니라 외주 담당자가 되어버리는 건 아닐까요?

이런 단점을 피하기 위해 PRD 또는 제품요구사항정의서 Product Requirement Documents라는 문서를 작성하게 됩니다. 제품에 필요한 요구사항을 정리한 PRD에는 보통 아래의 내용이 포함됩니다.

- 제품의 대상이 되는 고객(Target)
- 해당 고객이 경험하고 있(는 것으로 추측하)는 문제(Pain Point)
- 제품을 통해 고객에게 제안하고자 하는 핵심 가치(Value Proposition)
- 제품의 가설을 검증할 핵심 지표(KPI, Key Performance Indicator)
- 고객이 문제를 해결하기 위해 제품에서 할 수 있어야 하는 행동(User Story)
- 이를 위해 구체적으로 고려해야 하는 핵심 정책 및 예외 사항(Acceptance Criteria)

물론 이는 어디까지나 문서이므로, 회사나 팀에 따라, 프로젝트에 따라 다른 내용이 추가되거나 변경될 수 있습니다. 그런데 앞서 살펴본 스토리보드와는 무언가 많이 달라 보입니다. 우선 와이어프레임이 포함되지 않습니다. 핵심 정책 및 예외사항 정도를 고려할 뿐, '이걸 누르면 어디로 가고 이때에 콘텐츠는 몇 개를 보여준다' 같은 상세한 설명도 제외됩니다. 왜 그런 걸까요? 이런 형태로 문서를 작성하면 뭐가 좋은 걸까요?

우선 기획의 본질에 집중할 수 있게 됩니다. 앞서 기획은 시장에 존재하는 문제를 발굴하고 정의하여, 이를 검증할 해결 방안을 구상하는 일이라고 정의했습니다. 그런데 스토리보드를 작성하다 보면 어느새 우리의 관심은 버튼의 위치나 모양 같은 아주 세부적인 설명에 쏠리게 됩니다. 어느새 이걸 왜 작성하고 있는지, 왜 이런 제품과 서비스를 만들려고 하며 왜 이런 형태와 방식으로 만들려고 하는지 잊게 됩니다.

PRD를 작성함으로써 제품과 서비스가 정말로 해결하고자 하는 문제와 고객, 가치에 집중할 수 있게 됩니다. 이러한 고객의 문제를 해결하면 되는지, 이러한 문제를 풀면 되는 게 맞는지, 우리 고객에게 정말로 어떤 가치를 주게 될지, 이 가설은 이러한 지표로 검증하면 되는지 등의 본질에 집중하게 됩니다.

다른 장점도 있습니다. 여러분이 정의한 고객의 문제를 해결할 제품을 구현하기 위한 구체적인 방안과 세부적인 사항은 이제 동료 디자이너와 개발자의 몫이 됩니다. 일을 떠넘기는 게 아니냐고요? 글쎄요. 오히려 동료 디자이너는 이제 '저 문제를 해결하기 위해 우리 제품에서 최적의 UX와 이를 드러낼 구체적인 UI는 무엇인가?'를 고민하며 실력이 성장하지 않을까요? 동료 개발자는 더 주도적으로 개발상의 이슈나 예외 사항을 고려하고, 프로덕트 매니저가 놓친 사항을 제안하면서 '함께 만든다'라는 느낌을 받지 않을까요?

여러분이 하나부터 열까지 일일이 확인하고, 구상하고, 정리하느라 기다릴 필요 없이 동료들을 논의와 검토를 시작하게 됩니다. 예전 같았더라면 한참 뒤에 확인하고, 의견을 주고, 수정했을 사항들을 훨씬 먼저 진행하게 됩니다. 이른바 '애자일Agile' 해집니다. 애자일에 대한 이야기는 뒤에서 마저 이어가겠습니다. 이 외에도 여러분은 이제 피그마를 배워야 하나, 파워포인트를 배워야 하나 같은 고민을 할 필요도 없어지는 장점도 있습니다.

그럼 이렇게 좋은 업무 방식과 문서 양식이 있는데 왜 굳이 스토리보드를 작성하는 걸까요? '한 팀'으로 일하지 않는 경우라면 처음부터 함께 논의하고 검토하고 수정하는 게 어려울 수도 있습니다. 특히 전혀 모르는 사람끼리 프로젝트 단위로 이합집산하는 외주 프로젝트라면, '이걸 왜 나한테 묻는 거지? 그런 건 기획자가 다 정해서 줘야 빨리 정해진 대로 만들지'라며 의아하게 여길 수도 있습니다. 혹은 기획자가 모든 걸 이미 알고 있거나 UI가 복잡하지 않다면 스토리보드로 정리해서 전달하는 게 속도가 빠를 수도 있습니다. 저 역시 상대적으로 UI/UX의 중요도가 적거나 로직이 단순한 관리자 페이지(어드민Admin) 등의 제품은 스토리보드 형태로 작성하곤 합니다.

결국 문서는 일하는 방식에서 나오고, 일하는 방식은 팀과 회사의 구조 또는 철학과 비전에서 나옵니다. 모든 조직이 나름의 이유로 나름의 방식과 문서를 채택하여 사용하고 있습니다. 다만 여러분은 필요할 때 적용해볼 수 있도록, 이러한 문서들이 이러한 맥락에서 등장한다는 사실을 알고 있으면 됩니다.

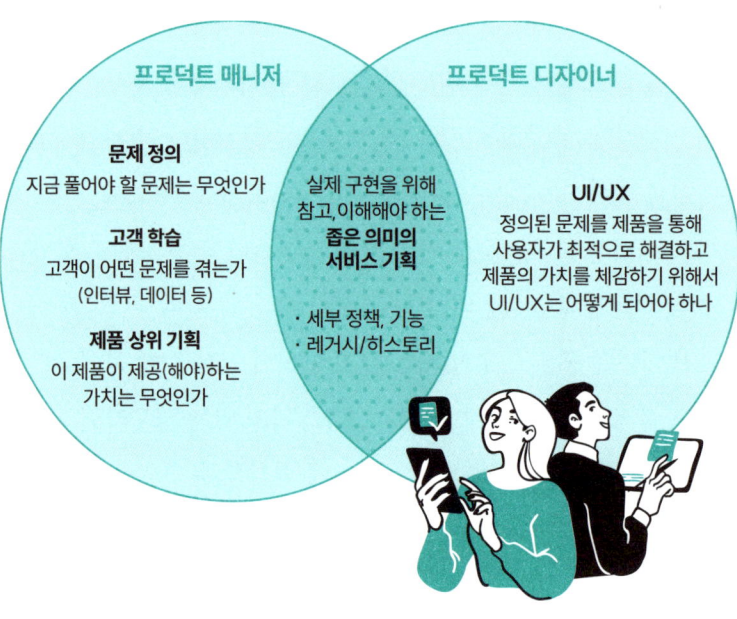

프로덕트 매니저와 프로덕트 디자이너의 역할을 이렇게 나눈다면, 각자의 본질에 집중할 수 있을 겁니다. 이를 위해 PRD의 형태로 작성합니다.

제품의 제작과 출시를 위한 프로젝트 관리

이제 여러분은 드디어 '기획'을 마무리했습니다. 시장에 존재하는 고객의 문제를 발굴해서 이를 정의했고, 어떻게 검증해야 할지 고민한 뒤, 가설을 검증하기 위해서는 반드시 새로운 제품이나 서비스, 혹은 기능이 필요하다고 판단하여 여러분의 동료들에게 기획한 제품의 핵심을 설명하기에 적절한 형태와 양식으로 문서를 작성하여 전달했습니다. 이제 여러분과 동료 디자이너 개발자가 힘을 합쳐 제품을 실제로 만드는 일만 남았습니다.

이 일이 우리의 업무 시간 중 가장 많은 부분을 차지합니다. 우리가 가장 골머리를 앓는 부분이기도 합니다. 기획하고 검토할 땐 예상하지 못했던 문제가 발생하기도 하고, 의도는 좋았으나 구현하는 과정이 너무 어려울 수도 있습니다. 중요한 의사결정이 바뀔 수도 있고, 분명히 가능할 것 같았던 방안이 가능하지 않을지도 모릅니다. 그렇지만 우리는 어떻게 해서든 이러한 상황을 타개해야만 합니다. 제품이 출시되어야 우리의 가설을 검증할 수 있고 목표를 달성할 여지가 있으니까요.

그래서 많은 프로덕트 매니저 또는 기획자의 업무에 '프로젝트 관리'가 포함됩니다. PM을 이야기할 때 프로덕트 매니저 Product Manager 와 프로젝트 매니저 Project Manager 가 혼용되는 이유이자, 실제로 두 직무의 업무가 상당수 겹치는 이유이기도 합니다. 사실 당연한 이야기입니다. 프로덕트 관리Product Managing란 말 그대로 제품을 관리하는 일이고, 이를 위해 기획한 내용을 구체적으로 진행하는 과정이 프로젝트 관리Project Managing니까요. 그래서 우리는 제작부터 출시에 이르는 과정인 프로젝트에 대해 살펴보고자 합니다.

일반적인 프로젝트의 정의

저는 프로젝트를 이렇게 정의해보겠습니다.

프로젝트	목표를 달성하기 위해 진행이 필요한 일들을 구체화하고 진행하고 완료하여 결과물을 내놓기까지의 과정

자세히 풀어 쓴 탓에 낯설게 느껴질 수 있지만 실은 간단합니다. 대학교에서 다른 친구 및 선후배들과 진행한 조별 과제와 다를 게 없습니다. 교수님이 제시한 어떤 형태의 과제를 제출하기 위해 무엇을 해야 하는지 정리하고 각자 역할을 나눈 뒤, 서로 합의한 일정까지 그 결과물을 전달했을 겁니다. 누군가는 자료 조사를 하고, 누군가는 이를 바탕으로 발표 자료를 만들고, 누군가는 발표를 위한 대본을 만들어 발표를 진행합니다.

- 어떤 일들이 필요한가(인터넷 자료조사, 현장 조사, 자료 제작, 발표 등)?
- 각 일들을 누가 담당하여 진행할 것인가?
- 그 일들을 언제까지 완료할 것인가?
- 일을 통해 어떤 결과물을 만들어내야 하는가(인터뷰 결과, PPT 등)?

한 명의 일정이 밀리면 다른 사람들의 일정이 함께 지연되기도 하고, 누군가 도중에 그만두면 다른 사람을 찾아보기도 했을 겁니다. 그렇지만 어떻게든 마무리하여 결과물을 만들게 됩니다.

대학교 시절의 조별 과제든, 회사에서의 프로젝트든 핵심은 다르지 않습니다. 오히려 모두 돈을 받고 일하는 직장인으로서, 중간에 연락도 없이 사라진다거나 일정을 하염없이 미루는 사람은 줄어들었을 겁니다.

물론 회사 프로젝트가 대학교 시절의 조별 과제와 똑같다면, 구태여 프로젝트 매니저라는 직무가 필요하지도 않았을 겁니다. 산업과 조직, 프로젝트마다 다르겠지만, 무엇이 되었든 학교의 조별 과제보다 '해야 할 일'의 목록이 훨씬 많고 복잡합니다. 빠트린 일은 없는지, 정말 이런 작업이 필요한 게 맞는지 들여다봐야 할 겁니다. 또는 그 일을 하기 위해 먼저 해야 할 일은 무엇이고, 다시 그 일을 하기 위해 필요한 다른 업무는 무엇인지 확인해야 할 수도 있습니다. 그 일을 누가 해야 하는지 정하는 일도 쉽지 않습니다. 과연 그 사람이 그 일을 하기에 가장 적합한 사람일까요? 혹시 우리 팀의 사람들만으로 할 수 없는 일이라면 다른 팀에 도움을 요청해야 하지 않을까요? 또는 굳이 우리가 해야 할까요? 아예 다른 회사에 용역을 맡기는 편이 더 쉽고 빠르지는 않을까요?

이렇게 많고 복잡한 일들을 팀 내외의 다양한 사람이 함께 진행하다 보면 의사소통이 복잡해지고, 무언가가 누락되거나 지연되는 경우는 더 많아질 수도 있습니다.

아무리 열심히 해도 우리는 결국 사람입니다. 의도치 않은 실수나 사고가 발생하기도 합니다. 그래서 결국 누군가는 이 모든 상황을 확인하거나 문제가 생기면 소통하고 또 해결해야 합니다. 프로젝트 매니저라는 직무가 있는 이유입니다.

기업의 요청을 받아 설계하고 진행하는 외주 프로젝트의 프로젝트 매니저라면, 혹은 너무나 중요하고 많은 예산이 투입되는 커다란 프로젝트의 프로젝트 매니저라면, 어떤 일이 필요하고 이를 누가 언제까지 해야 할지를 검토하고, 설계하고, 분배하고, 조율하고, 해결하는 과정은 더욱 어렵고 또 그만큼 중요할 겁니다. 그래서 '정해진 시간과 비용, 인력 내에서 리스크를 예방 및 해결하여 약속한 결과물을 내놓는 사람'을 프로젝트 매니저로 정의하기도 합니다. 혹시 생길지 모르는 여러 변수와 위험을 예측하여 방지하고, 그럼에도 생긴 문제를 빠르게 해결함으로써 일정을 지키고, 추가 비용을 발생시키지 않는 선에서 약속한 결과물을 만들어 전달하는 역할인 겁니다.

프로덕트 매니저의 프로젝트

우리는 프로덕트 매니저에 대해서 이야기하고 있습니다. 프로젝트 매니저는 분명 멋진 직무이지만, 프로덕트 매니저가 해야 하는 프로젝트는 다르다고 생각합니다. 가장 큰 차이점은 바로 여러분의 팀이 하나의 프로젝트만을 진행하지 않는다는 점입니다. 프로덕트 매니저에게는 프로젝트 외에도 일상적으로 진행하는 여러 종류의 업무가 있습니다. 예컨대 고객이 남긴 문의를 살펴보고 답을 남기는 업무가 있을 수 있고, 데이터 분석을 위한 데이터 설계 및 수집이 필요할 수도 있고, 급하게 해결해야 하는 오류 수정과, 다른 팀에서 요청하는 자잘한 수정 및 개선 작업이 발생할 수도 있습니다. 조직의 크기와 구성에 따라 세부 사항은 다르겠지만, 적어도 한 달 동안 하루 종일 프로젝트에 관한 일만 하지는 못할 거라는 사실만큼은 분명합니다. 애초에 여러분은 아무것도 없이 이제 막 창업을 하는 상황이 아니라, 이미 출시되어 운영되는 제품과 서비스를 토대로 새로운 제품과 서비스를 추가하거나 수정, 개선하고 있는 거니까요.

그래서 여러분의 고민은 '기획안을 토대로 이 프로젝트에서는 누가 무엇을 언제까지 할 것인가' 말고도, 여러 곳에서 쏟아지는 무수한 요청이나 문의, 이미 병행하고 있는 여러 업무를 어떻게 조율하고, 분배할 것인지도 고민해야 합니다. '팀의 누가 무엇을 언제까지 할 것인가'라는 질문으로 바뀌는 거죠.

프로젝트 ⊂ 팀의 여러 업무

- 팀으로서 제품과 비즈니스의 성장을 위해 해야 하는 일은 무엇이 있는가?
- 오류 수정, 문의 대응 등 제품의 정상적인 운영을 위해 해야 하는 일은 무엇이 있는가?
- 수많은 '해야 할 일' 중 무엇을 먼저 할 것인가? 그 이유는 무엇인가? 그 일은 어디에 도움이 되는가?
- 그 일을 누가 해야 하는가?
- 그 일을 언제까지 할 수 있을까? 그 일은 얼마나 소요될까?

그러나 범위만 넓어졌을 뿐 핵심은 동일합니다. 누가, 무엇을, 왜, 언제 하느냐를 고민합니다. 이렇게 필요한 일들을 기록해두어 진행 여부와 우선순위 등을 검토하기 위해 백로그Backlog를 작성하게 됩니다.

백로그

백로그의 사전적 정의는 '밀린 일'입니다. 조금 더 전문적인 설명으로는 '수주 잔량' 등으로 설명하기도 하는데, 조금 더 자세히 풀이하자면 이렇습니다. '시간과 인력은 한정되어 있는데, 하고 싶거나 해야 하는 일은 많으니 일단 밀린 일들을 한 켠에 잘 쌓아 둔 것'. 물론 산업이나 조직마다 다를 수 있습니다.

앞서 말한 것처럼 제품을 담당하는 팀이 해야 하는 일은 비단 새로운 제품이나 서비스, 기능을 기획하여 출시하는 것만은 아닙니다. 문제는 팀의 업무 역량이 한정적이라는 사실입니다. 아무리 뛰어난 사람이라고 해도 할 수 있는 일의 양, 혹은 약속된 업무 시간은 정해져 있습니다. 또한 아무리 뛰어난 사람이라고 해도 이런저런 업무가 쏟아진다면 집중하기 어려워 평소만큼의 능력을 발휘하지 못하게 됩니다.

그래서 제품팀은 '해야 하는 일의 목록'인 백로그를 기록해둡니다. 지금 우선 하고 있는 일들과 별개로, 이후에 해야 하는 일들을 우선 기록합니다. 일정 주기를 바탕으로, 이렇게 쌓여 있는 목록 중 누가, 무엇을, 언제까지 진행할지, 그중에서도 무엇을 먼저 진행해야 옳은지, 그 일을 왜 해야 하는지 등을 함께 검토하고 논의하여 업무 계획을 세웁니다. 당연히 조직마다 구체적인 양식과 관리 노하우는 다르겠으나, 제 경우 보통 아래와 같은 사항을 기록한 뒤 월 또는 주마다 팀과 함께 검토하여 결정합니다.

- **업무의 유형**: 팀과 비즈니스의 전략을 달성하고 성장시키기 위한 업무인지? 혹은 제품과 서비스의 문제점을 개선하거나 주요 오류를 수정하기 위한 업무인지? 또는 다른 팀이나 기타 이해관계자가 필요에 의해 요청한 업무인지?
- **업무의 개요**: 대략 어떤 배경과 맥락에서 요청받거나, 혹은 해야 하겠다고 생각했는지?
- **업무의 요청자**: 해당 업무의 진행 여부나 우선순위에 대해 논의한 결과를 누구와 소통해야 하는지?

- **업무가 기여하는 지표**: 해당 업무는 비즈니스의 어떤 목표에 기여하는지? 이 업무를 하면 구체적으로 어디에 좋은지?

- **업무의 우선 순위**: 이 업무가 완료되면 어느 정도의 영향력을 가져올 것으로 추측하는지? 그 추측에 대해 어느 정도 확신하는지? 또 업무를 수행하는데 필요한 시간 혹은 난이도는 어떠할 것으로 판단하는지?

- **담당자와 참여자**: 누가 이 업무를 주도하여 챙길 것인지? 그 업무에 참여하는 이들은 누구인지?

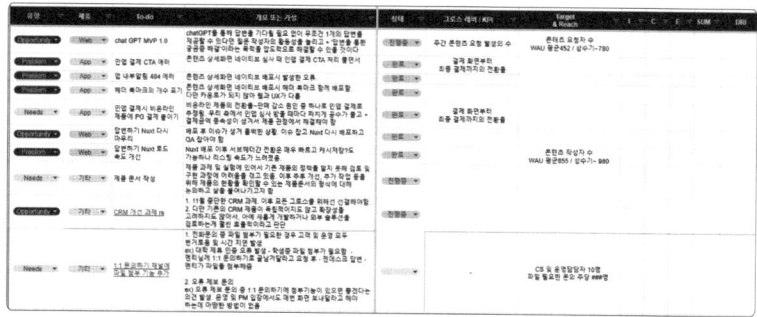

백로그의 예시.
업무의 유형과 개요, 업무의 해결을 통해 달성할 수 있는 성장 요인과 지표와,
우선순위를 결정하기 위한 프레임워크, 담당자와 참여자 등을 기록합니다.

우선 저는 업무의 유형을 크게 세 가지로 나눴습니다. 첫 번째는 제품과 비즈니스의 성장을 위한 업무입니다. 연 단위, 혹은 분기나 월 단위로 세운 전략과 로드맵에 따라 필요하다고 판단한 업무들입니다. 새로운 기회를 찾고, 새로운 성장 동력을 찾는 일입니다. 제품팀은 제품을 성장시키고 그 결과 비즈니스를 성장시키기 위해 일하니까요. 그러나 동시에 예상치 못한 제품의 문제점을 개선하거나 수정하는 것도 반드시 필요합니다. 아무리 성장을 위해 바쁘게 뛰어가더라도, 제품으로서 당연히 제공되어야 할 기능이 작동하지 않거나, 중요한 오류가 있어 사용자들이 불편을 겪는다면, 고객에게는 좋은 제품이 되지 못합니다. 또한 다른 팀원 및 이해관계자가 요청하는 업무들이 있습니다. 제 경험으로는 주로 운영팀을 위한 어드민의 개발이나 데이터 분석 업무, 혹은 B2B 고객 담당자의 직접적인 수정 요청 등이 있습니다. 제품의 직접적인 성장과는 무관하나, 장기적인 운영 효율화 또는 관계 개선 등을 위해 필요가 생기는 업무입니다.

업무의 개요와 요청자는 해당 업무에 대해 파악하고 소통하기 위해 필요한 정보입니다. 구체적인 기획 산출물이 나온 건 아니지만, 대략 어떤 업무이고 어떤 맥락에서 이야기가 나온 업무인지 파악하기 위해 기록합니다. 또한 요청받은 업무라면 해당 업무의 진행 여부와 우선순위 등에 대해 공유하기 위해 요청자를 기록합니다. 요청을 한 이해관계자의 입장에서는 본인이 요청한 업무가 진행이 되는지, 후순위로 밀렸다면 그 이유는 무엇인지 궁금하기 마련입니다.

업무가 기여하는 지표는 업무의 중요도와 목적을 파악하기 위해 기록합니다. 우리의 모든 업무는 무언가를 개선하거나 성장시키기 위해 진행됩니다. 고장난 부분을 고쳐 고장으로 불편을 겪는 고객의 수를 줄이거나, 수작업으로 고생하는 팀원의 생산성을 높이거나, 전략 과제를 통해 매출액이나 사용자 수, 재방문율 등을 개선합니다. 물론 존재하는 모든 업무의 결과를 지표로 측정하여 분석하기란 당연히 어렵습니다. 지표를 측정하기 위한 방안을 설계하고 집계하는 일 자체가 오히려 자원 낭비일 수도 있습니다. 그러나 적어도 제품과 비즈니스의 성장을 위한 과제라면 이미 지표를 측정하여 확인하고 분석하고 있을 것입니다. 그러니 그중에서 어떤 지표의 개선을 기대할 것으로 추측하는지 함께 기록해둔다면, 변화하는 상황에 따라서 이 중 무엇을 먼저 할지 검토하기 수월해집니다.

우선순위에는 다양한 계산 방식이 있습니다. MoSCow, ICE, RICE, Kano 등 조직마다 다양한 방식을 통해 일의 중요도와 시급함 등을 계산합니다. 각 방식마다 세부적인 내용은 다르겠지만, 본질은 비슷하다고 생각합니다. 들이는 노력에 대비하여 가장 많은 결과를 얻어내는 업무의 우선순위가 높다고 판단하는 겁니다. 물론 이때 '들이는 노력'을 어떻게 산정할 것인지에 대한 고민이 필요합니다. 또 '가장 많은 결과' 역시 여러 의미를 내포합니다. 가장 많은 수의 고객에게 영향이 있는 업무일 수도 있고, 숫자와 별개로 가장 큰 영향력을 주는 업무일 수도 있고, 혹은 성공 확률이 가장 높은 업무일 수도 있습니다. 예컨대 100명의 매출액을 20% 정도로 성장시킬 확률이 절반은 된다고 생각하는 업무가 있는가 하면, 1,000명의 매출액을 10% 정도 성장시킬 확률이 90% 가까이 된다고 생각하는 업무가 있을 겁니다. 각 업무에 필요한 작업량은 당연히 다를 테고요. 프레임워크는 이후 여러분이 일하게 될 조직의 방식을 따르거나, 필요에 따라 함께 시도해보면 됩니다.

그러나 다만 무엇이든지 100% 정확하게 기록하거나 예측하는 건 불가능합니다. 잊지 마세요. 기획자로서 우리가 할 수 있는 유일한 일은, 불확실한 세계에 대해 점진적으로 우리의 확신의 정도를 높여가는 것뿐입니다. 가설을 세우고, 검증한 뒤 결과를 확인하는 겁니다. 즉, 프레임워크의 종류와 그 숫자에 대해 과학자처럼 생각할 필요는 없습니다. 직접 해보면서 여러분의 팀 나름의 방식으로 수정해 나가고, 정확도를 높여 나가는 겁니다.

마지막으로 담당자와 참여자를 기록합니다. 이는 '이 일을 이 사람이 하는 거구나'라는 걸 표기하는 것 외에 한 가지 목적이 더 있습니다. 바로 특정 팀원에게 일이 너무 몰리지는 않는지를 보기 위함입니다. 뛰어난 팀원이라 할지라도 동시에 여러 가지 업무를 진행한다면 집중력이 저하되고 생산성도 낮아질 수밖에 없습니다.

물론 백로그에 있지 않던 일이라도 급하게 생겨나 진행할 때도 있습니다. 우선순위에 대한 판단이라는 것도 바뀌기 마련이고, 예상하지 못한 일은 언제나 발생하니까요. 제품팀이 회사 내에 홀로 동떨어져 지내는 것도 아니니까요. 그럼에도 변화하는 상황 속에서 우리는 제한된 자원으로 어떤 업무를 먼저 할 것인지 검토해야 합니다. 그래야 가장 적은 노력으로 가장 큰 성과를 낼 확률이 높아질 겁니다.

관리의 진짜 의미

이처럼 백로그를 바탕으로 해야 할 일의 우선순위를 정해 진행할 때에, 프로덕트 매니저로서 해야 하는 '관리'란 무엇일까요? 대학교 시절의 조별 과제, 특히 그중에서도 조장 역할을 맡은 친구가 하던 조별 과제의 '관리'를 생각해보면 이런 모습이 떠오릅니다.

- 조의 팀원들이 성실히 하고 있는가? 무임승차하려는 팀원은 없나?
- 일정은 똑바로 지키고 있나?
- 결과물은 똑바로 만들었나? A+를 받을 만큼 제대로 만들었나?

이해됩니다. 갑자기 연락이 끊기는 사람이 있는가 하면, 늦을 수밖에 없었다고 여러 핑계를 늘어놓거나, 믿고 맡겼더니 도저히 사용하지 못할 수준의 자료를 가져오는 일도 생깁니다. 그래서 한때 조별 과제를 하다 보면 인간에 대한 신뢰를 잃게 되거나, 공산주의가 망한 이유를 알 수 있다는 우스갯소리가 생기기도 했습니다. 그래서 어느새 조장은 관리라는 명목으로 감시나 감독을 하게 됩니다. 혹은 아예 자포자기하여 내려놓습니다. 이것이 우리가 처음으로 경험하거나 목격한 프로젝트 관리의 모습입니다. 그러나 여러분이 프로덕트 매니저로서 해야 하는 프로젝트 관리란 감시나 감독이 절대 아닙니다. 오히려 프로젝트에 참여한 구성원 또는 팀원을 위해 문제를 해결하는 조력자 또는 문제 해결사가 되어야 합니다. 자세히 살펴보겠습니다.

  우선 우리는 더 이상 대학생이 아닙니다. 경력이 얼마나 되었든, 실력이 어떻든, 모두 돈을 받고 일하는 프로입니다. 모두 본인이 맡은 일을 약속한 기일 내에 약속한 수준의 형태나 방식으로 전달하기 위해 노력합니다. 약속한 대로 하고 있는지 일일이 확인하고 물어볼 필요는 없습니다. 이런 건 오히려 마이크로 매니징 Micro-Managing이 되기 십상입니다. 동료와 팀원의 자율성과 주체성을 침해하게 되거나, 깐깐하거나 미시적인 것밖에 볼 줄 모르는 사람이라는 평을 얻을 수도 있습니다.

  반면 우리의 노력에도 불구하고, 프로젝트 중간 과정에는 늘 문제가 생기기 마련입니다. 기획 및 설계 당시 생각하지 못한 예외 사항이나 특이 사항이 생겨나기도 합니다. 조직 안팎의 상황이 바뀌거나 프로젝트의 목표가 바뀌어 애초 기획한 내용이 중도 변경되거나 추가되는 일도 생깁니다. 가능할 줄 알았던 방안이 막상 실행하려고 보니 불가능한 경우도 있습니다. 이 외에도 앞서 백로그를 살펴보며 이야기한 것처럼 다양한 업무나 요청이 동시에 발생해 개별 프로젝트에 집중하지 못하는 일이 생길 수도 있습니다. 이러한 모든 일들은 프로젝트를 진행하는 과정에서 발생하는 '문제'입니다. 이러한 문제를 해결해야 우리는 프로젝트를 목표로 한 시점에 목표로 한 수준으로 완성할 수 있을 겁니다. 프로덕트 매니저는 이러한 문제를 해결해 팀이 프로젝트를 마저 진행할 수 있도록 도와주는 역할을 하는 겁니다.

| 프로덕트 매니저의 | 고객의 문제를 해결하기 위해 일하는 팀원의 문제 |
| 프로젝트 관리 | 를 해결 |

 가령 기획 당시 생각하지 못한 경우가 있다면 개발자와 함께 같이 로직과 정책을 정리합니다. 만약 이를 UX를 통해 해결해야 한다면 디자이너와 함께 다시 논의합니다. 상황과 목표가 바뀌어야 한다면, 꼭 그래야 하는지, 그래야만 한다면 어느 부분을 얼만큼 바꾸어야 할지, 이를 위해 추가적으로 진행해야 할 일은 무엇인지, 진행 방식은 어떻게 해야 할지 논의하거나 결정합니다. 방법을 찾지 못한다면 문제를 해결하기 위한 다른 방안은 없는지 검토하고, 업무의 몰입을 저해하는 요소들은 대신 처리하거나, 앞장서서 막아내기도 합니다. 그런 과정에서 미팅 노트를 작성하기도 하고, 개발자와 함께 변수명을 고민하기도 하고, 틈틈이 문서화를 하는 등 프로덕트 매니저 혹은 기획자라는 이름에 기대했던 것과는 맞지 않는 다양한 '잡무'를 하기도 합니다. 그래서 우스갯소리로 저는 PM이란 'P 필요한 건 M 무엇이든지 다 하는 역할'이라는 이야기를 하기도 합니다.

 취업 준비생분들에게 이런 이야기를 하면, 프로덕트 매니저나 기획자는 이런저런 일을 다 하는데 자신의 전문성이 무엇인지 모르지 않겠냐는 질문을 받기도 합니다. 그런데 전문성이라는 건 결국 일을 잘 마무리 짓고, 목표한 바를 달성해 나가야 생기는 것 아닐까요? 그렇다면 시장에 존재하는 고객의 문제를 발굴하여 정의하고, 이를 해결할 방안으로서 제품과 서비스를 구상하고 만드는 전 과정을 관리하는 프로덕트 매니저로서, 프로젝트 과정의 여러 잡무는 결국 전문성을 키우기 위해 필요한 업무가 아닐까요?

얼핏 보기에 디자이너는 디자인 포트폴리오를 쌓고, 개발자는 개발 기술을 숙련시키는데 프로덕트 매니저만 이렇다 할 성과나 전문성이 없어 보일지도 모르겠습니다. 그러나 프로덕트 매니저의 포트폴리오는 제품의 성공 그 자체, 성공하기 위해 팀을 조율한 무수한 경험과 노하우 그 자체라고 생각합니다. 눈에 잘 보이지 않고 오래 걸릴 수도 있지만, 결국 내공은 무시하지 못합니다. 저도 이걸 쌓기 위해 노력하고 있고, 여러분도 이를 시작하는 과정입니다.

관리의 몇 가지 유형

프로덕트 매니저의 프로젝트 관리란 감시나 감독이 아니며 필요한 이런 저런 일들을 담당하기도 하고, 그게 프로덕트 매니저의 전문성을 키우는 과정이라는 점을 살펴봤습니다. 그럼 대체 구체적으로 프로젝트 과정에서는 어떤 일이 생겨나는 걸까요? 이 역시 산업과 회사마다, 제품과 프로젝트마다 다르겠지만 크게는 다음과 같이 세 가지 유형으로 나눠볼 수 있을 것 같습니다.

- 의존성(Dependency) 또는 선후관계 조율하기
- 복잡성(Complexity) 낮추기
- 목표와 방안을 분리하여 생각하기

세 가지 유형 모두 목적은 여러 업무와 프로젝트를 병행하는 구성원과 팀원이 맡은 업무에 더 몰두할 수 있도록 도와주는 데에 있습니다. 그래야 우리가 목표로 한 일을, 목표로 한 일정 내에, 목표로 한 수준으로 완성할 수 있을 확률이 높아질 테니까요. 하나씩 살펴봅시다.

1 의존성 또는 선후관계 조율하기

우선 의존성dependency이나 선후관계를 조율하는 일이 있습니다. 의존성이란 다른 무언가가 완료되기 전까지는 이 일을 할 수 없다는 뜻입니다. 이 책에서는 개발 용어와 각종 기술에 대해 설명하지 않는데요. 대신 우리에게 조금 더 친숙할 법한 사례를 예시로 들어보겠습니다.

예컨대 [인터넷 문헌 조사 → 현장 인터뷰 설계 → 현장 인터뷰 진행 → 문헌조사와 인터뷰를 바탕으로 자료 정리 → PPT 작성 → 발표 대본 작성 → 발표 및 자료 제출] 순서로 진행되는 조별 과제를 생각해봅시다. 자료 조사와 인터뷰가 마무리되기 전까지는 적어도 PPT와 발표 대본을 작성할 수 없을 겁니다. 알맹이가 없으니까요. 이 경우 PPT 작성과 발표 대본 작성은 자료 조사와 인터뷰 진행에 의존성을 갖게 됩니다.

그렇지만 적어도 대략적인 PPT의 디자인 양식이나 흐름은 미리 만들 수 있지 않을까요? 나중에 한꺼번에 글자 크기나 폰트를 일일이 수정하는 대신, 자료 조사의 결론이 무엇이 되었든 양식에 맞춰서 한꺼번에 옮길 수 있게 준비하는 거죠. 또는 내용에 따라 현장 인터뷰는 인터넷 문헌 조사보다 먼저 설계해서 진행할 수 있을지도 모릅니다. 이렇게 의존성을 없애면, 굳이 다른 누군가의 일이 끝나기를 기다릴 필요 없이, 하고자 하는 일을 먼저 진행할 수 있게 됩니다.

IT에서 프로젝트는 보통 크게 [기획 → 디자인 → 개발 → 검수 → 배포]의 순서로 진행됩니다. 이 과정 안에 다른 팀 또는 외부 업체와의 협업이 추가되는 경우도 있습니다. 진행에 이슈가 있느냐는 물음에 여러분과 팀원들은 이렇게 답할 수도 있습니다.

"기획안에서 아직 승인을 못 받은 부분이 있어요."
"백엔드에서 API가 와야 하는데 아직 못 받았어요."
"계약 업체에서 ○○○를 보내줘야 하는데 아직 얘기가 없어요."
"디자인이 중간에 수정되어서 전달 못 받았어요."
"저번에 논의한 방안이 가능한지 아직 검토가 끝나지 않았어요."

그러나 꼭 모든 기획이 마무리되지 않아도 확정된 부분에 대해 먼저 디자인을 진행할 수도 있고, API라는 게 오지 않아도 먼저 검토하거나 준비해둘 수 있는 부분도 있습니다. 또는 처음부터 끝까지 모든 개발이 마무리되지 않아도 먼저 검수할 수 있는 부분이 있기도 합니다. 물론 이건 구체적인 할 일 목록을 어떻게 나열하고, 기술적으로도 어떤 식으로 설계하는지에 따라 다릅니다. 그러나 모든 일이 꼭 순서대로 흘러가야만 진행되는 건 아닙니다. 꼭 다른 누군가의 모든 업무가 끝나야만 내가 업무를 할 수 있는 건 아닙니다. 이어달리기에서도 다음 주자가 조금 먼저 달리기 시작하거나, 하다못해 미리 몸을 풀고 있기라도 하는 것처럼요.

"그럼 우선 확정된 부분에 대해 UX를 설계하면 어떨까요?"
"그럼 일단 퍼블리싱만 미리 일단 들어갈까요? 아니면 다른 부분을 먼저 할까요?"
"제가 한 번 확인하고 말씀드릴게요. 그런데 사실 변경 사항은 a라서 나머지 b, c, d는 일단 미리 하셔도 되지 않을까요?"
"그러면 플랜 B를 먼저 생각해 주셔도 좋을 것 같아요. 대략적인 방안 정도만이라도요."

이처럼 반드시 먼저 해야 하는 일과, 굳이 먼저 하지 않아도 되는 일, 혹은 더 먼저 할 수 있는 일을 구분하기만 해도 프로젝트는 훨씬 수월해집니다.

2 복잡성 낮추기

해결하고자 하는 문제가 클수록, 또는 제품과 서비스가 커지면 커질수록 업무는 더 크고 복잡해집니다. 더 많은 사람이 함께 일하게 되고, 더 많은 사람들과 커뮤니케이션 해야 하고, 더 많은 것들을 사전에 고려해야 하고, 더 많은 개발을 하게 됩니다. 그렇지 않기 위해 팀 구조를 바꿔보고, MVP를 기획하곤 하지만, 전체적으로 더 크고 복잡해지는 건 마찬가지입니다. 그래서 프로젝트에서의 문제 해결 중 하나는 바로 이런 상황으로 인해 증가하는 복잡성을 낮추는 것입니다.

가령 대학교에서 몇몇이 모여 조별 과제가 아니라 큰 상이 걸린 공모전을 진행한다고 가정해봅시다. PPT를 작성하기 전에 해야 하는 자료 조사의 방식이 훨씬 다양해지고, 더 많은 내용을 알아보아야만 합니다. 인터넷 사전 조사도 진행하고, 도서관에서 논문, 책, 신문 등의 문헌 조사도 진행하고, 인터뷰 역시 관련 분야의 교수님부터 현직자, 일반 시민들까지 만나봐야만 합니다. 심지어는 상황에 따라 설문 조사를 진행해야 할 수도 있습니다. 자료 조사에 사활이 걸렸다고 봐도 무방합니다. 그런데 이 모든 걸 동시에 진행할 수 있을까요? 그래서 복잡성을 낮추는 첫 번째 방안은 바로 단계적으로 생각하는 겁니다. 큰 덩어리 하나 대신, 2~3개의 작은 덩어리로 일을 설계하는 겁니다.

너무 당연한 이야기일 수도 있습니다. 그런데 막상 일을 하다 보면 '이번에 어디까지 해야 하는가? 꼭 이번에 여기까지 해야 하는 게 맞는가?'라는 질문을 놓치기 쉽습니다. 목표와 해야 할 일이 정해지면 조바심이 나기 마련이니까요. 또 우리의 생각대로 일이 말끔하게 나뉘지지 않기도 합니다. '이 참에 뿌리를 뽑자'며 하는 김에 한꺼번에 하는 게 더 효율적인 경우도 있고, '차츰차츰 접근하자'가 훨씬 간단한 경우도 있습니다. 영어 공부에 비유를 하자면, 단어를 외우는 김에 회화 연습을 하는 게 더 효율적일 수도 있지만, 단어를 외우면서 문법까지 공부하려면 복잡할 수도 있는 것과 비슷합니다.

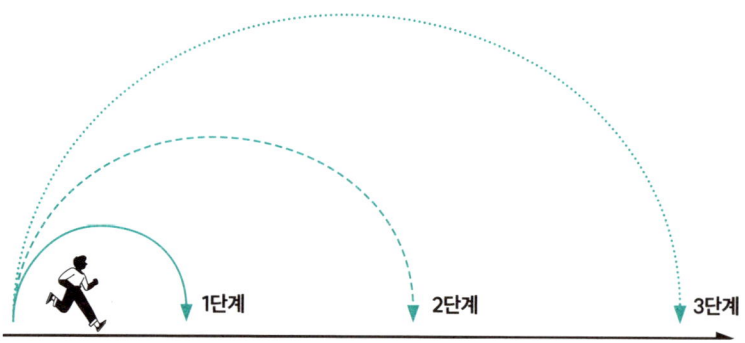

한 번에 어디까지 가야 할까요? 차근차근 가는 게 정답일 때도 있고,
때로는 한 번에 뿌리를 뽑는 게 정답일 수도 있습니다.

    정답은 없습니다. 매번 다를 겁니다. 그때 그때 맞는 답을 꼭 혼자 찾을 필요도 없습니다. 진행이 더디거나 어려운 상황에 놓였을 때, '혹시 일을 너무 크고 복잡하게 설계한 건 아닌가?' 하는 생각을 우선 해보세요. 그 일을 더 작고 간단한 단위로 나누어보면 좋겠는데, 팀원들은 어떻게 생각하는지, 어떤 단위로 나누는 게 유효할 것 같은지 물어보면 됩니다. 그러면 팀원이 먼저 제안할 겁니다. "여기까지 먼저 진행하고, 그다음 이걸 마저 진행하면 좋을 것 같아요." 그렇게 찾아가는 겁니다.

3 목표와 방안을 분리하여 생각하기

    일의 진행이 더뎌지고 어려워지는 이유 중 하나는 바로 우리가 생각한 방안이 예상보다 더 어렵거나 혹은 막상 시도하니 적절하지 않은 경우입니다. 기획이나 디자인보다는 상대적으로 개발 과정에서 맞닥뜨립니다. "이렇게 하면 되겠네요." 하고 개발을 시작했지만 "이렇게 해도 안 되는데 대체 왜 안 되는지 저도 모르겠어요."라며 '멘붕' 상태에 빠진 동료 개발자들을 자주 목격하게 될 겁니다. 저는 프로그래밍을 모르기에 그 고충을 정확히 이해하지는 못하지만, 간단한 분석 코드 혹은 엑셀에서 함수를 작성하다가 막히면 좌절하기도 하는 제 모습을 보며 개발자들의 고충을 짐작해봅니다.

분명 우리는 이런 과정을 거쳐가며 우리의 업무가 요구하는 각종 기술에 적응하고 또 숙달됩니다. 그런데 목표한 시간이 정해진 업무에서, 마냥 답을 찾을 때까지 고민하거나 찾아보는 것만이 능사는 아닐 수 있습니다. 문제의 답을 찾지 못하겠다면 때로는 그냥 풀어야 할 문제 자체를 바꾸거나, 아예 다른 접근 방안을 시도해보는 것도 방법입니다.

비유하자면 이렇습니다. 총 80점만 넘기면 통과할 수 있는 시험에서 굳이 4점짜리 최고 난도 문제를 푸느라 시간을 허비할 필요가 있을까요? 물론 4점짜리 문제를 풀면 뿌듯한 기분이 들고 그 과정에서 얻은 사고의 깊이는 훗날 도움이 될 수 있습니다. 그런데 시간을 소진해 총점 80점을 넘지 못하면 당장의 좌절이 더 클 겁니다. 일단 80점을 넘기고, 나머지는 그다음에 고민해보는 겁니다. 가령 데이터를 분석하고 싶다면 꼭 데이터베이스의 숫자를 개발자나 분석가의 도움을 받아 조회하는 대신에, 100% 정확하진 않지만 회사에서 사용 중인 간단한 분석 도구를 통해 근사치를 봐도 되는 경우도 많습니다. 운영 업무라면 꼭 자동으로 처리하는 대신에 수동으로 주기적으로 처리해줘도 되는 업무도 있을 겁니다. 직접 개발하는 대신 노션과 같은 노코드 혹은 로우 코드 서비스를 이용해 빠르게 만들어보는 게 나은 방법일 수도 있습니다.

물론 이러한 접근이 임시방편에 그친다면 장기적으로는 부채Debt가 되어 돌아올 수도 있습니다. 어떤 때에는 정말로 정확한 숫자가 필요한 일도 있고, 어떤 때에는 반드시 특정 방법으로 문제를 해결해야만 하는 수도 있습니다. 이른바 규정 준수compliance와 관련된 업무나, 장기적인 안정성과 확장성을 고려해야 하는 일이라면 정직하게 맞닥뜨리는 게 상책이기도 합니다.

요지는 꼭 지금 떠올린 방법만이 정답은 아니라는 점입니다. 방법은 많습니다. 프로젝트가 뜻대로 되지 않을 땐, 혹시 다른 방법으로 해결하거나, 아예 이를 잠시 무시하거나 우회할 순 없는지 생각해보는 것도 방법입니다.

데일리 스크럼

프로젝트가 클수록 디자인, 개발 과정의 기간이 길어지고, 어떤 식으로든 초기에 예상하지 못한 이슈가 발생하기 마련입니다. 이를 해결하는 것이 프로덕트 매니저의 프로젝트 관리입니다. 그런데 이 과정에서 꼭 프로덕트 매니저만 대안을 제시하고 의사결정을 하는 건 아닙니다. 사항에 따라 팀의 다른 개발자의 판단이나 의사결정이 필요할 수도 있고, 때로는 디자이너의 조언이나 의사결정이 필요할 수도 있습니다. 다양한 문제에 대해 필요에 따라 다양한 사람이 빠르게 조율하거나 의사결정을 하기 위해서는 이해관계자들어야 합니다.

반면 학창 시절의 조별과제나 조금 규모가 있는 일반적인 회사에서 진행하는 보고, 논의, 의사결정 과정을 생각해보면 다음과 같습니다.

- 다음 미팅 날짜가 되어야 만날 수 있다. 메신저로 이야기는 주고받지만 상황 파악 또는 의사결정이 상대적으로 쉽지 않다.
- 책임자, 담당자를 찾아가도 부재중이거나 만나기 쉽지 않다.
- 책임자, 담당자라고 생각해서 찾아갔지만 다시 다른 사람을 찾아가야 한다.
- 결재라인을 따라 문서가 상신되어야만 정식으로 보고할 수 있다.

저는 대학교의 신규 사업 부서에서 교직원으로 일한 적이 있습니다. 총장님의 모든 관심이 쏠린 사업으로, 기획부터 구매, 홍보, 건설, 교육 설계, 학생 모집 등 다양한 업무가 필요했습니다. 그런데 대부분의 행정 권한은 학과장 교수님에게 있었지만 너무나 바쁜 분이었습니다. 문제가 생기면 이를 공유하고 결정을 받아야 했지만, 어디에 계시는지 찾는 것부터 문제였습니다. 외부에 계시니 만나기 어려운 경우가 대부분이었고, 전화나 문자, 이메일로는 상황을 설명하기 어려운 경우도 잦았습니다. 결국 한 주가 지나고 나서야 상황 파악과 의사결정이 가능했습니다. 다른 부서의 협조가 필요한 업무 역시 담당자의 부재로 지연되거나, 약속된 정기 미팅이 아니라면 무언가를 공유하는 것조차 쉽지 않았습니다.

물론 이런 와중에도 프로젝트의 목표 일정을 지킬 방법은 있습니다. 야근이나 주말 출근으로 지연된 부분을 충당하거나, 품질에 타협을 해 일정만 지키는 겁니다. 그런데 과연 이러한 방법이 지속 가능할까요? 이러한 방식으로 만든 제품이 정말로 고객의 문제를 해결할 수 있는 좋은 제품이 될 수 있을까요? 쉽지 않을 겁니다. 그래서 크로스 펑셔널Cross-Functional한 제품팀과 데일리 스크럼Daily Scrum이 등장했습니다.

크로스 펑셔널한 제품팀이란 다양한 기능을 하는 구성원이 한 팀으로 모인 것을 말합니다. 어떤 회사는 기획1팀과 마케팅1팀, 개발 1팀과 같은 방식으로 하나의 팀에 동일한 직무의 구성원을 배치합니다. 하나의 팀 내에서 같은 직무로 사수와 부사수, 과장과 대리, 사원이 있습니다. 모두가 같은 직무이니 사수와 선배의 업무를 보고 배우기엔 좋겠지만, 다른 팀과의 논의나 협조가 필요할 때 허비되는 시간이 많습니다. 기획1팀의 기획자가 개발1팀의 팀장님을 찾아가 개발 요청을 하고, 개발1팀이 팀 미팅에서 이를 검토하고 기획1팀의 기획자에게 다시 의견을 전달하는 데에 일주일이 소요됩니다. 반면 서로 역할을 하는 구성원이 한 팀에 모여 있다면 이런 과정을 훨씬 효율적으로 수행할 수 있습니다.

데일리 스크럼이란 날마다 만나는 짧은 회의를 말합니다. 팀 내에 여러 기능을 하는 구성원이 모여 있더라도 정해진 날짜나 요일에만 미팅을 한다면 의사결정이 효율적이지 못할 수도 있습니다. 그 대신 매일 아침마다 잠깐 모여 문제가 되는 상황을 공유하고 이에 대해서 조율하거나 판단하면 어떨까요? 이 정도 시간이라면 매일 만나더라도 각자의 업무에 방해가 되지 않으면서도 해결이 필요한 문제는 바로 조치를 취할 수 있게 됩니다.

멘토링이나 강의에서 간혹 다른 산업에서 업무 경험이 있는 분들을 만나보면, 데일리 스크럼을 낯설게 받아들이는 경우가 있습니다. "각자 할 일 하는 사람들끼리 매일 아침에 할 이야기가 그리 많느냐?"는 질문도 받아봤습니다. 저 역시 온라인 제품을 다루는 스타트업의 제품팀으로 넘어왔을 때 한동안은 데일리 스크럼이 낯설었습니다.

스크럼은 어디까지나 프로젝트 중간 과정의 문제 상황을 공유하고, 이에 대한 도움을 받거나 필요한 의사결정을 하기 위한 자리입니다. 할 이야기가 없다면 5분만에 끝날 수도 있습니다. '할 이야기가 많아서' 하는 게 아니라, '해야 할 이야기를 제때에' 하기 위해서 데일리 스크럼을 합니다.

스프린트

2016년에 『스프린트Sprint』라는 제목으로 구글의 프로젝트 프로세스를 소개하는 책이 국내에 발매되었습니다. 일주일

만에 아이디어 도출부터 프로토타입의 기획, 디자인, 개발 및 출시를 할 수 있는 방식에 대한 내용이었습니다. 저는 책이 나온 지 조금 시간이 지난 뒤에 오프라인 기반의 스타트업에서 일하며 이 책을 처음 접했는데, 당시에는 스프린트 방식이 잘 와닿지 않았습니다. 해야 할 업무는 많고, 온라인과 달리 오프라인 제품은 일주일 만에 뚝딱 만들어지는 것도 아니었으니까요. 그런 이상적인 방식은 구글 같은 큰 회사에서나 하는 거라고 생각했습니다. 시간이 지나 제품팀의 프로덕트 매니저로 일하면서, 어느새 "스프린트로 일해보자."라고 말하는 제 자신을 발견합니다. 대체 스프린트가 무엇이길래 갑자기 시큰둥하던 제 태도가 바뀐 걸까요?

스프린트는 '단거리 달리기'라는 뜻처럼 반드시 죽을 힘을 다해 뛰라는 이야기가 아닙니다. 단거리에도 100m와 400m가 있는데, 저처럼 훈련되지 않은 사람이 400m를 죽을 힘을 다해 달리면 한동안 몸져누워 있어야 할지도 모릅니다. 짧게는 십수 년, 길게는 수십 년을 이어가야 하는 커리어에서 죽기 살기로 뛰듯이 일하는 건 그리 건강한 방법이 아닐 겁니다.

사실 스프린트는 '달리기'보다는 '단거리'에 방점이 찍혀 있습니다. 그렇다고 조금만 가고 말라는 이야기가 아니라, 도합 4km를 가야 할 여정이라면, 상대적으로 단거리인 400m씩 달려서 10번을 가면 결과는 똑같다는 취지의 방식입니다. 즉, 커다란 업무 계획과 일정을 더 작은 단위로 쪼개는 게 핵심입니다. 400m 갈 계획을 세우고, 그다음 400m 계획을 다시 세우기를 반복하는 겁니다. 보통 IT에서는 2주 혹은 1주 단위로 업무 계획을 세워 이를 하나의 스프린트라고 부릅니다.

보통 2주에서 짧게는 1주 단위의 스프린트로 업무를 설계합니다.

왜 업무 계획과 일정을 작은 단위로 쪼개야 할까요? 여기에는 몇 가지 장점이 있습니다. 우선 커다란 업무 범위에 압도당하지 않습니다. 수십, 수백 장의 기획안을 보면 '이걸 어느 세월에 다 하지?'라는 생각이 들 수 있지만, 일단 앞에서 열 장만 먼저 하고 그다음은 나중에 생각하자고 계획한다면, 우리의 마음은 어느새 '열 장 정도는 거뜬하지'라는 식으로 바뀔 겁니다.

개발자가 아닌 프로젝트 관리자의 입장에서도 수십, 수백 장의 작업 범위의 진행 상황을 확인하고, 선후 관계를 조율하고, 관련된 이슈로 커뮤니케이션을 하는 것보다는 우선 열 장에 집중하는 게 훨씬 일하기 쉽습니다. 구글 스프레드시트를 이용하든, 노션을 이용하든, 혹은 다른 전문 프로젝트 도구를 이용하든, 업무량이 적다면 진행 상황도 훨씬 눈에 잘 들어올 겁니다.

다른 장점도 있습니다. 앞서 이야기한 린 스타트업, MVP와도 맞닿습니다. 우리에게 한 분기 또는 최소한 한 달 정도 시간이 있다면, 은연중에 욕심이 생기거나 여유를 부리게 되기 마련입니다. 검증하기로 한 가설과 무관한 기능도 슬쩍 넣고 싶거나, 우선순위가 낮은 업무도 하는 김에 하고 싶다는 생각을 하게 됩니다. 시간이 충분할 것 같으니까요. 그러나 막상 일을 진행하다 보면 예상치 못한 문제를 맞닥뜨리고, 그제서야 후회합니다. '아, 생각보다 시간이 없네… 이거 괜히 넣었나. 이제 와서 뺄 수도 없고.' 만약 업무 계획을 2주, 혹은 1주 단위로 검토하고 설계한다면, 무리해서 무언가를 추가할 생각을 하지 않았을 겁니다.

이뿐만이 아닙니다. 만약 1년짜리 프로젝트라면 1년 뒤에야 결과를 보게 됩니다. 그런데 막상 그때 가서 보니 중간에 몰랐던 문제를 잔뜩 발견하게 되거나, 중간에 상황이 바뀌면 이후 최소 몇 달치 일정과 작업을 바꾸고 조율해야 합니다. 그런데 프로젝트의 최종 완료 시점이 1년 이후이지만, 이를 월 단위로 나눠 계획을 세웠다면, 1개월 뒤에 일정 수준의 결과를 미리 볼 수 있게 됩니다. 그리고 상황이 바뀌면 그 다음 달의 업무를 이에 맞춰 수정하면 됩니다. 전체를 바꿀 필요도 없이 한 달치만 바꾸면 되니 부담도 줄어듭니다.

정리하자면, 스프린트는 전체적으로는 1년, 한 분기, 한 달 걸릴 업무를 1주나 2주 단위로 나누어 설계해 복잡도를 낮추고, 우선순위가 낮은 것들을 덜어내고, 결과를 더 먼저 보고, 변화하는 상황에 더 기민하게 대응하기 위한 유연한 전략입니다. 그리고 이러한 정신은 애자일 개발 방법론과 맞닿아 있습니다.

워터폴과 애자일

온라인 서비스의 제품팀에서 일하기 전까지는, '워터폴'과 '애자일'이란 표현을 들어보지 못했습니다. 사실 이 책에서 이야기한 린, 애자일, MVP 같은 다양한 용어는 대부분 스타트업에서, 특히 IT 스타트업에서만 주로 통용되는 듯합니다. 이런 용어를 섞어 이야기하는 걸 '판교 사투리'라고 부른다는 기사를 보기도 했습니다. 그만큼 대부분의 산업과 직종에서는 통용되지 않거나 다소 낯선 개념이라는 뜻으로 읽힙니다. 그런데 그중에서도 가장 낯선 개념이 바로 애자일인 것 같습니다. 그리고 이를 설명하기 위해서는 우선 워터폴Waterfall에 대해서 설명해야 합니다.

'폭포수'라는 뜻의 워터폴이란 사실 여러분이 일상과 학교, 회사에서 일을 처리하는 가장 일반적인 방식입니다. 위에서 아래로 차례대로 물이 떨어지는 폭포처럼, 어떤 일을 한 다음에 그다음 일을 처리하고, 다시 그다음 일을 처리합니다. 컨베이어 벨트식 공장, 또는 학교에서 하던 조별 과제와 비슷합니다. 우선 리서치를 하고, 발표 자료를 만든 뒤에, 대본을 작성하여 발표한 뒤, 최종적으로 교수님께 파일을 제출합니다. 일이 순서대로 진행됩니다.

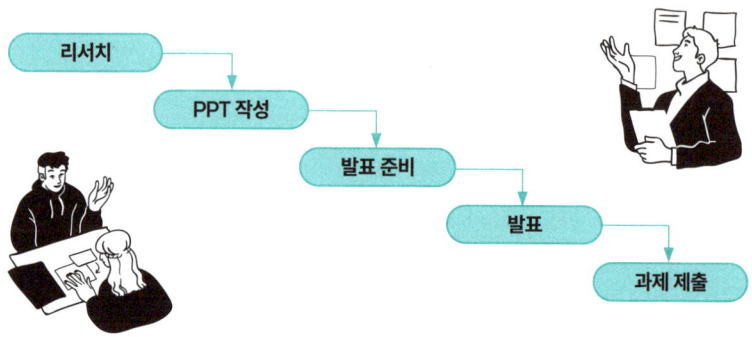

상황이 복잡하거나 빠르게 변화하지 않을 때, 특히 내가 해야 할 일이 무엇인지 명확하게 정해져 있고, 내 차례가 되었을 때 나의 일을 하고 끝내면 된다면 워터폴 방식이 가장 직관적이고 단순합니다. 우리가 여태까지 이렇게 일해왔으니 가장 익숙한 방식이기도 합니다. 그런데 만약 상황이 빠르게 변화하거나 복잡할 때, 혹은 결과물을 만들기 위해 구성원들이 해야 하는 일이 정확하게 나뉘지 못할 때에는 이러한 방법에 몇 가지 단점이 생깁니다.

우선 전체 일정이 정해져 있는데 앞선 사람이 예상보다 시간을 많이 걸리면 뒤 사람들은 다급해집니다. 오늘 결과물을 전달받을 수 있을 것으로 예상하여 준비하고 있는데 다음 주에야 결과물을 전달받기로 상황이 바뀐다면, 그 사이 내 업무는 중단됩니다. 그리고 다음 주의 나는 두 배로 바빠집니다. 서둘러 하다 보니 실수도 생기고, 좋은 품질의 제품을 만들기 위한 고민하고 수정할 시간도 부족해 품질을 타협하게 됩니다. 또는 그다음 일정을 다시 지연시킬 수밖에 없습니다.

앞선 사람의 결과물이 내 예상과 다를 때에도 문제가 발생합니다. 우리가 일해서 만드는 결과물은 기계로 찍어내듯이 계획한 모양과 똑같을 수 없습니다. 예상과 다른 형태나 내용을 담아내기도 합니다. 그런데 만약 앞 사람이 모두 작업을 끝난 뒤에야 이를 받아보고 예상과 다르다며, 이러면 내 작업이 불가능하다며 다시 해오라고 한다면, 그만큼 시간을 허비한 게 됩니다.

이런 일은 이해관계자의 요구가 기획자에게 전달될 때, 혹은 기획자의 결과물이 개발자에게 넘어가는 단계에서 발생하기 쉽습니다. 이해관계자나 의사결정자가 생각하는 방향이나 목표 혹은 요구사항이 바뀌면 기획이 바뀌게 됩니다. 처음부터 이러한 논의에 기획자가 함께 포함된다면 변경하거나 고려해야 할 부분을 함께 생각하며 기획할 텐데, 기획이 끝난 뒤에야 추가 사항을 전달받습니다. 수정 요청을 단호하게 뿌리칠 수 있는 경우가 아니라면, 결국 기획을 모두 변경하게 됩니다. 당연히 처음의 목표 일정과 내용에 따라 미리 작업을 준비했던 개발자의 업무와 일정도 바뀌게 됩니다. 그러고는 이렇게 생각할 겁니다. '진작 좀 말해주지.'

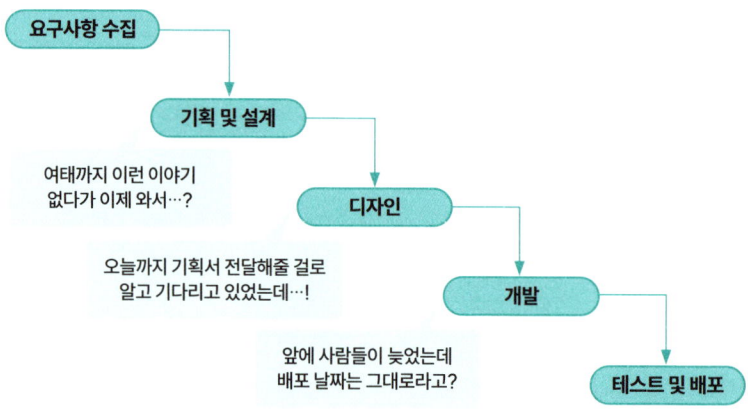

 이러한 문제를 해결하기 위해 애자일 방법론이 등장합니다. 사실 애자일 방법론의 원칙과 정신에는 이보다 더 다양한 이야기가 등장하지만, 개인적으로 핵심은 두 가지라고 생각합니다. '함께' 그리고 '먼저'.

 만약 주요 이해관계자들이 애초부터 비즈니스와 제품에 대해 함께 검토하고, 논의하고, 의사결정을 한다면 위와 같은 상황을 막을 수 있지 않을까요? 경영진을 비롯한 의사결정권자의 미팅에 기획자와 디자이너, 개발자가 함께 참여한다면, 비즈니스적으로 풀고 싶은 문제에 대해 각각의 직무에서 구체적인 방법이나 방안, 일정도 더 일찍 파악할 수 있었을 겁니다. 또는 기획자의 기획 단계에 개발자와 디자이너가 참여하는 것도 좋은 방법입니다. 그럼 개발자나 디자이너가 나중에서야 "이렇게 못 만드는데요."라고 답하는 대신, 처음부터 "그 방법은 좀 어려우니 대신 이렇게 하면 어떨까요?"라고 제안하며 수정할 수 있을 겁니다.

그래서 애자일한 조직에서는 기획자가 화면 설계서에 모든 와이어 프레임과 설명을 작성하는 대신, PRD를 작성하고 이를 토대로 디자이너와 개발자가 처음부터 함께 검토하며 기획안을 작성합니다. 그리고 다음 주나 다음 달이 되어서야 알게 될 이슈를 더 일찍 발견하기 위해 데일리 스크럼을 진행합니다. 그리고 한 달, 한 분기 뒤에야 알 결과물을 작은 단위로나마 더 먼저 만들어보기 위해 스프린트로 업무 일정을 설계합니다. 이러한 과정의 반복을 통해 제품이 구현되고 또 성장해 나갑니다. 이 모든 개념이 실은 애자일 정신과 맞닿아 있습니다.

애자일은 우리의 일상적인 작업 방식과는 다소 다릅니다. 애자일한 업무를 실현하려면 회사의 의사결정 구조, 팀의 구조, 협업 문화와 방식, 미팅 방식 등 모든 게 어우러져야 합니다. "우리도 오늘부터 애자일하게 하자!"라며 몇몇 사람이 결정한 사항을 기획자에게, 혹은 개발자에게 일방적으로 전달하는 순간 이미 애자일은 먼 나라의 이야기가 되고 맙니다. 그리고는 '그냥 빨리 하라'는 식으로 변질되고 맙니다.

그래서 애자일은 쉽지 않습니다. 여러분이 기획자 또는 프로덕트 매니저로 일하게 될 조직마다 모두 다를 겁니다. 애자일이란 용어를 모르지만 이미 애자일하게 일하는 곳도 있고, 애자일하게 일하자고 하지만 결국 워터폴하게 일하는 곳도 있을 겁니다. 그러나 잊지 마세요. 애자일의 핵심은 모든 이해관계자가 함께 논의에 참여함으로써,

나중에 할 일을 더 일찍 하는 데에 있습니다.

그러면 무조건 애자일이 좋은 거 아닌가요?

이런 이야기를 하면 "그럼 애자일이 무조건 좋은 게 아니냐?"는 질문을 받기도 합니다. 함께 검토하고 결정하니 수평적이고, 더 먼저 파악할 수 있으니 효율적인데 이렇게 하지 않을 이유가 무엇이냐는 겁니다. 그러나 애자일이 모든 산업과 직무에 퍼져 나가지 않은 데에는 그럴 만한 이유가 있는 것 같습니다.

명확하게 결정된 업무에서는 구태여 애자일을 추구할 필요가 없습니다. 한 번 결정된 공정과 메뉴얼대로 순차적으로 진행되는 공장식 업무에서, 굳이 뒤 과정을 앞 과정으로 옮겨올 필요가 있을까요? 혹은 각자의 업무가 분명하게 나누어져 있는데 굳이 다른 사람이 함께 논의할 필요가 있을까요? 가령 약사가 진찰실에 들어와 의사와 함께 약을 논의할 필요가 있을까요? 치킨을 포장하는 직원이 치킨을 튀기는 직원과 함께 치킨을 튀기는 시간, 기름의 온도와 사용 횟수를 논의할 필요가 있을까요? 정해진 기간 내에 정해진 방식대로 결과물이 전달될 수 있다는 게 분명하다면, 구태여 다른 사람을 포함시키는 건 오히려 혼란만 일으킬지도 모릅니다.

완벽에 가깝게 기획되고 결정되어야 하는 업무에서도 애자일은 부적절합니다. 병원에서 수술을 할지 결정해야 하는데, 의사가 일단 환자를 불러와 눕힌 다음 수술할 것 같은 부위를 일단 열어보자고 한다면 환자가 동의할 수 있을까요? 순서에 맞게 진찰과 검사, 약물 치료 등을 통해 충분히 검토하는 과정이 선행되어야 하지 않을까요? 애자일은 분명 나중에 발생할 일을 더 먼저 하는 데에 방점이 있지만, 그렇다고 앞서 해야 할 일을 하지 않고 무시한다는 뜻은 아닙니다.

애자일은 흑과 백 또는 0과 1의 개념이 아닙니다. 오히려 스펙트럼에 가깝습니다. '애자일하냐, 하지 않느냐'가 아니라, '얼마나 애자일하느냐'의 문제입니다. 산업과 직무, 제품과 프로젝트에 따라 다릅니다. 이른바 '애자일한' 팀에서도, '워터폴한' 방식으로 결정하고 기획하는 때도 있습니다. 그게 빠르고 효율적이면, 그렇게 하는 겁니다. 애자일도 하나의 방법론입니다. 애자일의 맥락과 배경을 길게 설명한 것도 그 때문입니다.

4

제품의 성장과 고객 학습

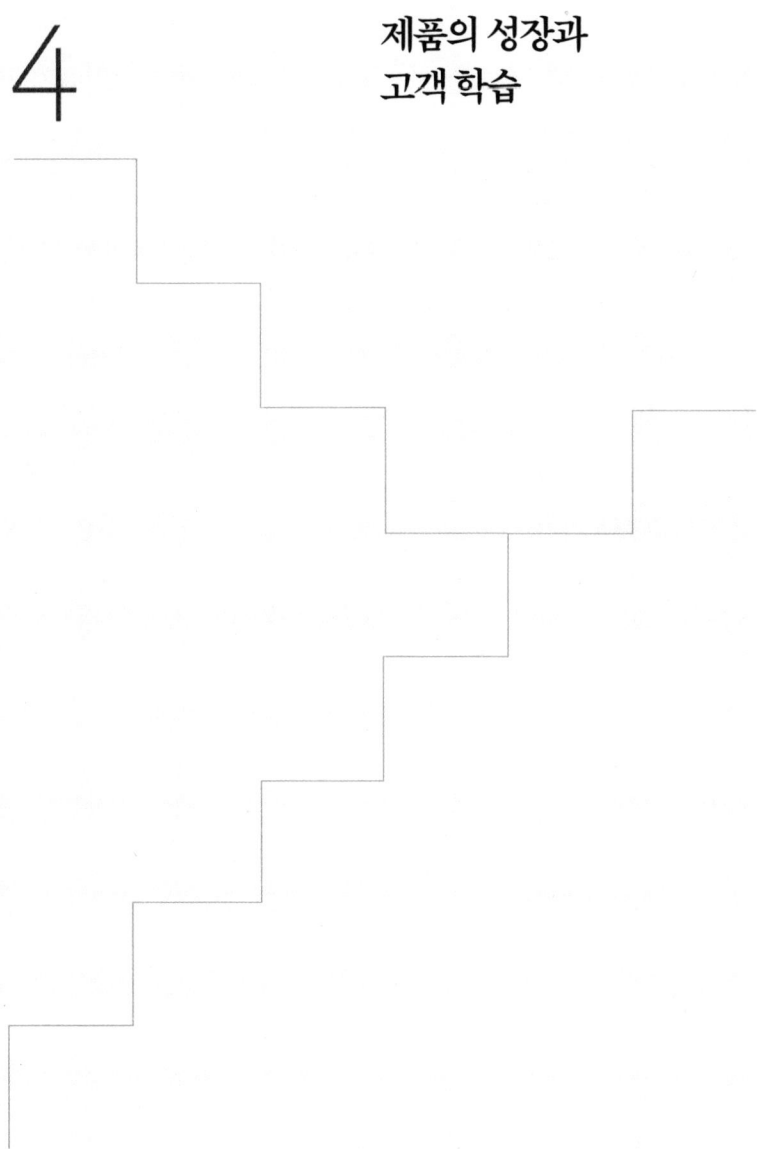

출시는
시작일 뿐이다

　　　　　　　　　오랜 프로젝트 과정을 거쳐 드디어 제품을 출시했습니다. 프로젝트 기간 동안 여러분은 다사다난한 과정을 거쳐왔을 겁니다. 제품의 스펙이 갑자기 변경된다거나, QA 과정에서 생각보다 많은 이슈를 발견했다거나, 기획과 관계없는 기술 이슈로 인해 모든 게 중단되었을지도 모릅니다. 그럼에도 모든 난관을 헤쳐 제품을 출시한 여러분은 '드디어 끝났다!' 라는 즐거움을 만끽할 겁니다.

　그러나 아쉽게도 프로덕트 매니저에게, 제품의 출시는 완료가 아닌 시작입니다. 애초에 우리는 시장과 고객에 대한 가설을 검증하기 위한 방안으로서 새로운 제품이나 서비스, 기능이 필요하다고 판단하여 이를 만들고자 프로젝트를 시작한 거니까요. 제품의 출시를 위한 프로젝트가 완료된 지금부터는, 우리의 가설은 실제로 어떤 결과를 가져오는지, 그렇지 않다면 그 이유는 무엇인지, 목표를 향해 마저 나아가기 위해서는 무엇을 개선하거나 수정해야 할지 발견해 제품을 개선하고 변경해 나가는 작업이 시작됩니다. 검증된 가설과 학습한 내용을 토대로 새로운 가설을 세워 제품과 서비스를 지속적으로 성장시켜 나가는 과정인 '그로스'가 시작됩니다.

그로스의 의미

그로스Growth라는 건 문자 그대로 성장을 뜻합니다. 그런데 '성장'이라고 하면 너무나 당연해서 '무엇이든 열심히 하는 것'이 되어버리고 맙니다. 또는 '회사의 목표는 매출액이니 뭐가 됐든 이번 달 매출액만 올리자'라고 생각하게 되는 수도 있는 것 같습니다. 그래서 그로스의 의미에 대해 먼저 살펴보고자 합니다.

그로스는 해킹처럼 멋지지 않다

한때 '그로스 해킹Growth Hacking'이라는 말이 유행하여, '그로스' 업무가 '해킹'과 같이 한 번에 어떤 극적인 결과물을 내놓는 일이라고 오해하기도 했습니다. 그로스 해킹은 제품과 비즈니스가 성장할 수 있는 방안을 발견해냈다는 의미에 더 가깝습니다. 쉽게 얻어낼 수 없었을 방안과 비결을 어떻게 해서든 결국엔 찾아냈다는 뜻입니다. 영화에서는 해커가 "어디 한번 시작해볼까." 같은 대사와 함께 빠른 속도로 키보드를 두드리며 수십 초 만에 상대방의 자료를 훔치거나 없애버리지만, 실제 해킹은, 적어도 그로스 해킹은 그렇지 않습니다. 제품과 비즈니스가 성장하기 위한 방안과 비결은 산업과 제품, 시기마다 모두 다릅니다. 영화처럼 멋지게 한 번에 발견할 수 있는 것도 아니고, 애초에 정해진 것도 없습니다. 수십 번의 시행착오 끝에 '아~ 이런 거구나?' 하는 깨달음의 반복을 거쳐 점진적으로 발견하고 학습할 뿐입니다.

가령 30년 된 노포에서 초밥을 만드는 장인은 월 매출의 증가를 위해 갑자기 테이블 수를 늘리고, 가게를 신식 인테리어로 리뉴얼해야 할까요? 그게 과연 초밥 장인의 비즈니스를 성장시키기 위한 전략으로 옳을까요? 또는 동네 떡볶이 가게가 갑자기 장인 정신을 발휘하기 위해 최고급 재료만을 고집하며 하루에 딱 열 접시만 팔아도 될까요? 혹은 동네 떡볶이 가게가 떡볶이만을 판매하거나, 배달 없이 매장 방문만으로 매출액을 계속 성장시킬 수 있을까요? 성장의 방법은 각자에게 다를 겁니다.

그로스는 마케팅이 아니다

그로스를 '그로스 마케팅'과 동의어로 쓸 때도 많습니다. 그로스라는 어휘가 포함된 직무가 대부분 그로스 마케터, 또는 드물게 그로스 매니저이기 때문인 것 같습니다. 제품과 비즈니스의 성장은 궁극적으로는 사용자의 수와 매출액이고, 이를 위해 제품을 한 명이라도 더 많은 사람에게 알리고, 한 개라도 더 판매할 수 있는 방안을 찾는 마케터의 업무가 그로스 업무와 동의어처럼 사용되는 건 이해가 되기도 합니다. 그러나 프로덕트 매니저로서 여러분이

해야 하는 그로스는 비단 마케팅만이 아닙니다.

그로스는 말 그대로 제품과 비즈니스의 성장입니다. 그럼 대체 언제 어떤 걸 성장시켜야 할까요? 반드시 매출액만 성장시키면 되나요? 그렇다면 회사에서 직접적으로 매출을 내지 않는 제품 또는 기능은 성장시키지 않아도 될까요? 제품의 성장은 궁극적으로 더 많은 사람들이 우리의 제품을 더 많이, 더 자주, 더 오래 사용하게 만드는 데에 있습니다. 그것이 B2C 제품이든, B2B 제품이든, 매출을 발생시키는 제품이든, 매출을 발생시키는 제품을 보조하는 기능이든, 온라인이든, 오프라인이든 동일합니다.

제품과 비즈니스의 성장	더 많은 사용자가 더 많이, 자주, 그리고 오래 제품을 사용하거나 구매

대체로 마케팅은 우리 제품과 서비스를 어디에서 홍보해야 가장 효과적으로 많은 고객에게 우리 제품을 알릴 수 있을지, 어떤 문구와 이미지, 혹은 어떤 방식으로 홍보해야 할지, 홍보에 소요되는 비용을 어떻게 줄일 수 있을지 고민합니다. 더 많은 사람이 우리의 제품과 서비스를 인식하고 사용하게끔 합니다. 그러나 마케팅은 고객이 원하는 제품과 서비스를 만들고, 개선하는 것과는 다소 거리가 있습니다. 고객은 제품과 서비스가 본인의 문제를 해결하지 못한다면, 아무리 적재적소에 매력적인 문구로 홍보했다고 할지라도 굳이 그 제품과 서비스를 더 구매하거나 사용하지 않습니다. 뭐라고 포장한들 본인에

게 필요하지 않은 제품이니까요. 그렇다면 과연 마케팅만으로 과연 고객이 우리의 제품을 더 많이, 더 자주, 더 오래 사용하거나 구매하게 만들 수 있을까요?

그래서 그로스는 매출액의 성장만을 의미하지 않고, 이를 위한 모객과 홍보만을 의미하지 않습니다. 다만 그럼에도 마케팅을 통해 단기적으로 더 많은 사람들이 우리 제품과 서비스에 방문하게 하고, 이를 통해 더 많은 판매를 일으켜 매출액을 증가시키는 일이 비즈니스의 성장을 견인하는 가장 핵심적인 요소 중 하나이기에, 결과적으로 '그로스 = 마케팅'이라는 공식 아닌 공식이 성립하게 된 것뿐입니다.

그로스는 지속적이어야 한다

또한 일시적인 성과를 만드는 건 그로스라고 보기 어렵습니다. 만약 어떤 학생이 시험 또는 시합을 위해 실력을 키운다고 할 때에, 어쩌다 한 번 점수가 오른 뒤 다시 원래대로 돌아왔다면, 이걸 과연 성장이라고 할 수 있을까요? 운 또는 임시방편에 지나지 않을까요? 그로스는 성장의 '방안'을 찾는 일이고, 더 자세히 말하자면 성장을 위한 '구조'를 마련하고 설계하는 일입니다. 향상된 실력이 갑자기 퇴보하지 않는 것처럼, 성장한 제품과 비즈니스가 갑자기 다시 원래대로 돌아가는 일은 없어야 합니다.

그래서 특정 시기의 프로모션을 통해 단기적으로 매출액을 성장시키는 건 그로스가 아닐 수 있습니다. 프로모션이 끝나고 나면 매출액이 원래대로 돌아올 테니까요. 구조의 개선이 아니라 임시방편입니다. 반면 여러 실험을 통해 프로모션이 가장 효율적인 시기, 프로모션을 진행했을 때 가장 반응이 좋은 유형의 고객, 가장 효과적인 프로모션 채널이나 아이템을 찾아냈다면 이는 그로스의 방안입니다. 반복 적용할 수 있는 노하우를 발견했으니까요.

운영 효율화도 그로스다

그로스가 반드시 외적 성장을 위해서만 진행되는 것도 아닙니다. 모든 제품과 비즈니스는 개선과 운영에 돈과 시간이라는 비용이 발생합니다. 이는 보통 제품과 비즈니스가 외적으로 규모가 커져감에 따라 어느 정도 비례하여 함께 증가합니다. 하지만 매출액이 2배 증가했다고 해서 비용 역시 2배 증가한다면, 겉으로 보기에는 크고 화려해 보일지 모르나 알맹이는 똑같은 셈이 되고 맙니다. 특히 매출액과 비례해 직원 수가 증가했다면, 오히려 중장기적으로는 더 많은 위험과 비용이 발생할 수 있습니다. 채용부터 인력 관리, 노사 문제 등이 훨씬 복잡해지니까요.

그래서 사용자 수 또는 매출액의 증가 등 외적 성장뿐만 아니라, 제품을 공급하고 운영하는 방안의 효율화 역시 그로스에 포함됩니다. 같은 수의 고객에게 같은 비용으로 같은 제품을 제공하더라도, 이를 더 빠르고 쉽게, 더 저렴하게 제공할 수 있다면 결국 제품과 비즈니스의 역량과 내실은 성장한 거니까요.

$$성장 = \frac{외적\ 성장\ \uparrow}{내적\ 비용과\ 리스크\ \downarrow}$$

  IT 서비스의 기획자 혹은 프로덕트 매니저라면 이러한 부분이 다소 생소할 수도 있습니다. IT 서비스에서 고민하는 효율화란 대부분 개발자의 업무에 치중되어 있으니까요. 그러나 저는 오프라인 공간을 기획하고 개발하는 회사에서 서비스를 기획하고 운영하던 덕분에 운영의 효율화를 통한 제품과 서비스의 성장에 대해 고민할 수 있는 기회를 얻었습니다. 투자 이후 회사가 개발하고 운영하는 공간이 계속 증가하는 만큼 더 많은 직원이 필요했고, 이들의 업무는 더욱 복잡하고 많아졌습니다. 그래서 서비스 전반의 운영을 효율화하기 위한 서비스를 기획하여 프로젝트를 진행했습니다. 운영을 위한 어드민 Admin 기능을 고도화하고, 수동으로 진행하던 업무를 자동화할 수 있는 기능을 기획했습니다. 웹/앱으로 해결할 수 없는 부분은 매뉴얼을 만들었고, 그럼에도 해결되지 않는 부분은 현장 안내문 배치 등 간단한 UX 장치로 해결을 시도했습니다.

  물론 이러한 작업은 외적 성장만큼 눈에 띄진 않습니다. 그러나 분명한 건 이러한 과정도 그로스의 일환이라는 겁니다. 어떤 산업과 제품에서도 공급과 운영의 효율화 없이는 폭발적인 성장을 이뤄내지 못합니다. 고객의 문제를 너무나 완벽하게 해결하는 제품이라 고객의 수요가 폭발적으로 증가할지라도, 고객의 수요를 따라갈 만큼 생산하지 못한다면 결국 매출액은 우리가 생산할 수 있는 수준에서 머무를 테니까요.

실험과 고객 학습

그로스는 실험이다

그렇다면 그로스는 대체 어떻게 해야 하는 걸까요? 우리 제품의 성장 비결은 뭘까 골똘히 고민만 하다 보면 어느 날 갑자기 아이디어가 떠오를까요? 앞서 우리는 그로스란 결국 더 많은 고객이 더 많이, 더 자주, 더 오래 우리의 제품과 서비스를 구매하거나 사용하게 하는 일임을 살펴봤습니다. 특히 더 자주, 더 오래 제품과 서비스를 찾게 만드는 일은 마케팅만으로는 달성하지 못한다는 것도 살펴봤습니다. 그럼 대체 어떻게 해야 우리 고객이 제품과 서비스를 더 자주, 오래 구매하고 사용할까요? 저도 정답을 모릅니다. 어쩌면 그 누구도 정답을 모를 것 같습니다. 다만 '실험'을 할 뿐입니다. '혹시 이런 기능을 추가해 더 많은 가치를 제공하면 더 만족해서 오래 사용하지 않을까? 기존의 기능을 이렇게 개선하면 더 만족해서 더 자주 사용하지 않을까?' 하는 추측과 기대를 담아서요. 그리고 진짜 그렇게 될지 되지 않을지는 해보기 전까지 알 수 없으니, 이런 추측을 가설로 바꾸어 실험을 통해 검증해보는 겁니다. 그리고 이러한 실험이 쌓여서 우리는 알게 됩니다. '아~ 우리 제품의 고객은 이런 부분에서 더 만족하는구나' 혹은 '아~ 우리 제품의 고객은 이런 건 그다지 원하지 않는구나' 처럼요. 이러한 학습점Lessons Learned이 쌓여 무엇이 우리의 제품과 비즈니스를 성장시키는 노하우인지 알게 되는 겁니다. 결국 그로스는 무수한 실험을 통한 가설과 검증으로 이뤄집니다.

이처럼 그로스를 '실험'이라고 정의하는 순간 우리가 신경 써야 할 것이 세 가지가 있습니다. 첫 번째는 모든 실험에 가설이 있어야 한다는 점, 두 번째는 이때의 가설에서 고객에 대해 학습할 수 있는 점이 있어야 한다는 점, 마지막 세 번째는 가설을 검증하기 전까지는 알 수 없으니 결국 빠른 실행력이 중요하다는 점입니다. 하나씩 살펴보겠습니다.

우선 모든 실험에는 명확한 가설이 있어야 합니다. 실험이란 건 제품의 성장 방안을 찾기 위한 시도이고, 우리는 이러한 시행착오를 통해서만 배울 수 있습니다. 그런데 만약 우리의 시도에 별다른 가설이 없다면 어떨까요? '뭐가 잘 안 됐나 보네~' 하는 식으로 끝나고 말 겁니다. 뜻대로 되지 않았다면 정확히 어떤 부분이 문제인지, 그래서 다음에는 무엇을 어떻게 해봐야 할지 알기 어렵습니다. 또한 가설이 명확하지 않다면 너무 뻔한 결론을 얻게 될 겁니다. 가설이 없거나,

가설이 명확하지 않다면 제품과 비즈니스를 성장시키는 구조 또는 노하우를 알 수 없습니다.

또한 이러한 실험의 가설은 모두 고객에 대한 가설이어야 합니다. 제품 또는 시비스의 기획자로서 우리는 고객의 문제를 해결하고 이를 통해 가치를 제공함으로써 그 대가로 고객의 시간 혹은 돈을 얻는다고 이야기했습니다. 따라서 제품과 비즈니스를 성장시키기 위한 실험 역시 고객을 위한 실험이고, 이때의 가설은 고객에 관한 가설이어야 합니다. 우리의 시도에 따라 고객의 반응이 어떻게 달라지는지 살펴보고, 고객에 대해서 배워 나가는 겁니다. 어떤 고객이 우리의 제품을 더 많이, 자주 사용하는지, 어떤 기능 혹은 제안이 우리의 고객에게 더 큰 가치를 제공하는지, 혹은 어떤 부분이 고객의 구매 혹은 사용을 망설이게 만드는지 등을 알아가는 겁니다. 다만 이때의 고객이 꼭 돈을 주고 물건을 구매하는 고객만은 아닙니다. 운영의 효율화를 위한 실험이라면 '운영 담당자'라는 고객을 대상으로 한 가설을 바탕으로 하는 시도입니다.

마지막으로 명확한 가설이 있다면, 실험은 빠른 실행력이 중요합니다. 이때의 빠름이란 속도의 의미도 있지만 린과 애자일의 의미도 포함되어 있습니다. 실험의 가설을 검증하기에 딱 적합한 만큼의 방안을 통해 시도하고, 구태여 중간 과정 없이 더 먼저 검증할 방안이 있다면 그런 방안을 이용하는 겁니다. 애초에 가설이란 아무것도 확정지을 수 없는 불확실한 세계에 대응하기 위한 최소한의 방안입니다. 기획은 '엄청난 기획안으로 업계에 이름을 날릴 거야' 같은 생각으로 만루 홈런 한 방을 바라며 휘두르는 일이 아닙니다. 그런 일은 너무나 드물거니와, 홈런을 칠 만한 공을 찾겠다며 앞선 공을 모두 거르다가는 삼진 아웃을 당할지도 모릅니다. 또는 배트를 휘둘러보지 않은 선수가 과연 실력을 쌓을 수 있을까요? 그로스 실험이란 오히려 안타와 도루를 쌓아가는 것과 비슷합니다. 큰 한 방은 없지만, 결국 중요한 건 점수를 쌓아 이기는 거니까요. 가설만 정의하고 그 방안이 불필요하게 거창하지 않다면 일단 해보는 겁니다. 결과는 오로지 시도 끝에 알 수 있습니다.

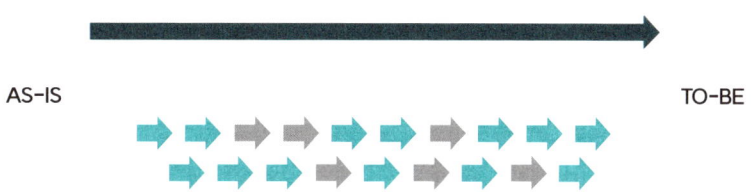

홈런을 바라며 날아오는 공을 모두 거르기보다는,
안타와 도루를 통해 착실하게 승점을 쌓는 플레이와 비슷합니다.
중요한 건 멋진 장면을 남기는 게 아니라 뭐가 되었든 이기는 거니까요.

제품과 서비스의 성장을 담당하는 프로덕트 매니저의 중요한 역량 중 하나는, 주어진 시간 안에 최대한 많은 실험을 시도하여 고객에 대해 최대한 많은 것을 학습하고 이를 다시 제품과 서비스에 반영하는 것입니다. 그러려면 가설이 명확하고, 기획은 린하고, 프로젝트 과정은 애자일해야 합니다. 어려운 일입니다. 저 역시 어렵지만 경험을 통해 역량을 키워가는 중이고, 여러분도 그렇게 될 겁니다.

그로스와 고객 학습

그로스 실험을 통해 고객에 대해 알아가는 데에 한 가지 딜레마가 있습니다. 바로 고객에 대해 아는 바가 아무것도 없다면 고객에 대한 가설을 세우거나 실험을 수행하는 게 어렵거나 때로는 부적절하다는 점입니다. 아니, 고객에 대해 알기 위해 고객에 대한 가설을 세워 실험을 해야 하는데, 고객에 대해 아는 게 있어야 가설을 세우고 실험을 할 수 있다니, 이게 어떤 의미일까요?

아무것도 알지 못하는 상황에서 어떠한 추측을 한다면, 그 추측은 과연 얼마나 유효할까요? 예컨대 저 먼 우주에 있는 어느 행성의 대기를 구성하는 성분과 그 비중에 대해 제가 지금 어떤 추측을 한다면, 그게 별 의미가 있을까요? 우주와 항성, 대기 성분에 대한 최소한의 지식이라도 있어야만, 제가 관심을 갖는 그 항성에 대한 추측이 그나마 그럴싸해질 겁니다. 혹은 제가 반도체 공정의 생산 효율성을 그로스 하고자 한다면, 애초에 가설이란 걸 만들어볼 수나 있을까요? 이는 고객에 대해서도 마찬가지입니다.

어떤 제품과 서비스의 그로스를 위한 가설을 세우려면, 고객에 대해 알고 있는 게 있어야 합니다. 그럼 대체 그 정보는 언제 어디서 어떻게 알 수 있을까요? 바로 우리가 출시한 최초 버전의 제품과 서비스, 혹은 MVP를 통해 우리는 고객에 대해 알 수 있습니다. 애초에 우리는 시장과 고객, 고객이 지닌 문제에 대해 검증하기 위해 제품을 만들어 출시했습니다. 제품이 출시되는 그 시점부터, 우리는 실제 고객을 어떤 식으로든 만나고, 파악하게 됩니다. 어떤 이들이 주로 사용하거나 구매하는지, 언제 주로 구매하거나 사용하는지, 무엇을 기대했는지, 무엇에 실망했는지, 어떤 경로에서 이탈하는지 등을 알게 됩니다. 그리고 이는 제품과 서비스의 성장을 위한 가설의 단서가 되는 겁니다.

> 평소의 경험이나 관심, 지식
> → 시장과 고객, 고객의 문제에 대한 최초의 가설 수립
> → 가설을 검증하기 위한 방안으로서의 최초 버전의 제품(MVP) 출시
> → 최초 버전의 제품을 통해 고객에 대해 파악
> → 고객에 대해 파악한 내용을 바탕으로 그로스를 위한 가설 수립
> → 실험을 통해 고객에 대해 학습
> → 가설과 실험의 반복

물론 최초의 가설 역시 어느 날 갑자기 허공에서 생겨나지는 않았을 겁니다. 창업자 또는 프로덕트 매니저 본인이 지닌 평소의 지식이나 관심사, 혹은 고객으로서 겪은 평소의 경험을 통해 이른바 '아이디어' 또는 '호기심'의 형태로 생겨났을 겁니다. 그리고 이렇게 생각해

보면 결국 제품은 단순히 여러 기능이 모여 있는 '기능의 집합'이 아니라, 그 기능들을 만들어 검증해보고자 한 가설이 모인 '가설의 집합'입니다. 또한 제품은 결코 한 번에 완성되지 않는다는 것도 이해할 수 있게 됩니다.

그렇다면 이처럼 그로스를 위해 고객에 대해 파악하거나 혹은 그로스를 통해 고객에 대해 파악하는 건 언제 어떻게 해야 하고, 또 얼마나 해야 하는 걸까요? 하나씩 살펴보겠습니다.

우선 고객에 대한 학습은 실험 전과 후에 언제나 발생합니다. 정확히는 제품에 대한 아이디어가 떠오른 그 순간부터, 제품이 사라지는 순간까지 언제나 고객에 대한 학습이 진행됩니다. 최초의 제품을 만들기 이전에는 과연 어떤 식의 제품을 만들어봐야 할지, 과연 이걸 하는 게 맞는지 등을 알기 위해 설문이나 인터뷰, 프리토타입 같은 방식으로 고객에 대해 학습합니다. 그리고 제품이 출시되면 이때부터는 실제 고객을 바탕으로 학습하게 됩니다. 구매 사유, 구매를 꺼린 사유, 구매자의 주요한 특징 등을 파악합니다. 그리고는 다시 이를 바탕으로 제품의 성장을 위한 가설을 세우고, 실험 결과를 통해 고객에 대해 추가로 파악합니다. 새로운 정보를 얻기도 하고, 기존에 알던 정보를 수정하거나 폐기하기도 합니다.

이러한 제품의 생애 기간 동안, 고객에 대해서는 어떠한 수단을 통해 학습할 수 있을까요? 이는 우리가 초반부에서 살펴본 가설 검증의 방안과 동일합니다. 제품을 기획하는 단계에서 설문과 인터뷰를 이용할 수 있고, 제품을 출시한 후에도 실제 고객을 만나 설문과 인터뷰를 할 수도 있습니다. 실제 제품을 기획하고 UI/UX를 설계한 뒤에는 사용성 테스트를 통해 고객의 행동 패턴, 고객이 기대하는 사용성에 대해 학습할 수 있습니다. MVP 제품을 통해서는 제품 없이는 검증하지 못했던 실제 고객의 반응이나 구매 관련 행동에 대해 학습할 수 있습니다. 이때에 A/B 테스트와 데이터 분석이 함께 합니다.

그럼 이러한 고객 학습은 대체 얼마나 해야 하는 걸까요? 열 명만 만나보면 될까요? 그래도 백 명은 만나봐야 하지 않을까요? 또는 만 명 정도는 만나봐야 정말 안심할 수 있는 건 아닐까요? 사실 여기에는 정답이 없습니다.

가설은 무엇도 정해져 있지 않은 불확실한 세계에 논리적으로 대응하기 위한 최소한의 수단일 뿐입니다. 검증한 내용을 통해 우리는 모르는 것을 아는 것으로 바꾸어 나가고, 알던 것을 갱신하고 수정합니다. 그 사이에도 이 세상은 또다시 바뀌어 있습니다. 새로운 문제가 생겨나고, 새로운 제품과 서비스가 등장하고, 사람들의 마음과 가치관은 바뀌고, 법과 제도가 바뀌고, 유행과 문화가 바뀝니다. 우리는 결코 단 한 순간도 이 세상에 대해 100% 알 수 없습니다. 무엇인가는 반드시 틀릴 테고, 무엇인가는 반드시 놓치고 맙니다.

그럼에도 우리는 조금 더 확신할 수 있고자, 조금 더 많은 정보를 얻고자 할 겁니다. 한 명한테 물어본 것보다는, 열 명에게 물어본 게 더 그럴싸할 테니까요. 열 명에게 물어본 것보다는 백 명, 천 명에게 물어보는 게 더 정확할 테니까요. 그런데 더 많은 정보를 얻는 데에도 돈과 시간이라는 비용이 발생합니다. 그리고 어느 순간이 되면, 이런 노력을 통해서 얻어내는 정보의 가치보다 우리가 들인 비용이 더 커집니다. 그래서 어느 시점에 우리는 과감하게 결정할 수밖에 없습니다. 100% 정확하다면 그 누구라도 망설이지 않겠지만, 우리는 결코 100% 알 수는 없기에 망설이고, 그럼에도 추측하고, 결정하고, 실행합니다. 일상 생활도, 비즈니스도, 제품과 서비스도 다르지 않습니다.

다만 최소한의 가이드라인은 있습니다. 통계학에서 말하는 '중심극한정리'의 개념을 이용하는 겁니다. 중심극한정리란 표본의 크기가 충분히 크다면, 그 표본의 평균 값은 모집단의 평균 값에 가까워진다는 통계학 이론입니다. 우리가 애초에 무엇인가에 대해 알고 싶을 때에는, 우연 혹은 예외적인 사항이 아니라 일반적인 상황을 알고 싶을 겁니다. 고객에 대해 알고 싶다는 것도, 특정 고객 A와 고객 B에 대해서가 아니라, 고객 A와 B를 비롯해 이들과 유사한 유형의 고객 전반에 대해 알고 싶다는 뜻입니다. 즉, 고객 A, B와 같은 표본을 전체 고객(모집단)에서 추출해서 고객을 일반화해야 하죠. 그렇다면 과연 그런 유형의 고객 몇 명에 대해 파악해야, 전체 고객을 일반화할 수 있을까요? 통계학에서는 표본의 수가 30명 이상이 되어야 표본이 모집단을 반영한다고 가정합니다. 최소 30명을 만나보면, 그런 유형의 사람들 전반의 특성이 그 30명과 동일할 거라고 가정할 수 있다는 겁니다. 물론 이 설명에는 너무나 많은 게 생략되어 있습니다. 모집단과 표본, 정규분포와 확률변수 등의 설명이 필요합니다.

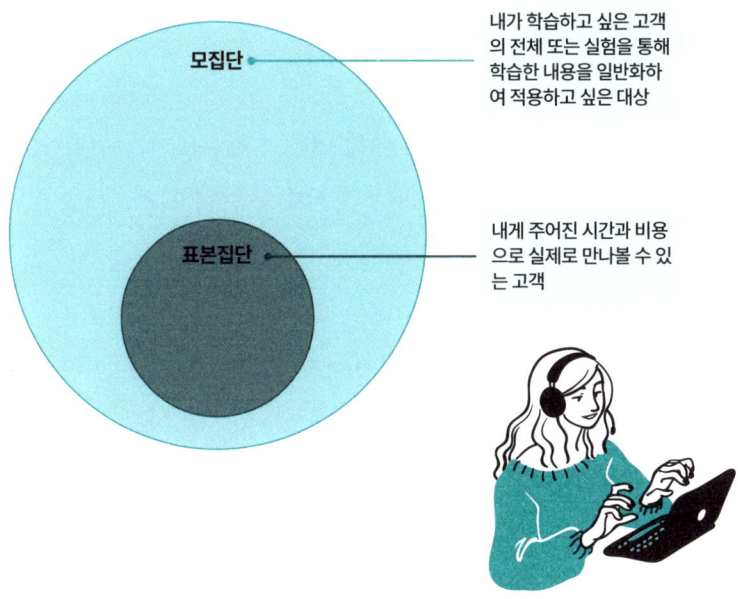

중심극한정리는 이처럼 우리가 비록 전체 중 일부만 만나봤지만, 그럼에도 불구하고 전체에 대해서 일반화하여 추정할 수 있는 근거가 됩니다.

    우리가 기억해야 할 건, 제품은 생겨나기 전부터 사라지는 그 순간에 이르기까지 고객에 대한 학습을 필요로 한다는 점, 설문과 인터뷰, 제품 출시와 데이터 분석 등 다양한 방식으로 고객에 대한 가설을 검증할 수 있다는 점, 우리는 현상을 100% 알 수는 없으니, 기획자로서 '이 정도면 되었다'라는 시점에서 학습을 멈추고 실행에 옮길 수밖에 없다는 점입니다.

고객 세그먼트와 핵심 고객

이처럼 고객에 대해 여러 방안으로 학습하다 보면 한 가지 고민을 맞닥뜨리게 됩니다. 고객도 실은 다 제각각이고 고객마다 하는 말은 대개 서로 다 다른데, 과연 누구의 말이 옳은 걸까요? "네 말도 맞고 네 말 역시 맞다."며 모든 의견을 수렴하여 제품을 만들면 될까요? 만약 두 의견이 상충하면 어떻게 해야 할까요? 이런 경우 우리는 누가 조금 더 우리에게 중요한 고객인지 판별해야 합니다. 모든 고객이 소중하지만, 모든 고객이 똑같이 소중한 건 아닙니다. 무엇보다 우리가 할 수 있는 일의 양과 시간, 돈은 한정되어 있으니까요. 그래서 조금 더 중요한 고객을 정하기 위해 고객을 여러 유형으로 분류하는 일, 혹은 이러한 유형을 고객 세그먼트Segment라고 합니다.

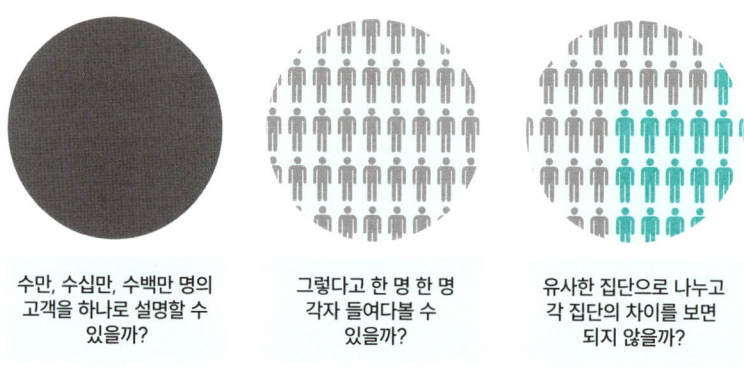

수만, 수십만, 수백만 명의 고객을 하나로 설명할 수 있을까?

그렇다고 한 명 한 명 각자 들여다볼 수 있을까?

유사한 집단으로 나누고 각 집단의 차이를 보면 되지 않을까?

수많은 고객을 하나로 통쳐서 볼 수도 없고,
하나하나 들여다볼 수도 없습니다.

고객을 분류해 더 중요한 고객을 나눈다는 이야기에 혹시 조금이나마 반감을 가지는 분이 있을지도 모르겠습니다. 고객을 '차별'하는 것처럼 느껴지니까요. 그런데 가만 생각해보면 우리는 이러한 고객 '차별'을 이미 경험하고 또 우리 스스로도 행하고 있습니다. 백화점 및 여러 서비스의 등급 제도, 쿠폰 또는 포인트 제도가 대표적입니다. 등급 제도에서는 더 많이 구매한 고객에게 더 많은 혜택을 제공합니다. 쿠폰 또는 포인트 제도에서는 일정 수준 이상의 매출을 발생시킨 고객에게만 서비스 또는 할인을 제공합니다. 다만 나머지 고객에게도 "조금만 더 구매하시면 더 좋은 혜택을 받을 수 있는 등급이 될 수 있다."고 제안합니다. 물론 높은 등급의 고객이 아니라고 해서, 혹은 구매 횟수나 매출액이 적다고 해서 응당 제공해야 할 제품과 서비스를 제공하지 않는다거나, 무시할 수 있다는 의미는 절대 아닙니다.

사실 고객 세그먼트는 '차별'보다는 '선택과 집중'에 가깝습니다. 고객 세그먼트는 한정된 자원과 기회 속에서, 수많은 다양한 고객 중에서 어떤 고객의 문제를 더 우선, 중점적으로 해결하고 어떤 고객을 대상으로 우리 제품의 가치를 만들어나갈지를 선택하는 방안입니다. 우리의 제품은 정말로 어떤 고객에게 어떤 가치를 제공하는 건지 발견해 나가는 방안입니다. 우리 제품과의 교집합이 더 크고, 핏Fit이 더 잘 맞는 고객을 찾아가는 방안입니다.

다시 식당을 예시로 조금 더 자세히 살펴보겠습니다. 우리가 홍대 근처에 일본식 라멘집을 오픈한 가게 사장님이라고 가정해봅시다. 일본식 라멘에 경험과 나름의 취향이 있는 주변 사람들을 불러 여러 육수를 테스트해보고, 가게를 임차하기 전 며칠간 푸드 트럭을 빌려 실제 고객의 반응도 확인한 다음에 본격적으로 가게를 오픈했습니다. 시장과 고객, 제품에 대한 우리의 초기 가설은 '외국인 유학생 및 외국 경험이 있는 20~30대 고객이 많은 번화가인 홍대라면, 일본의 전통적인 방식으로 만든 라멘을 찾는 고객이, 가게를 운영하고 충분한 이득을 남길 만큼 많을 것이다' 정도였을 겁니다.

당연하게도 가게에 방문하는 모든 고객이 외국인 유학생이라거나 외국 경험이 있는 20~30대는 아닐 겁니다. 그런 고객이라고 할지라도 반드시 전통식 제조법에 친숙하거나 선호도가 있는 것도 아닙니다. 이건 어디까지나 가설 또는 추측이었으니까요. 그래서인지 가게를 방문한 고객들의 반응과 리뷰는 엇갈립니다. 전통식으로 진하게 우린 육수에서 일본 여행의 추억, 혹은 고향이 생각난다는 이들이 있는 반면, 육수의 향과 맛이 너무 부담스러워 조금만 연하게 되면 좋을 것 같다는 이들도 있습니다. 이 경우 가게의 사장님으로서 우리는 어떤 의견에 따라야 할까요? 어떤 방향으로 제품을 수정 혹은 개선해야 할까요?

물론 현실에서는 가게 사장님의 철학이나 장인 정신 혹은 사장님의 입맛이 기준이 될 수도 있습니다. 그런데 우리의 라면과 라면 가게를 제품과 비즈니스의 입장에서 바라보면, 결국 어느 고객이 우리에게 좋은 리뷰를 남겨주는지, 어떤 고객이 우리 가게를 또 찾아주는지, 어떤 고객이 우리 가게를 주변에도 홍보해 더 많은 손님들을 데려오는지 같은 기준을 따르는 게 맞지 않을까요? 그 고객이 우리 가게와 전혀 상관없는 엉뚱한 의견을 남기거나, 우리가 메뉴에 반영할 수 없는 무리한 요구를 하는 게 아니라면 말이죠.

즉 고객 세그먼트는 앞서 우리가 살펴본 그로스의 정의, '더 많은 고객이 더 많이, 자주, 오래 우리 제품과 서비스를 사용하고 구매'하게 만드는 걸 기준으로, 이에 부응하는 고객이 누구인지 판별하는 겁니다. 제품을 한 번도 구매하지 않은 고객보다는 제품을 한 번이라도 구매한 고객이 우리의 제품과 비즈니스의 성장에 부합합니다. 한 번 구매하고 다시는 돌아오지 않는 고객보다는, 같은 조건임에도 벌써 여러 번 방문하고 주변에 소문까지 낸 고객이 우리의 제품과 비즈니스의 성장에 더욱 부합합니다.

바꿔 말하면 우리의 제품과 비즈니스가 더 많은 문제를 제대로 해결하고, 더 큰 가치를 제공해줄 수 있는 고객도 이들입니다. 그리고 우리는 시장에 이러한 고객이 실제로 존재하는지, 존재한다면 이들은 대체 누구이며 이들이 겪는 아쉬움이나 불편이 무엇인지, 이들에게 우리 제품이 정말로 제공해야 하는 가치가 무엇인지 알기 위해 MVP를 출시한 겁니다. 그리고 이후 우리 제품과 교집합이 더 큰, 우리 제품과 핏이 더 잘 맞는, 똑같은 조건에서도 우리 제품에 더 만족한 고객을 찾아 식별하여 이들을 우리의 핵심 고객으로 삼아 성장과 개선의 기준 또는 단서로 삼을 수 있습니다.

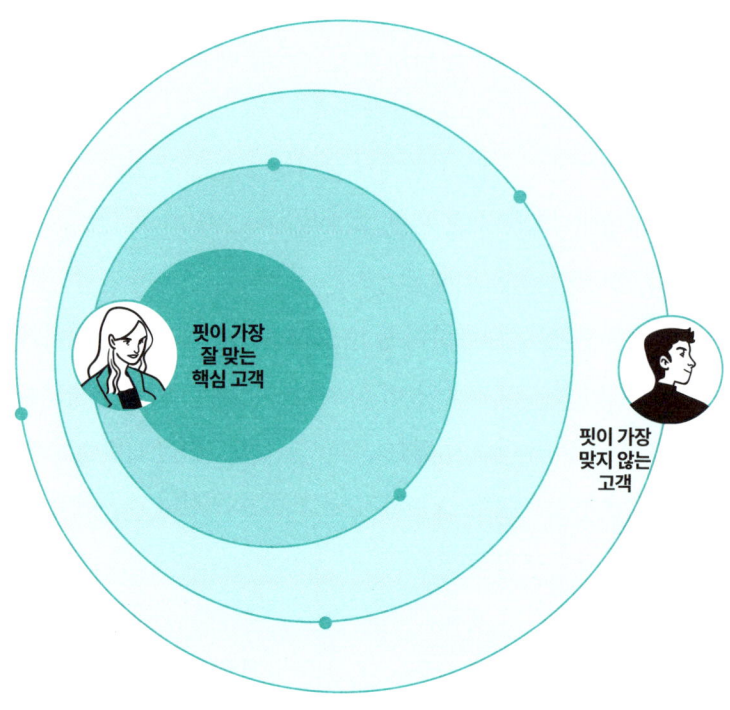

분명 우리는 같은 제품과 서비스를 제공하지만,
그중에서도 우리의 제품 및 서비스와 핏이 더 잘 맞는 고객은 따로 있습니다.

그럼 이러한 고객 세그먼트는 무엇을 기준으로 어떻게 분류해볼 수 있을까요? 우리의 핵심 고객이 누구인지는 어떻게 판별할 수 있을까요? 때에 따라 제품과 서비스의 특성에 따라 기준이 다르거나 변할 수 있지만 핵심이 되는 기준은 비슷할 겁니다.

> 우리 제품과 서비스를 알지도 못하는 고객
> 　< 알지만 방문한 적 없는 고객
> 　　< 방문했지만 구매나 사용까지는 이어지지 않은 고객
> 　　　< 한 번 구매하거나 사용하고 이후 찾아오지 않은 고객
> 　　　　< 우리 제품과 서비스를 꾸준히 방문하여 사용하거나 구매하는 고객
> 　　　　　< 꾸준한 방문과 사용 너머 주변 사람에게 소개까지 해주는 고객

이렇게 적고 나니 너무 당연한 이야기로 보입니다. 그런데 일상에서, 혹은 기획이 아닌 다른 업무, 특히 고객 대응 업무 등을 하는 입장에서 과연 이런 기준으로 고객에 대해 생각해본 적이 있었나요? 이미 그렇게 생활하고 업무를 해왔다면 여러분은 훌륭한 프로덕트 매니저가 될 겁니다. 그러나 대부분은 '저 사람은 다른 의견이던데…' 같은 고민으로 이러지도 저러지도 못하거나, 혹은 모두 다 중요하다며 더 많은 돈과 시간, 비용을 들였을 겁니다. 저 역시 마찬가지였습니다.

그리고 이처럼 구매나 방문 여부, 구매나 방문 횟수 혹은 매출액 등 제품과 서비스의 입장에서 핵심이 되는 행동 혹은 지표를 기준으로 구체적인 기준이 되는 수준을 정의하거나, 그 정의에 해당하는 사람들을 분류하기 위해 데이터를 분석합니다. 구매 횟수를 기준으로 비구매자와 구매자를 구분할 수 있을 겁니다. 여러 번 사용하거나 구매가 발생하기 마련인 제품이나 서비스라면 평균이나 편차 등을 통해 그중에서도 몇 번이 최소 기준이 되어야 할지 정의할 수도 있을 겁니다. 혹은 반복 구매가 매우 드문 제품이라면, 구매 횟수는 대부분 0 또

는 1일테니, 그 대신 구매 이전까지 제품에 대해 살펴보거나 문의한 횟수가 몇 번인지를 기준으로 구매 확률이 높은 고객을 핵심 고객으로 정의할 수도 있을 겁니다.

  기준이 되는 지표와 그 수준은 모두 다릅니다. 그러니 제가 일괄적으로 "무엇이 핵심 고객의 기준이어야 합니다."라고 말씀드릴 수는 없습니다. 다만 이것만 기억하면 됩니다. 한정된 자원을 활용하는 우리는 결국 어느 순간이든 우리 제품과 서비스와 핏이 더 맞는 고객을 선택할 수밖에 없다는 사실을요. 그리고 그런 고객을 구분하기 위해 데이터를 확인한다는 점을요.

퍼널과 전환율

  핵심 고객이 아니라고 해서 제품과 서비스의 고객이 아닌 건 아닙니다. 핵심 고객은 모든 서비스에서 그렇듯 언제나 전체 고객의 소수, 일부일 뿐입니다. 이들이 조금 더 중요하고 우선적으로 기준으로 선택할 수밖에 없지만, 나머지 대부분의 고객을 방치한다면 비즈니스의 성장에는 한계가 있을 겁니다. 그래서 나머지 고객 역시 우리의 제품과 서비스의 핵심 고객으로 만들기 위해 노력합니다. 앞서 이야기한 것과 상충되는 이야기로 들려 헷갈려 하는 분이 있을지도 모르겠습니다. '아니, 핵심 고객이 중요하다면서? 그 사람들을 선택의 기준으로 삼으라면서? 그런데 나머지도 챙기라고? 그럼 결국 이것저것 다 하라는 거 아닌가?' 이를 위해 이해해야 하는 개념이 바로 퍼널Funnel과 전환율Conversion Rate입니다.

퍼널과 전환율

퍼널과 전환율에 대해 자세히 설명하기 전에, 일상에서 이용하는 서비스를 예시로 살펴보겠습니다. 저는 간혹 좋은 일이 있을 때면 기념하기 위해 '호캉스'를 가곤 합니다. 기분이 좋은 날 혹은 기념해야 하는 날이 있을 때에 이에 어울리는 분위기와 서비스를 제공하는 공간에서 일상의 자잘한 것들을 잊고 온전히 하루를 만끽하고 싶다는 저의 바람과 수요를, 호텔이라는 제품 또는 서비스가 해결해주니까요. 호텔에 숙박함으로써 저의 바람이나 수요를 충족하고 혹은 문제를 해결하고 가치를 제공받기까지는 여러 과정을 거쳐야만 합니다. 우선 숙박을 희망하는 지역에 어떤 호텔이 있는지 살펴봐야 합니다. 목록으로 나열된 여러 호텔 중, 각 호텔의 방 구성과 부대시설은 어떤지, 비용은 어떤지 살펴봅니다. 그런 뒤 예약을 하고, 숙박일이 되기를 기다린 다음, 당일에 호텔에 방문해 체크인을 하고 나서야 비로소 호캉스가 시작됩니다.

이처럼 우리가 어떤 제품과 서비스가 제공하는 가치를 제공받기까지의 과정에는 일련의 단계 또는 절차가 있습니다. 예약을 하지 않아도 워크인Walk-in으로 숙박을 할 수 있지만 이 역시 하나의 단계입니다. 예약도, 워크인도 없이 대뜸 숙박을 할 수는 없으니까요. 그래서 현실에서 우리가 어떤 제품이나 서비스를 구매하거나 사용하기로 결심하고 최종적으로 이를 이용하기까지, 일반적으로는 아래의 단계를 거치게 됩니다.

1 **문제 또는 수요의 발생**
    예) '며칠 뒤면 기념일인데, 기분 내러 호캉스를 다녀와볼까?'

2 **해당 문제를 해결하거나 수요를 충족할 수 있을거라 기대하는 제품과 서비스의 탐색**
    예) '인사동 쪽으로 가고 싶은데, 그 쪽에 어떤 호텔들이 있지? 한번 검색해볼까?'

3 **특정 제품이나 서비스의 인지**
    예) '이런 호텔들이 있구나. 객실은 비슷한데 라운지가 다르고, 체크아웃 시간이 1시간씩 차이나네. 가격도 몇 만 원 이상 차이 나고.'

4 **제품 및 서비스 구매 또는 사용 결정**
    예) '시설이나 금액, 당일 일정 등 고려해봤을 때 여기가 제일 좋겠다.'

현실에서는 대부분 이처럼 문제나 수요가 생기면 이를 해결하거나 충족할 수 있을 거라고 생각되는 제품과 서비스를 탐색하고, 살펴보고, 최종적으로 결정함으로써 과정이 마무리됩니다. 기대와 달라 룸 업그레이드를 요청하거나 위치를 변경해달라는 문의를 할 수는 있지만, 호텔을 예약한 뒤에 호텔 로비나 라운지에 도착해서 갑자기 예약을 취소하거나, 엘리베이터에서 숙박을 취소하고 집으로 돌아가는 고객은 정말 드물 겁니다. 예약이 끝난다고 해서 바로 호텔에 숙박해 호캉스의 가치를 경험하는 건 아니지만, 중간 과정은 사실상 별다른 변수가 없는 한 확정된 셈이고, 그러니 구태여 나눠보고 따져볼 필요가 없는 경우가 대부분입니다.

  그러나 온라인 제품은 다릅니다. 제품의 상세 내용을 보고 결제를 결심했지만 결제 과정이 불편해 돌아가는 고객도 있습니다. 제품을 결제했지만 배송되기 전에 다시 환불을 할 수도 있습니다. 콘텐츠를 보려고 방문했다가 회원가입을 하라는 요청에 뒤로 가기를 눌러버립니다. 회원가입만 하면 무료로 바로 볼 수 있다는 안내에도 불구하고요. 회원가입은 했지만 방금 읽던 콘텐츠를 찾지 못해 헤매다가 영영 돌아오지 않을 수도 있고요. 큰 맥락에서는 동일하지만, 온라인 제품에서 고객이 제품의 가치를 경험하기까지 경험하는 단계는 현실보다 훨씬 세밀합니다. 오프라인이었더라면 현장의 직원의 안내 또는 분위기, 눈치 등에 이끌려 적당히 넘어갔을 단계를, 온라인에서는 여지없이 그만두곤 합니다.

  이처럼 어떤 이유로든 각 단계마다 고객들은 이탈하고 맙니다. 그래서 각 단계를 지날수록 남는 고객이 줄어든다는 발상에 착안하여, 이를 깔때기에 비유하여 퍼널Funnel이라고 부릅니다.

제품과 서비스에는 여러 중간 과정 또는 단계가 있습니다.
누군가는 다음 단계까지 잔존하고 누군가는 중도 이탈합니다.

그리고 제품과 서비스를 기획하고 제작한 우리는 당연히 한 사람이라도 더 많은 고객이 우리의 제품과 서비스가 제공하는 가치를 체감하기를 바랍니다. 중간 단계에서 이탈하는 사람 없이, 첫 단계에 진입한 사람이 마지막 단계까지 쭈욱 이어가기를 바랍니다. 이처럼 각 단계에 들어선 고객이 다음 단계로 넘어가는 일을 전환Conversion이라고 합니다. 그리고 이전 단계에 들어선 고객 중 얼마나 많은 고객이 다음 단계로 넘어갔는지를 계산하여 그 비율을 전환율Conversion Rate, CVR이라고 부릅니다.

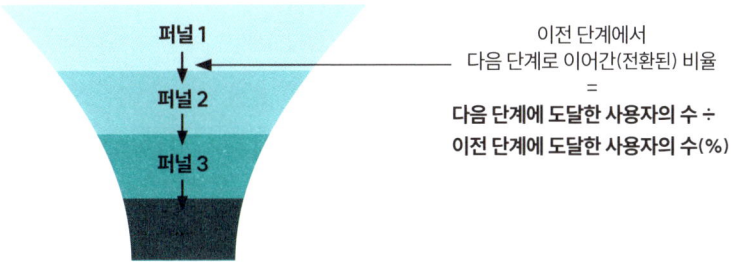

제품과 서비스의 성장을 바라는 우리는 각 단계의 전환율을 높일 방법을 고민하고, 최종적으로 더 많은 고객이 우리 제품과 서비스의 가치를 경험하기를 바랍니다.

퍼널과 AARRR

　　　　　제품과 서비스의 성장을 위해 우리는 우리 제품을 모르는 이들이 어떻게 해서라도 일단 우리 제품을 발견하고 인지할 수 있기를 바랍니다. 우리 제품을 인지한 고객이 우리 제품과 서비스에 방문해보기를 바랍니다. 방문한 이들이 제품과 서비스를 사용해보기를 바랍니다. 그리고 제품과 서비스를 사용해본 이들이 다음에도 또 사용해보고 구매하기를 바랍니다. 그리고 이왕이면 다시 더 많은 이들이 우리 제품과 서비스에 대해 알 수 있도록, 이들이 우리 제품과 서비스를 주변에 널리 알려주기를 바랍니다. 제품과 서비스마다 구체적인 단계는 다르지만, 이 흐름은 대개 동일할 겁니다. 그래서 이를 설명하는 하나의 프레임워크가 등장합니다. 바로 AARRR 입니다.

AARRR은 고객 획득Acquisition, 고객 활성화Activation, 고객의 재방문Retention, 매출 발생Revenue, 고객에 의한 홍보Referral라는 각 단계의 앞 글자를 줄여 만든 프레임워크입니다. 하나씩 살펴보겠습니다.

고객 획득Acquisition은 일반직으로 에비 고객이 우리의 제품과 서비스를 발견하여 인지하고 제품의 회원이 되는 단계를 일컫습니다. 말 그대로 우선 고객을 획득하는 단계입니다. 그리고 제품과 비즈니스를 성장시키기 위한 우리는 이 단계에서 아래의 고민을 하게 됩니다.

- 우리 제품의 핏에 맞는 고객은 주로 어디에 많이 있지?
- 이들이 우리의 제품을 발견 및 인지하게 하려면 무엇을 해야 하지?
- 어떤 메시지를 던지면 이들이 우리 제품에 더 많은 관심을 보이고 제품에 방문해볼까?
- 이 과정을 더 저렴하게, 효율적으로 하려면 어떻게 해야 할까?

이는 앞서 살펴본 마케팅의 고민과 유사합니다. 이미 제품이 정해져 있고, 이를 더 많은 고객이 발견하기만 하면 이에 일정 수준 비례하여 매출이 증가한다는 구조라면, 어떻게 해서든 더 많은 고객이 우리의 제품을 발견하고 인지하는 것이 곧 제품과 비즈니스의 성장 방안일 겁니다. 그러나 우리는 비단 마케팅만으로 제품과 비즈니스가 성장하지는 않는다는 점, 그로스가 마케팅과 동의어는 아니라는 점 역시 살펴봤습니다.

고객 활성화Activation는 획득한 고객이 '눈팅'만 하는 대신, 제품의 핵심 가치를 경험하는 단계입니다. 식당이라면 가게에 입장하는 데 그치지 않고 메뉴를 주문하거나, 주문한 메뉴를 시식해 맛을 경험하는 단계입니다. 이 단계에선 제품과 서비스의 가치가 직접적으로 제공되므로, 우리는 아래의 고민을 하게 됩니다.

- 우리 제품에 방문한 신규 고객에게 어떤 가치를 제공해야 할까?
- 어떻게 하면 제품에 방문한 고객이 제품의 가치를 더 잘 인지하거나 이해할까?
- 제품에 방문한 고객에게 우리 제품의 가치를 어떻게 하면 더 빨리, 더 잘 전달해줄까?

많은 서비스에서 온보딩, 튜토리얼을 통해 제품의 첫 사용을 유도하는 이유가 여기에 있습니다. 방문을 통해 획득한 고객을 활성화 단계로 전환시키고 싶은 겁니다. 왔으면 어서 제품을 사용해보고 얼마나 좋은지 경험해보고 감동을 받아보라는 겁니다. 물론 이 역시 이탈하는 고객이 있거나 우리의 기대와 달리 감동하지 않는 고객도 많겠지만, 그것 역시 일단 경험을 해봐야 아는 거니까요.

고객의 재방문 또는 재사용Retention은 제품이 제공하는 핵심 가치를 경험하고 문제를 해결한 고객이 이에 만족하여 제품을 반복적으로 혹은 지속하여 사용하거나 구매하는 단계입니다. 이 단계에서 우리는 다음의 고민을 하게 됩니다.

- 어떻게 하면 고객이 우리 제품과 서비스를 계속 기억할 수 있을까?
- 어떻게 하면 고객이 제품과 서비스에 재방문할까?
- 어떻게 하면 고객이 우리 제품, 서비스의 팬이 될까?
- 어떻게 하면 고객이 계속해서 우리 제품, 서비스만 이용하게 할까?

고객이 지닌 문제를 해결하고 가치를 제공하는 제품이나 서비스가 이 세상에 단 하나만 존재하는 건 아닙니다. 아주 독보적인 기술을 제공하거나 아주 파격적인 가격을 제시하는 서비스도 있을 수 있지만, 어느 정도 가능성이 있다고 판단된 시장이라면 경쟁자는 있기 마련입니다. 이들도 우리와 비슷하거나 동일한 문제를 발굴하여 정의했고, 각자의 기술과 역량으로 고객의 문제를 해결하고, 가치를 제공합니다. 이러한 상황에서, 우리의 제품과 서비스가 고객의 머릿속에 기억되고, 또 사용하거나 구매하고 싶을 만큼 감동하여 팬이 되는 일은 당연히 중요할 겁니다.

매출 발생Revenue은 문자 그대로 고객이 우리의 제품과 서비스를 구매하면서 매출을 발생시키는 단계입니다. 제품과 서비스의 구조에 따라 몇 차례 써본 후 매출이 발생할 수도 있고, 바로 매출부터 발생할 수도 있습니다. 순서는 우선 중요하지 않습니다. 다만 제품의 방문 및 사용과 매출이 별개일 수도 있다는 점입니다. 그리고 매출의 단계에서 우리는 이러한 고민을 하게 됩니다.

- 어떻게 하면 고객이 우리의 제품과 서비스를 한 번에 더 많이 구매하게 될까?

- 어떻게 하면 고객이 우리의 제품과 서비스를 더 자주 구매하게 될까?
- 어떻게 하면 더 비싼 제품(이윤이 많이 남는 제품)을 구매하게 할까?

업셀링Up-Selling이나 크로스셀링Cross-Selling 등의 전략은 이러한 고민과 맞닿아 있습니다. 한 번 구매할 때에 이왕이면 더 비싼 제품과 서비스를 구매하게끔 하는 걸 업셀링이라고 합니다. 햄버거라면 라지 세트를, 김밥이라면 참치나 치즈를 얹은 걸 주문하게 하는 겁니다. 반면 한 번 구매할 때에 관련된 다른 제품도 함께 구매하게끔 하는 걸 크로스셀링이라고 합니다. 예컨대 분식집에서 라면과 김밥을 함께 주문하면 500원을 할인해주는 것도 크로스셀링의 방안입니다.

마지막으로 고객에 의한 홍보Referral는 제품에 매우 만족한 고객이 알아서 우리의 제품을 홍보함으로써 별도의 비용을 들이지 않고도 추가로 고객을 획득하는 단계입니다. 기업이 직접 진행하는 마케팅에는 비용이 들기 마련입니다. 마케터의 인건비도 비용이고, 각종 매체에서 우리의 광고를 진행하는 데에도 수수료나 광고 비용이 발생합니다. 그런데 우리가 아무런 노력을 하지 않아도 고객이 먼저 나서 주변에 홍보를 하거나, 친구를 데려온다면 얼마나 좋을까요? 이렇게 획득한 고객 역시 활성화, 재사용, 매출 등의 단계로 전환되고 이후 또 홍보를 해준다면, 제품은 눈덩이처럼 성장할 겁니다.

AARRR 프레임워크는 제품과 비즈니스의 각 단계를 고객의 입장에서 서술한 동시에, 제품과 서비스가 지속적으로 성장할 수 있는 구조를 쉽게 설명합니다. 고객이 AARRR의 프레임의 다음 단계로 계속

해서 전환되기만 한다면, 각 단계의 전환율만 높일 수만 있다면 제품과 서비스는 알아서, 지속적으로 성장할 겁니다. 그러나 AARRR 프레임워크가 만능은 아닙니다. 아무리 잘 설명한 프레임워크라고 할지라도, 어디까지나 프레임워크일 뿐입니다.

제품과 서비스에 따라 AARRR의 순서는 다르거나 일부 단계가 생략될 수도 있습니다. 고객에게 직접 돈을 받지 않는 제품이나 서비스는 매출 발생 단계가 없습니다. 고객이 무료 버전을 반복적으로 사용한 후에, 매출이 발생할 수 있는 유료 프리미엄 서비스를 권합니다. 이런 경우에는 재방문 후에 매출이 발생합니다. 반면 일상에서 대부분의 서비스는 우선 구매해야 제품을 사용할 수 있습니다. 매출 발생이 활성화와 재방문보다 먼저 발생합니다.

무엇보다도 AARRR 프레임워크의 각 단계에서는 우리가 고민해야 할 가장 중요한 질문인 '과연 우리의 제품이 좋은 제품인가?'가 빠져있습니다. 우리의 제품과 서비스가 타깃으로 삼은 고객이 누구인지, 그 고객의 어떤 문제를 해결하고 어떤 가치를 제공할 것인지가 명확하지 않다면, 활성화 단계에서 아무리 홍보 채널과 메시지, 비용을 고민한다고 하더라도 많은 고객을 유인할 수 있을까요? 혹은 그렇게 해서 유인한 고객이 과연 이후 단계까지 잘 이어질까요? 예컨대 이 책은 프로덕트 매니저로의 취업 또는 전직을 고민하는 대학생 및 현직자 주니어에게 가치를 제공하는데, 만약 SNS에 '3년차 이상의 기획자분들께 대박 제품을 기획하는 비결을 알려드립니다.'라고 홍보한다면 고객은 어떻게 반응할까요? 광고물을 클릭해 볼 수는 있지만 책을 구매하거나 끝까지 읽어보지는 않을 겁니다.

　마찬가지로 우리의 제품이 우리가 정의한 핵심 고객의 문제를 잘 정의해 이들의 문제를 제대로 해결해주지 않는다면, 어떤 고민을 하고 아이디어를 실행하더라도 고객이 우리 제품을 이용하거나 재사용할 이유는 없을 겁니다. '우리 제품을 또 쓰도록 앱 푸시 메시지를 보내자' 같은 방편은 어디까지나 부가적인 수단일 뿐입니다. 제품이 내 문제를 해결하지 못하는데 자꾸 앱 푸시 메시지를 보낸다면 오히려 앱을 지우거나 알림 수신을 거부할 겁니다. 매출과 홍보 역시 마찬가지입니다.

　핵심은 좋은 제품에 있습니다. 좋은 제품이란 모든 것을 다 해주는 제품을 의미하지 않습니다. 우리 제품과 서비스를 찾아온 고객의 문제를 해결해주는 제품이 좋은 제품, 가치 있는 제품입니다. 좋은 제품은 단번에 완성되지 않습니다. MVP를 출시하고, 핵심 고객을 중심으로 세운 가설을 그로스 실험을 통해 검증함으로써 꾸준히 수정하고, 개선하고, 추가해 나가는 겁니다. 가설과 가설이 쌓여 만들어지는 겁니다. 그리고 모든 단계를 한 번에 개선할 필요도 없습니다. AARRR 또는 각 제품과 서비스만의 구체적인 단계에 따라 각 단계의 전환율을 높이는 겁니다. 그렇게 해서 조금 더 많은 고객이 다음 단계로, 또 그다음 단계로 이어지는 겁니다. 이것이 퍼널의 개선, 전환율의 증가를 통한 제품의 성장입니다.

퍼널 개선 방안

좋은 제품을 만든다는 건 너무 당연하면서도 어려운 일입니다. '열심히 하자' 정도와 비슷한 말로 와닿을 수도 있습니다. 그리고 온 정성과 힘을 다해 열심히 할 때에도, 나름의 전략 또는 전술이 더해진다면 훨씬 도움이 될 수 있습니다. 퍼널의 개선, 전환율의 증가 역시 마찬가지입니다. 퍼널 개선을 위한 몇 가지 방안에 대해 살펴보겠습니다.

1 더 많은 물 들이붓기

애초에 우리가 원하는 건 고객이 제품과 서비스의 가장 마지막 단계까지 이어지는 겁니다. 더 정확히는 마지막 단계까지 이어지는 고객의 수가 더 많아지는 겁니다. 그리고 각 단계는 이전 단계에서 일부 고객이 이탈하고 남은 고객이 도달하게 됩니다. 그럼 가장 간단한 방법은 첫 단계에 더 많은 고객이 방문하게끔 하는 겁니다. 깔때기에 더 많은 물을 붓는 겁니다. 각 단계의 전환율이 동일하다고 했을 때, 일단 더 많은 사람이 온다면 최종 단계에도 더 많은 이들이 남게 될 겁니다. 간단한 산수입니다.

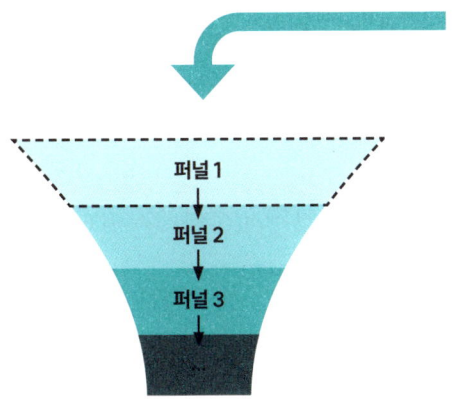

새는 물이 많아도 애초에 부은 물이 많다면,
마지막까지 도달하는 물의 양은 많아질 겁니다.

그런데 이러한 방안에는 몇 가지 단점이 있습니다. 첫째로 더 많은 고객을 유입시키려면 대개 광고 또는 프로모션을 진행해야 하는데, 이는 지출을 발생시키며 지속 가능하지 않습니다. 무리하게 돈을 써가며 우리 제품과 관계없는 이들도 방문하게 되면 효율적이지 않습니다. 또, 제품이 아직 제대로 자리 잡지 않은 상황에서 무리한 프로모션을 통해 방문한 고객은 우리 제품의 부족한 부분을 경험하고 부정적인 인상만 갖게 될지도 모릅니다. 우리의 무리한 홍보와 준비되지 않은 제품으로 인해, 좋은 인연이 될 가능성을 미리 없애버리는 꼴이 됩니다.

물론 100% 완성된 제품이란 없습니다. 세상에 처음 나온 제품과 서비스를 누가 먼저 나서 찾아주지도 않습니다. 홍보는 필요합니다. 특히 이후 단계에서의 고객의 반응과 행동을 살펴보고 가설을 세우고 학습하기 위해선 일단은 물을 부어줘야 합니다. 그러나 물을 조금 더 부어보면서 잘 흘러가는지 살펴보는 것과, 무작정 물부터 들이붓는 것은 분명 다릅니다.

2 전환율 개선하기

두 번째 방안은 정직하게 각 단계의 전환율을 높이는 것입니다. 여기에는 다시 세 가지 방안이 있습니다. 하나는 다음 단계로 넘어갈 만큼 우리의 제품과 서비스와 핏이 맞는 고객을 데려오는 것, 다음 단계로 넘어갈 만큼의 동인을 제공하는 것, 다음 단계로 넘어가는 데 장애물이 되는 것을 없애는 것입니다. 세 가지로 분류하긴 했지만 보통 동시에 진행됩니다.

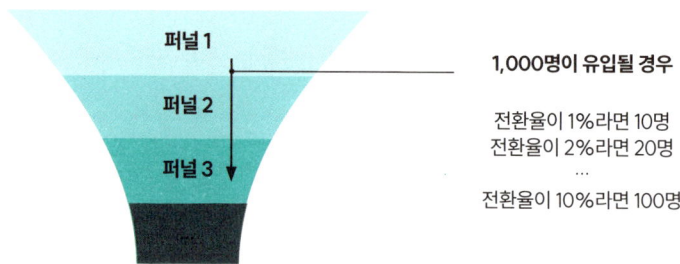

똑같은 양의 물을 부었을 때, 중간에 새는 양을 줄인다면 마지막까지 도달하는 물의 양은 늘어날 겁니다.

핏이 맞는 고객에 대한 예시를 우리는 이미 앞서 살펴봤습니다. 아무리 뛰어난 유치원이라고 하더라도, 대학생을 유치원에 데려간다고 해서 입학 완료까지 이어지지는 않을 겁니다. 취업 준비생 및 현직자 주니어를 대상으로 기획된 이 책을 시니어 기획자나 프로덕트 매니저들이 구매하거나 끝까지 읽어보는 일은 드물 겁니다. 애초에 제품과 서비스가 문제를 해결하고 가치를 제공해줄 수 있는 고객이 아니니까요. 어떤 고객이 우리의 퍼널을 시작하게 만들 것인지, 어떤 고객을 유입시킬 것인지는 그래서 중요합니다. 고객 유형에 따라 퍼널의 전환율 성과는 모두 다릅니다. 그래서 고객 세그먼트가 중요합니다.

핏이 맞는 고객을 데려왔다고 하더라도, 여러 이유로 인해 망설이게 될 수 있습니다. 분명 좋은 제품이지만 이를 제대로 드러내지 못했을 수도 있습니다. 그래서 고객에게 우리 제품과 서비스의 가치와 특장점이 더욱 잘 드러날 수 있도록 문구를 변경하거나, 이미지를 추가하거나, 배치와 정렬을 바꾸기도 합니다. A/B 테스트를 통한 실험이 이런 데에 주로 사용됩니다.

혹은 고객이 제품의 가격이나 불편한 절차 등으로 인해 망설일 수도 있습니다. 마찬가지로 이미지와 텍스트를 변경하거나 개선해서 고객의 불편함을 줄일 수도 있고, 추가 정보를 제공할 수도 있습니다. 지불해야 할 총액을 월 할부액으로 표기하여 가격에 대한 부담감을 줄이는 것도 이러한 맥락입니다.

3 퍼널을 바꾸기

특정 퍼널을 없애거나 순서를 바꾸는 것, 또는 오히려 퍼널을 추가하는 게 전체적인 전환율을 개선하는 방안이 될 수도 있습니다. 제품의 피악과 구매, 사용에 필요하다고 판단하여 절차와 단계를 설계했지만, 반드시 꼭 그러한 순서로 진행되어야 하는 건 아닐 수도 있습니다.

예컨대 서비스에 처음 방문한 고객의 회원가입이 목표라면, 회원가입 절차에서 많은 정보를 한꺼번에 요구하는 것보다는, 우선 SNS를 이용해 간편하게 가입하게 한 후, 이후 다른 단계에서 필요한 정보를 요청한다면 어떨까요? 일단 회원가입은 완료해 고객에게 닿을 방법도 생겼으니, 잘만 설계한다면 나머지 정보를 쉽게 얻을 수 있을지도 모릅니다. 우리는 비즈니스의 목표를 달성하고, 고객은 불편함을 덜었습니다. 서로 윈윈하는 방안이 될 수도 있습니다.

꼭 필요했다고 생각한 단계가 실은 그렇지 않을 수도 있습니다.

이렇게 생각하면 모든 퍼널을 최대한으로 줄이는 게 능사로 보일 수도 있습니다. 그러나 꼭 퍼널을 없애는 게 만능은 아닙니다. 코리빙, 코워킹 공간을 개발하여 운영하는 회사에서 일한 적이 있습니다. 코리빙과 코워킹 공간은 매월 임대료를 지불하는 서비스이기에, 전화 상담을 진행한 뒤에도 고객의 대부분은 현장 투어를 희망했습니다. 어차피 현장에서 투어를 통해 안내를 할 테니 구태여 전화 상담 절차를 둘 필요가 있을까 싶었습니다. 그러나 전화 상담 없이 방문한 고객들은, 오히려 아무런 정보도 없이 현장에 방문한 탓에 투어 시간 동안 궁금한 걸 다 물어보지 못하거나, 기대와 너무 다르다는 반응을 보이기도 했습니다. 서비스를 안내하는 입장에서도, 고객의 입장에서도 전화 상담이라는 단계를 없애서 오히려 불편을 초래했습니다. 이처럼 어떤 퍼널, 어떤 단계는 제품의 파악과 구매 결정에 오히려 도움이 될 수도 있습니다.

또는 법적인 의무 사항, 제품의 핵심 가치에 직결되는 단계 등을 없애서는 안 됩니다. 금융 상품의 가입을 편리하게 하기 위해 필수 약관을 고지하지 않는다면 위법입니다. 처음 방문한 고객을 대상으로 추천 알고리즘을 적용하고자 선호하는 영화나 드라마를 물어보는 건 오히려 고객에게 도움이 될 수 있습니다.

혹은 더 나아가 중간 단계를 추가해서 제품과 서비스에 대한 기대치와 신뢰도를 더욱 높일 수도 있습니다. 고급 레스토랑에서 음식을 서빙한 뒤 메뉴에 대해 안내하는 일은 메뉴와 재료에 대한 자신감을 드러내는 한편, 고객이 레스토랑을 더욱 신뢰하게 만드는 장치가 될 수도 있습니다. 호텔에서도 셀프 체크인 기술이 발달했지만, 고급 호텔에서는 여전히 로비를 방문하게 해 호텔의 분위기를 체감하게 하는 한편, 안내와 기타 서비스를 제공합니다. 그 밖에도 값이 비싸고 고객이 충분한 정보를 제공받는 게 서비스의 이용에 중요한 고액 휘원, 미용 시술 등은 사전 상담 단계가 불편이 아닌 편의와 믿음을 제공할 수도 있습니다.

밑 빠진 독에 물 붓기

대부분의 서비스에서 가장 중요한 부분은 구매나 사용 직전의 가장 마지막 단계입니다. 이유는 간단합니다. 뒷부분이 제대로 마련되어 있지 않다면 앞선 단계에서 아무리 노력한다 한들 밑 빠진 독에 물을 붓는 꼴이 되고 마니까요. 또한 마지막 단계까지 도달한 고객은 사실상 제품에 대해 기대치가 가장 크거나, 신뢰하고 있거나, 제품을 통한 문제 해결이 절실한 고객입니다. 마지막 한 단계만 넘어가면 구매로 이어질 고객을 놓친다면 가장 아까운 일일 겁니다.

그래서 더 많은 고객을 얻기 위해 단순히 더 많은 물을 들이붓는 행위가 능사가 아니게 되는 겁니다. 대신 가장 마지막 단계부터 차곡차곡 개선해 나가며 마지막으로 서비스의 퍼널에 유입되는 파이를 늘리는 게 가장 이상적일 수 있습니다. 시간은 걸리지만, 이렇게 완성해

둔 퍼널은 쉽사리 물이 새지 않을 테니까요.

그리고 이렇게 제품의 마지막 퍼널까지 도착한 핵심 고객에 대해 학습하고, 이를 다시 제품과 서비스의 각 단계에 반영하고자 우리는 데이터를 분석합니다. 그리고 어떠한 방안이 고객을 다음 단계로 전환시키는 데에 더욱 유리한지 판단하고자 A/B 테스트를 진행합니다.

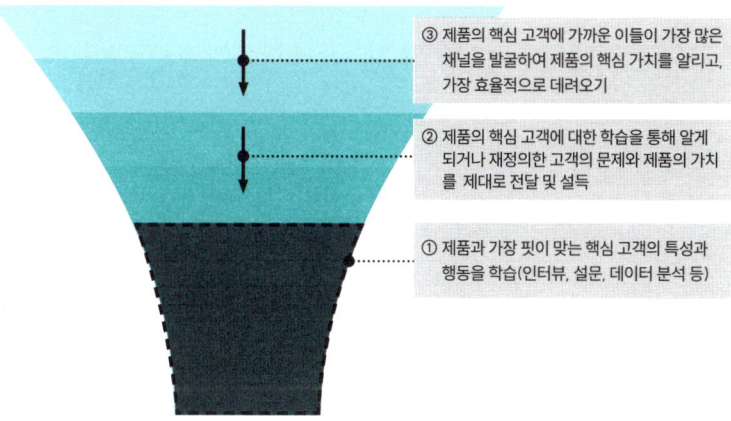

퍼널의 마지막까지 도달한 고객은 제품과 가장 핏이 맞는 핵심 고객입니다. 나머지 고객을 이들처럼 만들기 위한 개선과, 이처럼 핏이 맞을 것 같은 고객을 불러 데려오는 일이 퍼널의 시작과 중간 과정이 됩니다.

데이터 분석과
A/B 테스트

　　　　　　개발자 붐이 일어난 이후 프로덕트 매니저 또는 기획자 못지 않게, 혹은 어쩌면 더욱 인기를 끈 키워드가 바로 데이터 분석이 아닐까 싶습니다. 빅데이터 관련 기술이 발전하고 더욱 간편하게 데이터를 분석하고 활용할 수 있는 서비스가 증가한 덕분일 수도 있지만, 개발자가 늘어난 만큼 이들이 만든 제품을 토대로 다양한 분석을 수행해야 하는 수요가 늘어났기 때문일 수도 있습니다. 그리고 대부분의 프로덕트 매니저 또는 기획자의 채용공고에서, 기본적인 데이터 스킬을 요구하는 것 같습니다.

　제가 여기서 이야기하고자 하는 데이터 분석이란 추천 알고리즘과 같은 머신러닝이라든가, 이미지를 판별하고 만들어내는 딥러닝, 혹은 이 밖의 멋지고 어려운 기술이 아닙니다. 오프라인 스타트업에서 일하던 때에, 저는 구글 스프레드시트를 통해 데이터를 기록 및 수집하고, 이를 자동으로 처리하여 입주율과 공실률, 전환율 등을 계산하는 대시보드를 만들어 제품과 서비스의 성장과 운영에 활용했습니다. '빅' 데이터만이 데이터는 아닙니다. 머신러닝과 딥러닝만이 데이터 기술도 아니고, 파이썬Python과 R을 알아야만 분석을 할 수 있는 건 더욱 아닙니다. 대신 제품과 비즈니스의 성장을 위해 프로덕트 매니저와 기획자에게 필요한 데이터 분석에 대해 이야기해보고자 합니다.

데이터 분석이란 무엇인가요?

'데이터 분석'이란 건 무엇일까요? 여러 부트캠프, 강의 플랫폼, 교재를 찾아보면 데이터 분석이라는 카테고리에 소개되는 내용은 보통 아래와 같습니다.

- SQL
- 파이썬 또는 R
- 태블로(Tableau) 등을 활용한 시각화
- 머신러닝/딥러닝

그중 일부는 '요새 ○○○라면 이 정도는 할 수 있어야 합니다.', '아직도 ○○○를 안 하셨나요?'와 같이 불안감을 조장하는 문구를 집어넣습니다. 물론 IT 서비스에서 데이터를 다루는 직무 또는 담당자들이 이러한 기술 중 일부를 사용하는 건 사실입니다. 저 역시 매일 SQL을 사용해 데이터를 조회하거나 추출하고, 파이썬을 이용해 간단한 전처리를 할 줄 압니다. 머신러닝의 주요 개념에 대해서도 대략적으로 알고 있고요. 그런데 이런 걸 알면 데이터 분석을 할 수 있는 걸까요? 바꿔 말해 위의 기술을 모르면 데이터 분석이란 건 할 수 없는 걸까요?

애초에 '데이터'는 무엇이고 '분석'이란 건 무엇일까요? 사전에 '데이터 분석'을 찾아보면 그 어디에도 '석사 학위를 취득한 기술자

가 어려운 기술을 통해 수백만, 수천만 건의 빅데이터를 처리하는 일'
이라는 식으로 정의하지 않습니다. 오히려 데이터라는 건 잘 정리된
기록, 정보 자체를 의미하고, 분석(分析)이라는 건 커다란 질문을 나
누고(分) 또 가르는(析) 일을 의미합니다. 바꿔 말해, 데이터 분석이란
우리가 알고자 하는 커다란 질문을 보다 작고 상세한 질문들로 나누
어 정리한 다음에, 숫자를 통해 답을 찾아가는 과정일 뿐입니다. 여기
어디에도 SQL, 파이썬, R, 태블로, 머신러닝 같은 건 등장하지 않습
니다.

IT 서비스와는 거리가 먼 공공기관에서 엑셀에 기록된 숫자를 살
펴보는 것도 데이터 분석입니다. 사업개발을 담당하는 분들이 엑셀
에 월별 예상 매출액과 비용을 조사하고 비용을 회수할 것으로 예상
되는 시점을 계산한 것도 데이터 분석입니다. 점포 두 곳을 운영하
는 편의점 사장님이 두 점포의 매출액을 비교하는 것 역시 데이터 분
석입니다. 가계부를 기록하고 매월 지출을 돌이켜보는 것도 데이터
분석입니다. 궁금한 게 있고, 이를 찾아보는 데 도움이 될 만한 숫자
를 갖고 있고, 그 숫자를 이리저리 들여다본다면 모두 데이터 분석입
니다.

그러니 이 책을 읽는 여러분 역시 이미 어떤 식으로든 데이터 분석
을 해봤을 겁니다. 그리고 프로덕트 매니저 또는 기획자로서 여러분
은 어떤 식으로든 반드시 데이터를 분석하게 될 겁니다.

데이터 분석의 프로세스

앞서 말한 것처럼 데이터 분석이란 여러분이 궁금한 질문을 작은 단위로 나누어 정리한 뒤, 이에 대해 답을 얻는 과정입니다. 이를 위해선 무엇이 알고 싶은지 명확히 알아야 하고, 이에 대한 답을 어떻게 찾아가야 할지 설계하는 일이 중요합니다. 그 과정에서 때에 따라 계산기나 엑셀, SQL 같은 도구를 사용할 수 있습니다. 프로덕트 매니저 또는 기획자로서, 여러분이 가진 질문에 대한 답을 찾아가는 과정으로서의 데이터 분석에 대해 살펴보겠습니다.

1 분석의 배경과 목적 이해하기

사실 모든 업무에는 기획이 숨어 있습니다. 해결하고 싶은 문제나 답을 구하고 싶은 질문이 있고, 이를 해결하거나 답을 구하기 위한 과정을 구상하고 설계한다면 모두 기획이니까요. 데이터 분석에도 마찬가지로 기획이 숨어 있습니다. 그 시작은 어떤 문제를 해결하고자 데이터를 들여다보기로 한 것인지, 데이터 분석의 배경과 목적을 이해하는 일입니다.

숫자를 들여다보려면 생각보다 많은 시간이 걸립니다. 아주 간단한 질문에 답을 구하거나, 누군가가 많은 시간과 힘을 들여 대시보드를 미리 만들어준 게 아니라면, 데이터로 답을 구하는 과정에는 여러 작업과 수정의 반복이 포함됩니다. 목적과 배경이 없이 데이터를 들여다보는 일은 그래서 너무나 비효율적입니다. 더욱이 목적이 무엇인지 모르니 무엇을 들여다봐야 하는지도 명확하지 않을 겁니다.

물론 데이터 분석의 매력 중 하나는 예상하지 못한 새로운 사실을 발견하는 일입니다. 목적과 별개로 우연처럼 맞닥뜨리는 발견도 있습니다. 이를 위해선 아무런 목적도 맥락도 없이 생각나는 대로 숫자를 들여다보고 만져보는 일이 필요할 수도 있습니다. 그런 방황과 놀이의 시간이 데이터를 다루는 실력을 키워줄 수도 있습니다. 저 역시 그런 방황과 놀이, 탐색과 우연의 시간을 거치며 데이터의 매력을 알게 되었고, 실무에 필요한 기술 역량을 키울 수 있었습니다.

그러나 제품과 서비스에 필요한 일이라면 이것저것 하는 프로덕트 매니저로서, 과연 업무 중에 그런 시간이 있을까요? 방황과 놀이의 시간은, 퇴근 후의 취미나 교양으로 남겨둬야 하지 않을까요? 제품과 서비스를 성장시키기 위해 답을 구해야 하는 질문을 가진 여러분에게, 적어도 업무 시간 동안의 데이터 분석은 배경과 목적이 분명한 '업무'여야 합니다.

2 문제 (재)정의하기

이 책을 읽는 대부분의 분들은 '분석의 배경과 목적을 이해하라.'라는 말에 동의하실 겁니다. 너무 당연한 이야기라고 생각하는 분들도 적지 않을 겁니다. 그런데 배경과 목적을 분명히 이해하고 있더라도, 데이터 분석을 위해 우리가 던지는 첫 질문은 대개 두루뭉술합니다. 또는 다른 이들이 우리에게 분석을 요청하며 던지는 질문 역시 대개 모호합니다. "이러이러하니 숫자 좀 볼 수 있을까요?" 또는 "우리 고객 현황이 어떤가요?"라는 식일 겁니다.

　모든 질문은 아 다르고 어 다릅니다. 비슷해 보이지만 전혀 다른 질문이 되기도 합니다. 명확하게 정의되지 않은 질문에서 분석을 시작하면 한 끗 차이로 전혀 다른 숫자가 나오기도 합니다. 또는 어디로 나아가야 할지 모르는 분석을 하게 되기도 합니다. 예컨대 이런 겁니다. "이러이러하니 숫자 좀 볼 수 있을까요?"라는 질문에선 대체 어떤 숫자를 봐야 할까요? "우리 고객 현황이 어떤까요?"라는 질문에서 대체 '우리 고객'이란 누구를 의미하는 걸까요? 전혀 다른 세 개의 서비스를 동시에 운영하는 회사라면 셋 중 어느 서비스의 고객일까요? 고객 중에서도 제품을 구매한 고객일까요, 혹은 구매하지 않은 고객일까요? 현황이란 대체 어느 정도의 범위일까요? 당장 오늘만일까요? 혹은 최근 일주일 정도는 현황이 되지 않을까요?

　애석하게도 데이터 분석을 요청하는 이들은 이런저런 이유로 이처럼 모호한 질문을 던지기 마련입니다. 데이터 분석의 핵심을 모르기 때문일 수도 있고, 알지만 너무 바빠서일 수도 있고, 혹은 그런 건 모르겠으니 빨리 알아서 내가 원하는 걸 가져다 달라는 못된 심보일 수도 있습니다. 그리고 어쩌면 여러분 역시 이런 이유 중 하나로 동료 분석가에게 모호한 질문을 던질 수도 있습니다.

　그러나 프로덕트 매니저라면 적어도 본인이 정말 궁금한 게 무엇인지 명확하게 정의할 수 있어야 합니다. 더 나아가 다른 사람에게서 전달받은 모호한 질문을 명확한 질문으로 재정의할 수 있어야 합니다. 모호한 걸 분명하게 정의하고 알아가는 게 애초에 기획의 일이니까요.

예를 하나 들어보겠습니다. 여러분은 지금 고객이 멤버십 이용권을 구매하여 유료 콘텐츠를 조회할 수 있는 서비스를 담당하고 있습니다. 회사가 아직 크지 않은 탓에 여러분은 팀의 유일한 프로덕트 매니저 겸 분석가로 일하고 있습니다. 이런 상황에서 "우리 주요 고객의 리텐션 현황과 개선할 부분이 궁금해요."라는 질문을 받습니다. 이런 경우 정확히 어떤 고객에 대해 어떤 데이터를 어떻게 얼마나 봐야 할까요?

만약 이 서비스의 특징과 정책을 알고 있다면, 질문을 이렇게도 재정의해볼 수 있을 겁니다. "지난 6개월 동안에 유료 이용권을 구매한 고객의 주간 단위 콘텐츠 소비 리텐션 현황과 그중에서 가장 급격하게 떨어지는 부분과 이유가 궁금해요." 여기에서 6개월, 유료 이용권, 주 단위 등은 여러분이 이용권의 기간이라든가 서비스의 성수기 패턴, 멤버십의 유형, 고객의 사용 패턴 등을 고려하여 임의로 재정의한 질문입니다. 물론 이게 반드시 100% 옳은 질문은 아닐 수 있습니다. 그러나 처음의 질문에 비하면 무엇을 어떻게 봐야 할지가 훨씬 명확합니다. 지난 6개월간의 데이터를 봐야 하고, 이용권 구매 경험이 있는 고객을 대상으로, 콘텐츠 소비 행동을 주간 단위로 살펴볼 겁니다. 그리고 그중에서 가장 급격하게 하락하는 구간에 집중할 겁니다. 이렇게 분석이 가능해졌습니다.

여기서 한 단계 더 나아갈 수도 있습니다. 우리의 제품과 서비스는 A/B 테스트를 진행하고 있거나 특이한 정책이 있는 게 아니라면, 모든 사람들에게 동일하게 제공됩니다. 그런데도 불구하고 어떤 이들은 서비스에 계속 머무르는 반면 어떤 이들은 중간에 떠납니다. 그렇다면 첫 주에 가장 많은 사람이 이탈한다고 했을 때, 앞의 질문을 이렇게도 다시 정의해볼 수 있지 않을까요?

"지난 6개월 동안에 유료 이용권을 구매한 고객 중 첫 주 이후에도 잔존한 고객과 첫 주에 바로 이탈한 고객을 구분했을 때 구매 후 첫 일주일 동안 두 고객 세그먼트의 행동 차이는 무엇인가?"

분명 같은 서비스인데 대체 왜 누구는 머무르고, 누구는 이탈했을까요? 그걸 알면 이유가 무엇인지 파악하여 개선하거나 다르게 적용해볼 수 있지 않을까요? 이처럼 질문을 재정의하면 구체적인 원인 파악까지 가능해질 수도 있습니다.

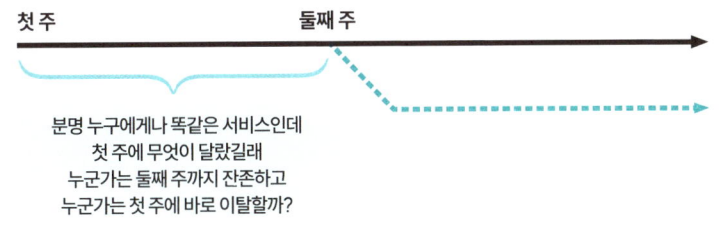

질문을 재정의하면 무엇을 어떻게 분석해야 할지 분명해집니다.

물론 여러분이 담당할 제품과 서비스마다, 여러분이 궁금한 질문마다 어떤 부분이 어떤 식으로 얼마만큼 명확해야 할지는 다를 겁니다. 다만 잊지 마세요. 대부분의 첫 번째 질문은 모호합니다. 여러분은 이 질문을 (재)정의해야 합니다.

3 구조화하여 가설 수립하기

질문을 (재)정의함으로써 우리가 정말로 궁금한 게 무엇인지 정리하더라도, 한 번에 답을 구하기에는 너무 커다란 질문도 있습니다. 이럴 때는 '분서'의 사전적 정의처럼, 여러 개의 더 작은 질문으로 나누어 두루 살펴봐야 하는 경우가 대부분입니다. 또한 이 과정에서 생각나는 대로 몇 가지만 떠올린다면 정말 중요한 질문을 놓치게 되거나, 혹은 모든 걸 살펴본다면 시간이 너무 오래 걸릴지도 모릅니다. 그래서 우리는 처음의 커다란 질문을 여러 개의 작은 질문으로 차근차근 나눠본 뒤, 각각에 대해 이미 알고 있는 것은 없는지, 혹은 답이 어떨 것 같은지 추측해야 합니다.

가령 우리는 위에서 "지난 6개월 동안에 유료 이용권을 구매한 고객 중 첫 주 이후에도 잔존한 고객과 첫 주에 바로 이탈한 고객을 구분했을 때 구매 후 첫 일주일 동안 두 고객 세그먼트의 행동 차이는 무엇인가?"라는 질문을 정의해보았습니다. 여기에 대해 우리는 아래와 같은 가설을 세워볼 수 있을 겁니다.

- 첫 주 이후에도 잔존한 고객은 프리랜서의 비율이 더 높을 것이다.
- 첫 주 이후에도 잔존한 고객은 멤버십 이용권 구매 당일에 더 많은 콘텐츠를 소비했을 것이다.
- 첫 주 이후에도 잔존한 고객은 멤버십 이용권 구매 후 첫 일주일 동안 더 많은 댓글을 작성했을 것이다.
- 첫 주 이후에도 잔존한 고객은 양질의 콘텐츠를 소비했을 것이다.

이것 역시 어디까지나 예시일 뿐입니다. 그러나 이처럼 작은 단위로 나누어진 질문을 통해 우리는 더 빨리 답을 구할 수 있을 겁니다. 리텐션 비율을 비교해보고, 첫 날 또는 첫 주의 콘텐츠 소비를 비교해볼 수 있습니다. 댓글 작성 횟수를 비교하거나, 조회한 콘텐츠의 평점을 비교해볼 수도 있을 겁니다.

물론 이런 질문은 하늘에서 뚝 하고 떨어지지 않습니다. 여러분의 기획 능력이 아무리 뛰어나다고 할지라도 갑자기 머리에 솟아나지도 않을 겁니다. 대신 제품과 서비스에 대한 이해, 평소의 관심을 통해, 가능할 법한 시나리오를 하나씩 적어보길 바랍니다. 그중에 반드시 답이 있다고 보장할 수는 없지만, 적어도 여러분은 커다란 질문을 '나누고 분리하여' 보는 연습은 충분히 할 수 있을 겁니다.

4 알고 있는 것과 우선순위 정리하기

우리의 질문이 크고 복잡할수록 이처럼 작은 단위로 나눈 질문 역시 많고 또 다양할 겁니다. 이러한 질문에 모두 답을 찾으려면 너무 오랜 시간이 걸릴 수도 있습니다. 시험 시간이 끝난 뒤 답을 적어 제출하는 것처럼, 질문이 더 이상 유효하지 않게 될 수도 있습니다. 모든 업무에는 기한이라는 게 있으니까요.

제품과 서비스, 고객에 대한 가설 중 나쁜 가설이란 건 없다고 생각합니다. 다만 우리가 이미 답을 알고 있는 가설도 있을 수 있고, 제품과 서비스, 고객의 특성 등을 고려했을 때 분명 '더 확신할 수 있는' 가설은 있을 겁니다. 혹은 너무 당연한 이야기가 되고 마는 가설도 있

가설은 있을 겁니다. 모든 가설이 똑같이 그럴싸하지는 않습니다.

여러분이 담당하는 제품과 서비스의 기능과 정책, 사용자의 흐름과 기타 UX, 제품의 핵심 가치, 인터뷰와 설문 등을 통해 파악한 정성적인 이해, 다른 게기로 진행한 분석을 통해 이미 알고 있는 숫자 등이 더 그럴싸한 가설을 선별하고 분석의 우선순위를 정하는 데 도움이 될 수 있습니다. 그리고 이러한 부분은 도구와 기술에 대한 이해도와는 별개입니다. 결국 좋은 가설과 분석은 제품과 서비스, 고객에 대한 관심에서 비롯되는 것 같습니다.

5 어떤 지표를 어떤 관점에서 볼지 정리하기

여러분이 SQL을 익혀 데이터베이스의 숫자를 조회하든, 혹은 다른 프로덕트 분석 솔루션을 이용해 고객의 행동을 분석하든, 여러분이 담당할 제품과 서비스는 대개 크고 복잡합니다. 기능은 많고, 정책은 복잡하며, 퍼널은 길고 또 깊습니다. 당연히 고객이 행할 수 있는 행동도 다양하고, 이를 측정하기 위한 지표 역시 다양할 겁니다. 그래서 질문이 정의되고 가설이 세워졌다면, 나의 질문과 가설은 구체적으로 어떤 지표로 확인해야 할지가 정리되어야 합니다. 데이터베이스의 어떤 테이블(표)에 기록되어 있는지, 이런 값을 정확히 언제 어떤 시점에 기록하는지, 어떤 조건을 적용하여 봐야 하는지 등을 따져 봐야 합니다.

또한 어떤 숫자도 그 자체만으로 의미를 갖지는 않습니다. 모든 숫자는 변화와 비교를 통해 의미를 갖게 됩니다. 예컨대 '영어 점수

100점'은 좋은 점수인가요 혹은 나쁜 점수인가요? 학창 시절의 모의고사 또는 수능시험을 생각하면 최고점이지만, 대학 시절의 토익 시험을 생각하면 말도 되지 않게 낮은 점수입니다. 토플 점수 100점은 유학을 준비하는 분의 입장이라면 최소 커트라인은 넘길 수 있는 제법 괜찮은 점수입니다. 또는 토익 900점이라고 하더라도 과거에는 괜찮은 점수였지만, 취업 경쟁이 심해진 지금은 서류 합격에 조금 아쉬운 점수일 수도 있습니다.

그래서 숫자를 볼 땐 어떤 관점으로 바라볼 것인지도 생각해봐야 합니다. 단순히 월별 추이를 봐야 하는지, 혹은 같은 기간의 다른 지표와 비교해야 하는지, 또는 같은 지표로 전년 동월과 비교해야 하는지, 그것도 아니라면 아예 다른 고객 세그먼트와 비교해봐야 하는지 등을 말이죠.

6 해석하고 행동으로 옮기기

프로덕트 매니저 또는 기획자에게 데이터 분석 과정에서 가장 중요한 부분은 바로 이 부분이라고 생각합니다. 어느 정도 규모가 있는 조직이라면 앞선 일련의 과정은 조직의 데이터 분석가가 주로 담당할 겁니다. 이런 경우 여러분의 일은 전달받은 결과를 해석하고, 이를 토대로 행동을 도출하여 실행하는 겁니다.

숫자의 의미는 고정되어 있지 않습니다. 변화와 비교를 통해 생겨납니다. 때에 따라 달라지기도 합니다. 우리의 분석 목적과 제품과 서비스의 현황, 시장의 상황 등을 두루 고려하고 또 비교했을 때에, 우리가 받아본 숫자가 의미하는 바는 좋을 수도, 혹은 예상 외로 나쁠 수도 있습니다. 5년째 적자를 기록하는 기업의 적자액이 매년 감소하고 있다면, 이는 좋은 상황일까요 나쁜 상황일까요? 적자 폭이 감소하고 있으니 언젠가 흑자로 돌아설 수 있다는 기대를 가져볼 수도 있고, 여태껏 적자라는 생각에 비관하게 될 수도 있습니다. 정답은 없습니다. 해석이 있을 뿐입니다.

숫자가 드러내는 상황 자체는 결코 숫자만으로 바꿀 수 없습니다. 행동이 없는 분석은 그래서 의미가 없습니다. 프로덕트 매니저로서 여러분의 분석은, 질문에 대한 답을 얻어 상황을 개선하거나 문제를 해결하기 위함입니다. 어떤 제품을 어떤 방향으로 수정해야 할까요? 어떤 고객 세그먼트에 더 집중해야 할까요? 어떤 퍼널을 개선해야 할까요? 숫자를 받아본 여러분에게는 이후의 행동에 관한 질문이 생겨나기 시작해야 합니다.

숫자의 결과를 가져다주는 건 분석가의 입장에선 업무의 끝일 수 있지만, 숫자를 받아본 프로덕트 매니저의 입장에서는 시작일 뿐입니다. 제품의 출시가 그로스의 시작이었듯, 분석 역시 그로스의 시작입니다. 그리고 이러한 과정을 여러분은 계속해서 반복하게 될 겁니다.

A/B 테스트란 무엇인가요?

데이터 분석을 통해 질문에 대한 답을 얻은 여러분은 구체적인 행동을 취하고자 합니다. 새로운 제품을 기획해볼 수도 있고, 전반적인 UX를 개선할 수도 있습니다. 새로운 CRM 메시지를 기획하여 추가하거나, 단순 오류를 찾아내 수정할 수도 있습니다. 또는 A/B 테스트를 진행해볼 수도 있습니다.

1 A/B 테스트의 진정한 의미

A/B 테스트는 제품의 개선과 성장을 위해 실행해볼 수 있는 방법 중 하나입니다. IT 조직에서 근무하지 않더라도 대략적인 개념 정도는 알고 있는 분들도 있습니다. 현실에서 우리 역시 소비자 또는 고객으로 우리가 이용하는 제품과 서비스에서 진행하는 A/B 테스트의 대상이 되기 때문이기도 하고, 유명한 사례들이 이미 소개되었기 때문이기도 합니다. 그래서인지 A/B 테스트를 통해 개선안을 도출하겠다는 제안과 함께 옵션 두 개를 만든 뒤 포트폴리오에 첨부하는 사례를 종종 목격했습니다. 옵션 A와 옵션 B 중 더 나은 걸 적용하겠다는 취지였을 겁니다. 그런데 A/B 테스트는 이름 그대로 옵션 A와 옵션 B를 비교해보기만 하면 그만인 걸까요?

몇 가지 예시를 살펴보겠습니다. 여러분이 더 원하는 것, 혹은 더 낫다고 판단하는 걸 골라보면 됩니다. 왼쪽과 오른쪽 옵션 중 어느 걸 선택할 건가요? 여러분은 둘 중 뭐가 더 낫다고 판단했나요?

높은 연봉		낮은 연봉
행복		불행
무료 수강	Vs	유료 수강
사과		배
돈가스		제육볶음

    일부러 함정을 만든 게 아니라면야 돈을 받는 입장에서는 높은 연봉을 선택할 겁니다. 아주 특별하고도 희귀한 이유가 있지 않고서야 불행보다는 행복을 선택할 겁니다. 어떤 강의인지는 모르겠지만 무료 수강이 나을 겁니다. 하지만 사과와 배, 돈가스와 제육볶음을 비교한다면 이 글을 읽는 여러분의 지금 기분이나 입맛에 따라 호불호가 나뉠 것 같습니다.

    각각에 대해 두 가지 옵션을 비교해 물어봤으니 A/B 테스트처럼 보입니다. 그런데 이러한 질문이 의미가 있을까요? 비교를 통해 무엇을 알고 싶은 걸까요? '역시 사람들은 행복한 걸 좋아하는군!'이라는 발견이 의미가 있을까요? 그래서 뭘 어떻게 하면 되는 걸까요?

    제품과 서비스의 성장 및 개선을 바라는 여러분은, 과연 고객과 제품에 어떤 변화를 만들었을 때 목표로 하는 결과를 얻을 수 있을지 고민할 겁니다. '이런 기능을 추가해볼까?', '이렇게 수정해볼까?' 같은 생각을 하면서요. 그리고 여러분이 기획하거나 구상한 방안을 적용하면 목표로 하는 결과를 얻을 수 있을 거라고 기대하거나 추측할 겁니다. 그리고 목표로 하는 지표의 변화가 정말로 여러분이 기획하여 적용한 방안 덕분이기를 바랄 겁니다. 우연히 일어난 일이거나 다른 이유로 인해 발생한 결과라면 여러분의 기획은 의미가 없으니까요.

제품과 서비스에서 고객에게 **어떤 변화를 줬을 때**
목표로 하는 결과를 얻을 수 있을까?
↓
제품과 서비스에서 고객에게 **이러한 변화를 주면**
목표로 하는 결과를 얻을 수 있지 않을까?
↓
이러한 결과를 만들어낸 원인은 무엇인가?
그 원인이 우리가 만든 이 변화가 맞는가?

　우리가 하는 대부분의 기획, 실험, 시도에는 우리의 노력에 따라 어떠한 결과가 바뀌길 바라는 기대와 추측이 담겨 있습니다. 프로모션으로 가격을 할인할 때에는 판매량이 늘 것이라고 기대하고, 상품을 지급하는 모집 안내는 서비스를 제공하면 신청자가 늘어날 거라고 기대하며, 등록 절차를 간소화하는 퍼널 개선 작업에는 절차가 간소화되면 등록하는 인원이 증가할 거라는 기대가 담겨 있습니다. 우리는 우리의 노력 덕분에 결과가 바뀌기를 바라며, 인과관계를 찾고 싶어합니다.

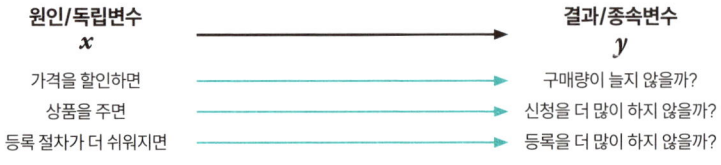

문제는 현실에서 대부분의 일들은 인과관계가 선명하지 않습니다. 하나의 결과를 만든 원인이 여러 개일 수도 있고, 우리가 알지 못하는 숨은 원인이 존재할 수도 있습니다. 조금 더 깊게 보자면, 하나의 요인이 원인에도 영향을 미치는 동시에 결과에도 영향을 미칠 수 있습니다. 가령 시험 점수가 오른 건 공부를 더 했기 때문일까요, 이번 시험이 지난 번보다 쉬웠기 때문일까요? 시험이 지난 번보다 쉽다는 걸 체감한 탓에 자신감이 생기고 긴장감이 줄어든 탓은 아닐까요? 이처럼 현실의 인과관계는 복잡합니다.

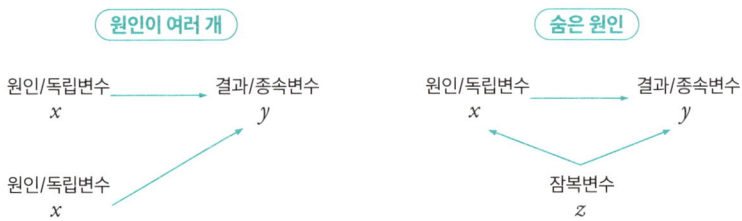

그렇다고 하나씩 골라내어 비교해보기도 쉽지가 않습니다. 다른 요인을 모두 제거하고 분명하게 파악해보고자, 시험 난이도가 동일했을 때의 나와 시험 난이도가 변경되었을 때의 나를 비교해볼 수 있을까요? 기억을 모두 지운 채 시간을 되돌릴 방안이라도 있는 게 아니라면, 어떤 걸 경험해본 나와 경험하지 않은 나를 비교할 방법은 없습니다. '안 본 눈 삽니다'는 불가능한 일입니다.

그러면 기억을 지우고 시간을 되돌리는 건 불가능하니, 과거와 오늘, 오늘과 미래를 비교해보면 어떨까요? 이 경우에도 문제가 있습니다. 시간이 지남에 따라 세상은 변화합니다. 상황이 바뀌고, 우리 스스로가 바뀝니다. 공부를 하기 전과 후의 실력을 비교해볼 수는 있지만, 그 사이 컨디션이 바뀔 수도 있습니다. 혹은 알지 못하는 또 다른 요인이 그 사이에 생겨나거나 사라질 수도 있습니다.

이뿐만이 아닙니다. 이런저런 요인들이 없다고 치고, 공부를 열심히 한 덕분에 실력이 늘어 시험 점수가 올랐다고 판단하기로 했습니다. 그런데 세상에는 너무 많은 우연이 존재하지 않나요? 정말 실력이 확실하게 느는 게 맞을까요? 이번엔 이랬지만, 다음엔 안 그럴 수도 있는 것 아닐까요? 공부를 해서 실력이 늘면 성적이 오른다는 법칙이 정말 맞는 걸까요?

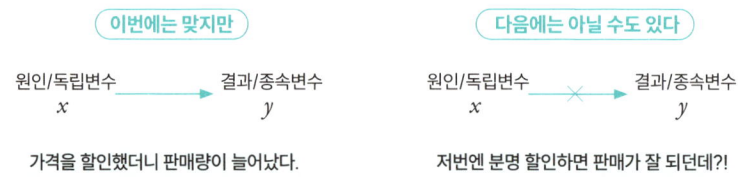

이런저런 복잡한 질문을 다 따지고 나면, '이걸 하면 이렇게 되나?' 라는 우리의 기대와 추측 섞인 질문은 다음과 같이 바뀌게 됩니다.

'시간을 되돌릴 수 있는 것도 아닌 상황에서, 우리가 의도하여 만든 하나의 원인이 결과를 바꾸는 경우를 확인할 순 없을까?'

'이 결과의 변화는 정말로 우리가 만든 원인 덕분에 생긴 게 맞나?'

'이 결과가 혹시 우연에 의한 게 아니라는 걸 확인할 방법은 없을까?'

A/B 테스트는 바로 이러한 질문에 답을 구하기 위해 설계된 방안입니다.

1   A/B 테스트를 할 때 고려해야 할 것

A/B 테스트는 우리의 노력이 정말로 결과에 영향을 미친 원인이 맞는지 알기 위한 방안입니다. 앞서 살펴본 여러 머리 아픈 질문을 고려해 조금 더 풀어서 설명하면, '동일한 시기에 충분한 숫자로 이루어진 두 개 이상의 집단을 대상으로, 우리가 만든 원인 외에는 모두 똑같은 상태를 유지했을 때에, 과연 두 집단의 결과가 다르게 나타나는지, 다르다면 그것이 우연이 아닌지 확인하는 방법'입니다.

A/B 테스트는 단순히 두 가지를 비교하는 게 아닙니다. 사실 꼭 두 가지일 필요도 없습니다. 오히려 A/B 테스트의 설계와 실행해서 중요한 건 아래의 요소들입니다. 하나씩 살펴보겠습니다.

1 가설과 목표 지표
2 대조군 및 실험군의 정의와 실험 옵션
3 표본 추출(샘플링)
4 표본 크기와 통계적 유의미함(p-value)
5 실험 기간과 트래픽

우선 가설과 목표 지표입니다. 지금까지 이 책을 읽고 있는 분이라면 이제 가설은 너무나 당연한 것임을 알고 있으리라 생각합니다. 고객과 제품에 대해 어떤 변화를 만들면, 고객의 행동에 어떤 변화가 결과적으로 생겨날 것이라는 추측이 있어야 이를 확인하기 위해 A/B 테스트로 설계하여 진행할 수 있습니다. 가설이 없는 A/B 테스트의 결과는 '그렇구나~' 하는 인상 또는 느낌에 지나지 않습니다. 그리고 여러분이 만든 원인으로 인해 정확히 어떤 결과가 변화하기를 바라는지, 혹은 변화하는 결과를 정확히 어떤 지표로 측정하여 검증할 것인지를 정의해야 합니다. 예컨대 모든 조건이 똑같다는 가정 아래 공부를 열심히 하면 시험 점수가 올라야 할까요? 혹은 점수는 같지만 적당한 난이도의 문제를 풀어내는 속도가 빨라질까요? 또는 하나도 풀지 못했던 어려운 문제를 풀어낼 수 있게 되는 걸까요? 가설과 목표에 따라 측정하는 지표, 검증의 기준이 되는 지표는 달라지기 마련입니다.

가설과 목표 지표가 정해진다면, 대조군과 실험군을 정의하고 구체적으로 어떤 옵션을 적용할지 결정해야 합니다. 이 부분이 여러분이 생각하는 A/B 테스트의 옵션 A와 옵션 B에 해당합니다. 아무런 변화를 적용하지 않는 평소 상태의 집단을 대조군이라고 하고, 우리의 가설을 검증하기 위해 변화를 적용한 집단을 실험군이라고 합니다. '아무런 변화를 적용하지 않는 평소 상태'라는 말에서 알 수 있듯이, A/B 테스트에서 옵션 A와 옵션 B란 반드시 버전 A와 버전 B를 의미하지는 않습니다. 아무런 변화를 적용하지 않는 평소의 상태와, 어떤 변화를 적용하는 상태를 비교하는 것 역시 옵션 A와 옵션 B입니다. 문구 A와 문구 B의 전환율을 비교해볼 수도 있지만, 특정 사용자에게는 아무런 문구를 노출하지 않고, 다른 특정 사용자에게는 문구 A를 적용해볼 수도 있습니다. 이 경우 전자라면 문구의 버전에 따른 효과를 비교할 수 있고, 후자라면 문구의 노출 여부에 따른 효과를 비교할 수 있을 겁니다.

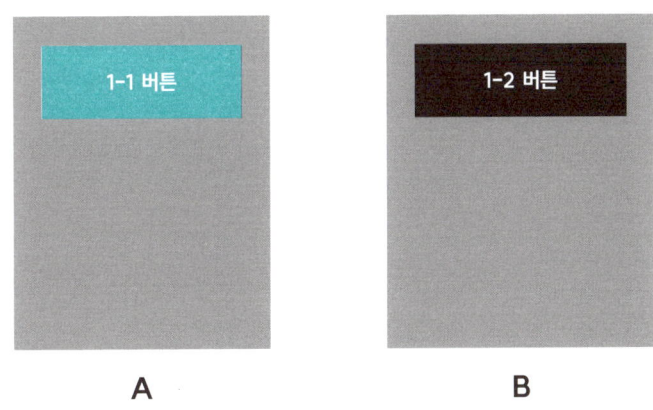

버튼의 색깔을 바꾸면 버튼의 클릭율이 높아질 것이라는 가설을 세웠다면,
가설과 관련된 부분인 버튼 색깔에 대해 옵션을 두 개 이상 만들어 각각의 목표 지표를 비교합니다.

 표본 추출(샘플링)은 우리가 진행할 A/B 테스트의 대상이 되는 고객에 대해 편파적인 개입이 생기지 않도록, 우리의 실험과 별개의 다른 원인이 영향을 미치지 않도록 고르고 공정하게 대상자들을 선발하는 과정입니다. 예컨대 어떤 버튼 문구의 버전에 따른 구매 전환율을 비교하고 싶은데, 애초에 전환율이 높은 충성 고객만 쏙 골라내어 문구 A를 보여주고, 나머지에게 문구 B를 보여준다면 당연히 문구 A의 전환율이 높을 테니까요. 이런 경우 문구 A와 문구 B의 효과를 비교하여 검증하기에는 부적절합니다.

 온라인에서 A/B 테스트를 한다면 구글 옵티마이즈Optimize 등의 A/B 테스트 솔루션이 이처럼 고르고 공정한 선발을 알아서 진행해줍니다. 다만 솔루션을 사용하지 않고 여러분이 수동으로, 혹은 오프라인에서 대상자를 선별하여 실험을 한다면 '어떻게 해야 내가 세운 가설 외에는 모두 동일한 조건이 될 수 있을까?'를 생각해보길 바랍니다. 무작위 추출(랜덤 샘플링)에 대해 알아보면 도움이 될 겁니다.

 표본(샘플)의 크기와 통계적 유의미함이란, 과연 이번 실험 결과가 우연이 아닌지를 확인하기 위해 필요한 개념입니다. 솔루션이 이를 계산하여 알려주거나, 일정 규모 이상의 조직에서 일한다면 데이터 분석가가 이를 담당해줄 겁니다. 여기서 핵심은 세상에 100%라는 건 없기에 우리는 항상 어느 수준에서는 우연을 감내해야 할 수밖에 없다는 점입니다. 일정 수준의 우연을 감내하기로 하더라도, 어느 정도 수준의 확실함을 보장하기 위해서는 일정 규모 이상의 사람들을 모아 실험을 진행해야 합니다. 예컨대 단 한 명에게 물어보고 일반화할 수는 없겠지만, 그렇지만 10,000명쯤에게 물어본다면 얼추 다음에도 같은 결과가 나올 것 같으니까요. 이번 실험에서 감내하기로 한 일정한 우연의 수준은 p값p-value이라고 합니다. 보통 p값은 0.05를 기준으로 합니다. 그리고 이 정도 수준을 감내하기로 했을 때에, 우리의 실험 결과가 우연이 아닐 거라고 판단하기 위해 필요한 실험 대상자의 수가 바로 실험에 필요한 표본의 크기입니다.

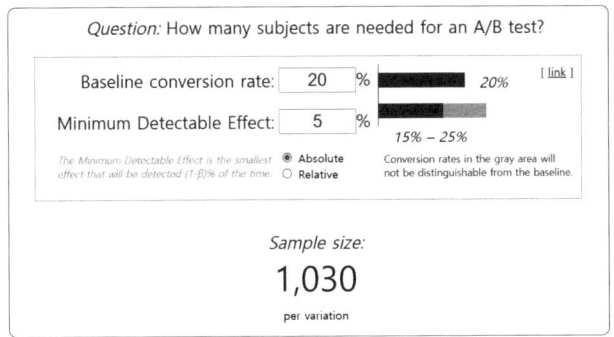

출처: https://www.evanmiller.org/ab-testing/sample-size.html

원하는 유의수준과 추측되는 원안과 대안의 성과를 고려했을 때에, 이를 바탕으로 실험에 필요한 표본의 크기를 계산해주는 서비스도 있습니다.

마지막으로 실험 기간과 트래픽입니다. 실험의 결과가 우연이 아니라는 것을 판단하기 위해 일정 규모의 실험 대상자(표본)를 모집해야 한다면 이를 위해 실험은 며칠 동안 진행해야 할까요? 이는 우리 제품과 서비스에 해당 실험이 진행되는 공간 또는 퍼널에 방문하는 트래픽의 규모와 연관이 있습니다. 예컨대 각 옵션당 최소 10,000명은 있어야 결과를 내볼 수 있다고 가정해봅시다. 그런데 아직 우리의 제품은 사용자 수가 많지 않아 하루에 1,000명이 방문합니다. 1,000명을 옵션 두 개에 고루 분배한다면 하루에 500명이 실험에 노출될 테고, 각 옵션당 10,000명이라고 했으니 일자별 편차가 전혀 없다는 가정하에 20일은 진행되어야 할 겁니다. 필요한 표본의 크기와 트래픽에 따라 실험 기간이 달라집니다.

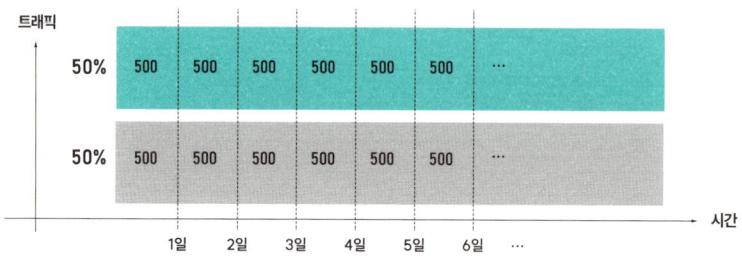

필요한 트래픽과 갖고 있는 트래픽을 계산하면 결과를 얻는데 필요한 실험 기간을 추정할 수 있습니다.

혹은 반대로 트래픽이 아주 충분하다면, 굳이 모든 트래픽을 이용할 필요도 없습니다. '테스트' 또는 '실험'이라는 표현을 쓰지만, 지금 이 순간에도 실제 사용자들에게 영향을 주는 행위입니다. 사용자 혹은 제품에 리스크가 있다고 생각되는 부분의 테스트라면, 트래픽이 충분하다면 일부 트래픽을 이용하는 것도 방법이 될 수 있습니다. 베타 테스트와도 비슷한 개념입니다.

이렇게 A/B 테스트의 다섯 가지 요소에 대해 살펴보았습니다. A/B 테스트를 제대로 이해하기 위해서는 통계에 대한 이해도 필요합니다. 실제 테스트를 수행하는 과정에서의 노하우나 주의 사항도 여럿 있습니다. 다만 이런 부분은 직무의 핵심과 맥락을 이해하고자 하는 이 책의 영역을 넘어가는 범위 같아 설명하진 않겠습니다.

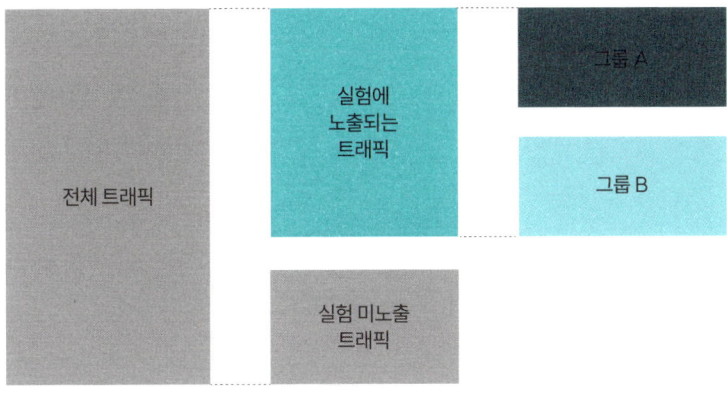

다만 기획자로서 마주하게 될 고민을 한 가지 던지며 마무리하겠습니다. '이 세상에 100%라는 건 없다'는 전제와 '실험에 사용되는 기간 역시 비용 또는 기회비용'이라는 점을 고려해보세요. 실험을 설계할 때 감내하기로 한 p값과 현재 실험의 p값이 아주 조금이라도 다르면 무조건 실험을 폐기하거나, 더 기다려야 할까요? 혹은 엄밀한 검증을 위해 필요한 실험 기간이 20일이면 너무 길지 않나요? 우연일 가능성도 있겠지만 차라리 빠르게 결정을 하는 게 제품과 고객에게 더 유리하지는 않을까요?

A/B 테스트에도 정답은 없습니다. 기획자로서 여러분이 맞닥뜨리는 대부분의 일들과 마찬가지로, 해석과 선택, 그리고 판단의 영역입니다.

PART 02

프로덕트
매니저의
고민

앞선 파트에서는 기획부터 시작하여 가설과 검증 방안, 그로스와 고객 세그먼트, 퍼널과 전환율, 실험과 검증에 필요한 데이터 분석과 A/B 테스트에 이르는 영역의 정의와 맥락을 살펴봤습니다. 이러한 맥락을 이해한다면, 프로덕트 매니저 또는 기획자로 취업하거나 직무를 전환하기 위해 여러분이 지금 살펴보고 있는 UI/UX 설계를 위한 각종 도구나 개념, 개발 용어, 또는 데이터 분석 등이 더욱 빛을 발할 거라고 생각합니다. 응용할 수 있고, 한 번 더 깊게 생각해볼 수 있을 테니까요.

그러나 이러한 맥락을 이해한다고 해서 반드시 성공적인 프로덕트 매니저가 되는 건 아닌 것 같습니다. 저 역시 누구나 알 만한 서비스를 출시했다거나, 엄청난 수의 사용자가 서비스에 방문하도록 성장시켰다거나, 혹은 세상을 바꿀 만한 제품을 기획한 프로덕트 매니저는 아니니까요. 당장 눈앞의 기획이나 실험에서 좌절하기도 하고, 목표로 한 프로젝트 일정을 지키지 못해 전전긍긍하기도 하고, 과연 이 길이 맞는지 고민하기도 합니다.

대신 이러한 맥락에서 시작해 실무의 경험을 쌓아가며, 조금 더 나은 동료, 조금 더 나은 프로덕트 매니저, 또는 적어도 어제보다 나은 모습이 되길 바라고 있습니다. 완벽한 답을 찾아내진 못했지만, 나름의 답을 만들어가고는 있습니다. 그래서 이번 파트에서는 제가 실제 업무를 하며 고민하고 깨달은 것들을 풀어보고자 합니다. 여러분 역시 프로덕트 매니저로 취업하거나 직무를 전환하게 되면 머지않아 마주할 고민과 문제일 겁니다. 조금이나마 단서가 되거나, 반면교사가 될 수도 있을 것 같습니다.

Q1:
어떻게 하면 가설과 문제를 잘 정의할 수 있을까?

하루에도 여러 가지의 생각이 머릿속을 스쳐 지나갑니다. 새로운 아이디어가 불현듯 떠오르기도 하고, 아침의 데일리 스크럼 미팅에서 미처 말하지 못한 이슈가 떠오르기도 합니다. 오늘 계획한 업무를 하면서도 다음 스프린트를 구상하고 있고, 더 나아가 다음 달의 월별 목표를 생각하기도 합니다. 어제와 오늘, 오늘과 내일, 실무와 계획, 기획과 프로젝트, 고객과 비즈니스 사이에서 머리가 어지럽습니다.

그러나 이렇게 정신 사나운 상황 속에서도, 실험의 가설을 작성하고, 제품 실험을 위한 PRD를 작성하고, 논의를 위한 사전 준비를 하거나 논의한 내역의 회의록을 작성합니다. 이를 바탕으로 팀과 공유합니다. 프로덕트 매니저가 아니더라도 많은 이들과 커뮤니케이션

하는 제너럴리스트Generalist라면 누구나 겪을 일이라고 생각합니다.

그런데 이렇게 몸도 머리도 바쁜 상황에서 말과 글을 정리하려고 하니, 동료들에게 종종 이런 피드백을 받곤 했습니다. "말이 장황하다", "무슨 말인지 모르겠다", "다시 설명해줄 수 있느냐". 평생을 한국에서 자라며 한글로 글을 쓰고 한국어로 말을 했는데, 대체 이게 무슨 일인가 싶었습니다. 시간이 지나 다시 돌아보니, 제가 작성한 가설과 문장의 문제점이 보였습니다. 하나같이 잘 정의되지 않은 탓이었습니다. 이 글에는 가설과 문제를 문장으로 잘 정의하기 위한 나름의 노하우를 담았습니다.

1 생각을 글로 옮겨보자.
2 완결된 문장으로 적어보자.
3 단어를 (재)정의해보자.
4 해결 방안은 잠시 잊고 고객의 입장에서 적어보자.

우리의 생각은 대부분 두루뭉술합니다. 뜬구름 잡는 듯 모양도 색깔도 무게도 명확하지 않은 생각이 흐물거리며 머릿속을 휘젓고 다닙니다. 그러다가 조금만 정신줄을 놓으면 전혀 다른 곳으로 생각이 흘러가 있기도 합니다. 날뛰는 야생마 같습니다.

이처럼 빠르게 이곳저곳으로 움직이는 우리의 생각을 분명하게 정의하기 위해서는 우선 글로 옮겨보는 게 좋습니다. 말로 옮기는 것만으로는 부족합니다. 말은 눈에 보이지 않기에 불분명하고, 금방 흩어져 날아갑니다. 말은 대충 뭉개고 적당히 넘기기도 쉽습니다. 반면 생각을 글로 옮기려면 대충 넘어갈 수가 없습니다. 글로 옮겼으니 지우기 전까지는 사라지지도 않습니다. 눈앞에 남아 있으니 어느 부분이 어색하거나 불분명한지 파악하기도 좋습니다. 그리고 무엇보다도 생각을 글로 적어가는 와중에 나의 불분명한 생각이 어느 정도 정리됩니다. 글로 적는 것만으로도 아이디어와 가설, 생각이 조금은 분명해집니다.

생각	대충 이러이러하지 않을까?
글로 옮긴 생각	고객들이 콘텐츠 검색에 불편한 부분이 있을 것 같다.

이렇게 글로 옮긴 다음에는 완결된 문장으로 수정합니다. 성격이 급하거나, 평소에 글을 써볼 일이 많지 않았거나, 또는 구어체로 글을 적는 데에 익숙한 분이라면 비문을 적을 가능성이 큽니다. 무언가를 지칭하는 표현이 많은데 그게 지칭하는 대상이 정확히 무엇인지는 빠져 있다거나, 문장이 마침표로 끝날 수 없는 형태라거나, 불필요한 부분이 반복되거나, 여러 개의 긴 문장일 수도 있습니다. 이를 하나의 완결된 문장으로 정리해보는 겁니다. 그 과정에서 불필요한 표현이나 중복된 표현을 제외하여 더 간략하게 작성할 순 없을지, 또는 설명

이 빠진 표현은 없는지, 적절하지 못한 표현이 있는지 고민해보는 겁니다. 이 과정을 거치면 이제 우리의 생각은 글로 박제된 뒤 제법 분명해지고 읽기에 매끄러워질 겁니다.

생각	*대충 이러이러하지 않을까?*
글로 옮긴 생각	*고객들이 콘텐츠 검색에 불편한 부분이 있을 것 같다.*
완결된 문장	우리 제품의 고객들은 서비스에 방문해 콘텐츠를 검색할 때에, 검색 결과 수를 파악하지 못해 얼마나 스크롤을 내려야 하는지 알지 못하는 불편을 겪고 있을 것이다.

그런데 때로는 깔끔하게 완결된 문장 속에서도 불분명한 것들이 남아 있습니다. 바로 단어, 어휘의 문제입니다. 나한테는 너무 당연한 용어가 다른 동료와 팀원들에게는 낯설 수도 있습니다. 또는 너무 많은 걸 포괄하는 용어라서 불분명할 수도 있습니다. 예컨대 '고객'이라는 말은 때에 따라서 가장 불분명한 말이 되기도 합니다. "제품 정책상 다섯 유형이 있는데, 어느 유형의 고객을 말씀하시는 걸까요?" 같은 질문을 받을 수도 있습니다. 그래서 팀과 동료가 함께 사용하는 용어, 제품의 정책이나 구조 등을 고려해 명확한 용어나 표현으로 정

의하거나 서술한다면 자신의 생각이 한결 더 명확하게 정리될 수 있습니다.

생각	대충 이러이러하지 않을까?
글로 옮긴 생각	고객들이 콘텐츠 검색에 불편한 부분이 있을 것 같다.
완결된 문장	우리 제품의 고객들은 서비스에 방문해 콘텐츠를 검색할 때에, 검색 결과 수를 파악하지 못해 얼마나 스크롤을 내려야 하는지 알지 못하는 불편을 겪고 있을 것이다.
어휘를 재정의한 문장	우리 제품의 유료 멤버십 이용 고객들은, 콘텐츠 페이지에 방문해 콘텐츠를 검색할 때에, 검색 결과 수를 파악하지 못해 얼마나 스크롤을 내려야 하는지 알지 못하는 불편을 겪고 있을 것이다.

반면 제품의 핵심 가치나 고객이 경험하는 문제에 대한 가설을 작성할 때에는 한 가지 더 고려할 사항이 있습니다. 해결 방안은 잠시 잊고, 고객의 입장에서 문장을 다시 적어보는 겁니다. 우리는 해결하고 싶은 문제나 달성하고 싶은 목표를 정리하면서 은연 중에 본인이 평소 생각해둔 아이디어를 함께 떠올리고 이를 글에 담기도 합니다.

문제는 이처럼 풀고 싶은 문제나 목표에 해결 방안을 함께 얼버무려 작성하면, 가설에 이미 답을 정해둔 꼴이 되고 맙니다. 문제의 실체를 제대로 파악하여 정리한 뒤에 해결 방안에 대한 아이디어를 모으거나 레퍼런스를 찾아봐도 늦지 않습니다. 미리 답을 정해버리면 머릿속에 처음 생각했던 방안이 각인되어 더 좋은 아이디어를 구상하기가 어려워집니다. 해결 방안에 대한 가설이 아닌 고객의 문제에 대한 가설을 정의할 때에는, 문장의 주어를 고객으로 두면 해결 방안을 미리 정해버리는 실수를 줄일 수 있습니다.

해결 방안을 모두 포함해 작성한 문장	IT 서비스의 프로덕트 매니저로의 취업을 희망하는 사람들이 증가하고 있으니, 프로덕트 매니저의 직무를 소개하는 책을 만들어 판매하면 매출이 증가할 것이다.
주어를 고객으로 바꾸어 작성한 문장	IT 서비스의 프로덕트 매니저로의 취업을 희망하는데, 실무자 중심의 업무 노하우 또는 용어와 프레임워크를 설명하는 책이 대부분이라 직무의 핵심과 맥락을 이해하기 어렵다. 프로덕트 매니저의 직무와 맥락을 이해할 수 있게 돕는 콘텐츠를 제공한다면, 직무의 본질을 파악하고 맥락을 이해하여 어려운 용어와 프레임워크에 압도당하지 않을 것이다.

첫 번째 문장은 이미 '책'이라는 방안이 정해져 있습니다. 물론 때

에 따라 분명히 책으로 출판해야만 하는 경우도 있을 수 있습니다. 그런데 첫 번째 문장의 진짜 문제는 어디까지나 공급자의 입장으로 쓰였다는 점입니다. 고객이 경험하는 문제점과, 우리가 제공하고자 하는 가치가 빠져 있습니다. 반면 두 번째 문장은 방법을 서술하지 않았습니다. 그리고 문장의 숨은 주어는 고객입니다. 고객이 경험하는 문제와, 어떤 방식이 될지는 모르지만 우리가 제공하고자 하는 가치가 포함되어 있습니다. 정확히 '문제'를 정의했습니다.

 일 잘하는 사람을 일컫는 이른바 '알잘딱깔센(알아서 잘 딱 깔끔하고 센스 있게)'이라는 말에는, '적당히 얘기해도 알아서 잘 알아듣고 걸러 듣는다'는 점도 포함되는 것 같습니다. 그런데 팀원과 다른 이해관계자들을 모두 이해시키고 설득하고 조율해야 하는 프로덕트 매니저에게는 이런 태도가 어쩌면 직무 유기일지도 모른다는 생각이 듭니다. 무엇보다 동료 디자이너나 개발자가 알아서 잘 알아듣고 걸러 듣는 데에 쓰는 노력과 시간마저 아끼는 게 팀과 제품, 프로덕트 매니저에게도 가장 이롭지 않을까요?

Q2: 쏟아지는 VoC는 어떻게 대처해야 할까?

대학원에서 조교로 근무한 적이 있습니다. 입학 시즌이 되니 입학을 희망하는 분들의 문의부터, 학기 중의 재학생 문의까지 모두 뒤섞여 정신이 없었습니다. 접수된 입학 서류를 분류하고 빠진 것은 없는지 확인한 뒤 교수님들께 전달하는 일은 결국 야근으로 해결했습니다. 공공기관에서 인턴을 할 때에도 마찬가지였습니다. 분명 부탁받은 업무가 있는데, 민원인을 도와주고 나니 하루가 모두 지나가버리기도 했습니다. 이처럼 고객의 문의나 불편사항 접수, 즉 VoC Voice of Customer는 때로는 원래의 중요한 업무를 지연시키기도 합니다.

물론 학교나 공공기관의 민원 부서는 이러한 문의나 불편사항을 해결하는 게 가장 주요한 과제일 수도 있습니다. 그런데 프로덕트 매니저나 기획자는, 비록 제품의 운영을 함께 고민하고 해결해야 할 때가 분명 있을지라도, VoC를 해결하는 게 핵심 목표는 아닙니다. 저 역시 여러 곳에서 운영과 고객 대응 업무를 경험하며 '고객이 가장 중요하다', '고객지향' 같은 말을 들으며 일을 배웠기에, 프로덕트 매니저의 관점으로 다음과 같이 VoC를 바라보기까지 시간이 걸렸습니다. 만고불변의 정답은 아니겠지만 기획 외에도 운영까지 겸하게 될 분들을 위해 나름대로 고민한 결과를 공유합니다.

1 핵심 고객의 문제
2 핵심 가치를 저해하는 문제
3 핵심 고객이 되는 걸 저해하는 문제
4 많은 이들이 반복적으로 겪는 문제

고객은 분명 모두 소중합니다. 그러나 고객이 수천, 수만 명을 넘어가는 순간 모든 고객이 똑같이 소중할 수는 없습니다. 선택과 집중을 할 수밖에 없습니다. 그래서 고객을 세그먼트로 나누는 거죠. 정해진 시간과 돈으로 한 세그먼트의 문제만 해결해야 한다면 우리에게 더 중요한 고객, 핵심 고객의 문제를 해결하는 게 유리할 겁니다.

핵심 고객의 구체적인 기준은 제품과 서비스마다 다릅니다. 그러나 그로스와 퍼널의 개념을 더해 생각해보면, 제품의 퍼널 끝까지 도착해 제품을 구매하거나 반복 구매한 고객, 우리가 제공하고자 하는 가치를 제공받아 핏이 맞는 고객이 핵심 고객입니다. 식당 앞을 기웃거리다 돌아간 고객과 어쩌다 한 번 방문해 먹고 가는 고객, 매주 주말이면 방문하는 고객, 그것도 모자라 친구와 가족까지 소개해주는 고객 중 당연히 가장 마지막의 고객입니다.

다만 핵심 고객이 이야기하는 문제라고 해서 모두 동등하게 중요한 건 아닙니다. 핵심 고객들 가운데에도 서로 상충하는 이야기가 나오거나 너무 다양한 문의나 요구가 나온다면 그중 무엇을 먼저 해결해야 할까요? 이 경우엔 제품의 핵심 가치와 직결되는 문제가 우선이라고 생각합니다. 핵심 가치를 받기 위해 고객은 우리 제품과 서비스를 이용하고, 핵심 가치를 경험하는 퍼널까지 도달한 고객이 핵심 고객이니까요.

혹시 고객의 입장에선 문제가 되지 않을까 걱정이 될 분들을 위해 예시를 들어보겠습니다. 제기 자주 가는 라멘 가게가 있습니다. 평일 점심에도 방문하고, 데이트 저녁 식사를 하러 방문하기도 합니다. 친구들에게도 소개해줬고, 한 시간 남짓한 대기도 감내하고 방문할 정도로 좋아하는 가게입니다. 세그먼트를 나눠본다면 저는 높은 확률로 핵심 고객일 겁니다. 자주 가는 이유는 분명합니다. 육수와 면, 차슈와 야채 중 무엇 하나 아쉬운 게 없기 때문입니다. 라멘으로서의 가치가 탁월합니다. 심지어 이 가게만의 특색 있는 육수라 차별성까지 갖췄습니다. 그런데 방문할 때마다 하이볼이 아쉽습니다. 조금 더 위스키를 진하게 넣고 조금만 더 시원하면 금상첨화일 것 같습니다. 그러나 하이볼이 아쉽다고 해서 떠나진 않습니다. 라멘이 좋아서 가는 거니까요. 모두 비슷한 경험을 해봤을 겁니다.

그러나 제품과 서비스가 성장하기 위해선 현재의 핵심 고객만을 대상으로 제품을 개선하고 문제를 해결할 수는 없습니다. 더 많은 이들이 핵심 고객이 되도록 만드는 게 우리의 목표입니다. VoC로 접수된 문제 역시 이 관점에서 바라본다면, 핵심 직전의 고객이 핵심 고객이 되는 걸 저해할 만한 요소, 또는 제품의 마지막 퍼널에 가닿는 과정을 저해하는 요소를 해결하는 게 그다음으로 중요합니다. 제가 방문하는 라멘 가게를 다시 예시로 들면, 라멘은 너무 마음에 들지만 대기줄이 길고 장소가 너무 춥거나 더운 게 재방문이나 추천을 꺼리는 이유가 될 수도 있습니다. 그래서인지 실제로 언제부턴가 가게 앞 대기 장소에 천막이 생기고 작지만 의자도 몇 개 생겼습니다.

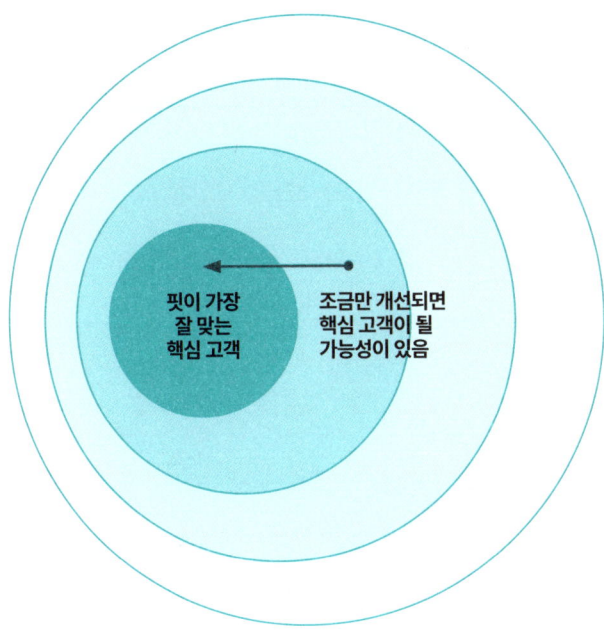

조금만 노력하면 핵심 고객이 될 가능성이 있다면 놓칠 필요는 없을 겁니다.

마지막으로, 많은 이들이 반복적으로 경험하는 문제입니다. 이제 막 출시한 제품과 서비스가 아니라면야 고객의 대부분은 핵심 혹은 그 언저리의 고객이 아닌 일반 고객입니다. 어쩌다 한 번 방문할 수도 있고, 핵심 가치와는 다른 이유로 방문할 수도 있습니다. 이들 모두가 핵심 고객이 되길 바라는 건 욕심일 수 있지만, 그렇다고 해서 방치할 이유는 없습니다. 여력이 된다면 이런 대다수의 고객이 경험하는 편함, 그중에서도 빈도가 잦은 것들은 분명 우선순위가 될 수 있는 것 같습니다. 특히 결제나 로그인과 같이 제품과 서비스를 막론하고 필수적으로 구현되는 부분은 더욱 민감합니다. 핵심 고객이 단 한 번의 로그인 오류로 떠날 일은 없겠지만, 로그인 때마다 오류를 경험하면서까지 오래 남을 서비스는 드물 겁니다. 아무리 맛이 좋고 차별성이 있는 식당이라도 점원이 불친절하면 떠나는 것처럼요.

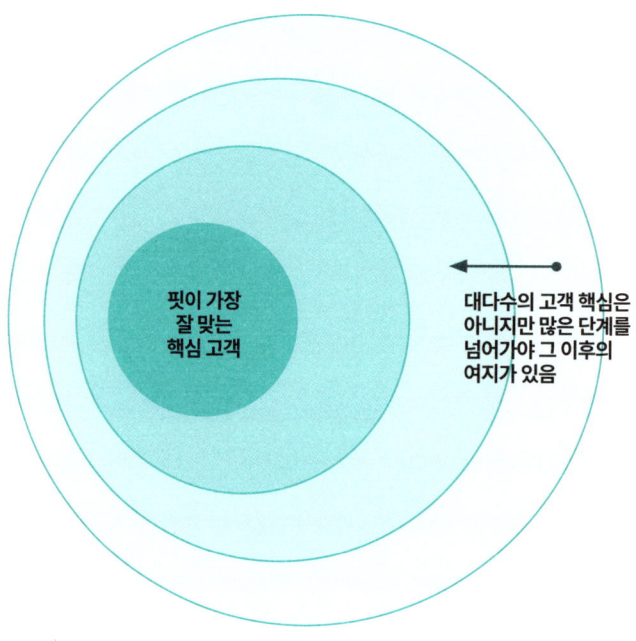

최우선순위는 아니지만 핵심이 개선되고 나면 남은 일은
나머지 고객을 핵심 고객이 될 수 있도록 불편함을 없애고 가치를 전달하는 것입니다.

돈도 시간도 많다면 그 어떤 고민도 할 필요가 없을 겁니다. 혹은 너무나 고도화되고 잘 알려진 서비스라서, 세그먼트를 막론하고 자잘한 오류나 실수마저 용납되기 어렵거나 파급력이 너무 클 수도 있습니다. 그때가 되면 VoC를 대하는 저의 고민과 노하우 역시 바뀔지도 모르겠습니다. 그때에도 분명 우선순위는 있을 겁니다. 그리고 여러분도 각자만의 우선순위를 찾아가게 될 겁니다.

Q3:
어떤 문제를 해결해야 할까?

제품과 서비스는 사용자 또는 고객이 자신의 문제를 해결하는 수단입니다. 프로덕트 매니저로서 우리는 사용자가 문제를 해결하는 걸 도와줘서 비즈니스의 문제를 해결하고 목표를 달성합니다. 프로젝트가 진행되는 동안에는 팀원의 문제를 해결합니다. 이러나저러나 프로덕트 매니저는 문제를 해결하는 사람입니다.

문제는 늘 다양합니다. 문제 하나를 해결하면 다른 문제 하나가 찾아옵니다. 때론 해결한 줄 알았던 문제가 해결되지 않는다는 사실을 발견하기도 합니다. 문제라고 생각했던 게 문제가 아니기도 합니다. 더 나아가 때로는 도대체 문제가 무엇인지도 모를 때도 있습니다.

그러나 그 사이에도 시간은 흐르고, 우리의 비용과 시간은 늘 한정되어 있기에, 대체 어떤 문제를 어떻게 찾아 무엇부터 어떻게 해결해야 할지 막막하기만 합니다. 그래서 아래와 같은 고민을 하게 됩니다.

1 문제를 어떻게 발견할 수 있을까?
2 현상과 원인을 어떻게 구분할 것인가? 진짜 문제는 무엇인가?
3 어떤 문제를 '먼저' 해결할 것인가? '얼마나' 해결할 것인가?
4 이 문제를 해결하기 위해 먼저 해결해야 할 문제는 없는가?

우선 문제는 어떻게 발견할 수 있을까요? 또는 발견한 문제가 진짜로 문제가 맞다는 걸 무엇으로 확인하거나 증명할 수 있을까요?

어떤 문제는 주요 지표의 하락, 반복적으로 쏟아지는 고객 문의 등을 통해 직접적으로 나타납니다. 그런데 단기간에 직접적으로 나타나지 않는 문제도 있습니다. 그래서 지금은 아무런 '문제가 없는 것 같지만 언젠가 부채가 쌓여 되돌아오기도 합니다. 지표가 몇 달째 하락 중이었는데 나중에 가서야 뒤늦게 알아차리기도 하죠.

그런데 고객이 꼭 직접 불만을 토로하는 것도 아닙니다. 고객에게 물어봐도 "별 불만 없는데요."라고 답할 수도 있습니다. 혹은 소리 소문 없이 다른 제품과 서비스로 넘어갈 수도 있습니다. 모든 문제를 직접적인 지표의 하락, 또는 VoC의 발생만으로 발견하는 데는 한계가 있습니다.

전환율의 감소 혹은 매출액의 감소처럼 당장 눈앞의 숫자로 문제가 나타났다고 하더라도, 이는 어디까지 현상 또는 결과일 뿐입니다. 진짜 문제는 전환율과 매출액을 감소시킨 원인입니다. 이 경우 우리가 해야 할 일은 '무슨 수를 써서라도 지표를 다시 올린다'가 아니라, '지표를 떨어뜨린 요인을 찾아 개선한다'에 가깝습니다. 너무나 당연한 이야기인가요? 그러나 이렇게 당연한 이야기가 때로는 가장 적용하기 어렵습니다.

만약 네이버 지식IN 서비스에서, 질문을 작성한 이들을 대상으로 고객 조사를 했다고 가정해봅시다. 그리고 고객 조사 결과 이들 중 상당수가 '답변의 퀄리티가 불만족스러워서' 더 이상 질문을 작성하지 않는다거나 다른 서비스로 이탈했다고 합니다. 그러면 우리가 풀어야 할 문제는 '질문을 작성하지 않는다'가 아니라 '질문에 달린 답변의 퀄리티가 낮다'는 점일 겁니다.

정말 그럴까요? 어쩌면 이 역시 현상이자 결과가 아닌가요? 애초에 답변을 작성하는 이들은 그럼 왜 퀄리티가 낮은 답변을 작성할까요? 퀄리티가 낮으면 채택을 받지 못하고, 내공을 받지 못할 걸 알고 있으면서도 왜 그렇게 행동한 걸까요? 어쩌면 정말 문제는 답변을 작성하는 과정에서의 UI/UX가 너무 불편하여 일정 수준 이상의 글을 작성하기 어렵거나, 혹은 오히려 질문자의 질문이 두루뭉술하거나 애매모호한 건 아닐까요? 진짜 문제는 거기에 있는 게 아닐까요? 이처럼 숫자로 드러난 사실 이면에도, 현상과 원인을 발라내고 진짜 문제를 찾는 문제가 남아 있습니다.

이렇게 발견하고 정의한 문제들은 한두 가지가 아닙니다. 제품과 서비스가 크고 복잡할수록, 이렇게 발견하고 정의된 문제들이 백로

그로 쌓여 있을 겁니다. 해야 하는 것과, 해달라는 것과, 하고 싶은 것, 급한 것과 덜 급한 것, 중요한 것과 덜 중요한 것이 뒤섞입니다. 산적한 문제 중 무엇을 먼저 해결할지 고민하게 됩니다. 또한 그 문제를 과연 '얼마나' 해결할지 고민하는 일도 생깁니다. 1단계부터 3단계까지 있으면 이번에 꼭 3단계까지 한 번에 가야 할까요? 1단계까지만 빠르게 해결하면 안 될까요? 모든 문제를 동시에 해결할 수는 없습니다. 그리고 모든 문제를 마지막 단계까지 100% 해결할 필요도 없습니다.

혹은 그 문제를 풀기 위해 먼저 해결해야 할 문제는 없을까요? 건강한 사람이 운동을 하기 위해 필요한 건 마음가짐과 적절한 운동복 정도지만, 큰 수술을 받은 환자가 운동을 하기 위해 필요한 건 우선 적절한 영양분 섭취와 상처의 회복, 재활 치료일 것입니다. 제품을 개선하기 위해 우선은 기술 부채를 해결해야 할 수도 있습니다. 새로운 제품을 기획하여 추가하기 전에 먼저 현재 제품의 정책을 정리한 문서부터 만들어야 할 수도 있습니다.

아쉽게도 제가 던진 질문에 정답은 없습니다. 매번 상황은 다를 겁니다. 다만 이런 고민에 나름의 답을 찾아가며 저는 성장하고 있고, 여러분 역시 이런 고민을 통해 성장하게 될 겁니다. 각자의 답을 찾아갈 수 있기를 응원하겠습니다.

Q4:
제너럴리스트의 전문성은 무엇일까?

이른바 제너럴리스트는 특정 분야의 전문가에 비해 인식 혹은 대우가 아무래도 부족하다는 생각을 종종 하는 것 같습니다. 그리고 이런 고민은 비단 '이런 일 저런 일을 다 한다'고 하는 스타트업 재직자의 불평만은 아닌 것 같습니다. 기업의 유형과 규모를 막론하고, 대부분의 일반 사무직이라면 스스로를 제너럴리스트라고 표현하거나 혹은 "저도 제가 무슨 일을 하는지 모르겠어요."라며 한탄하기도 합니다. 직장의 동료들, 친구나 선후배들도 그렇습니다.

"저는 전문성이 없어요."
"이 일은 가르쳐주면 아무나 다 할 수 있어요."
"이 일 저 일 다 해서, 제가 뭐 하는 사람인지 모르겠어요."
"잡부죠, 그냥."

학창 시절부터 대학 생활까지 돌이켜보면, 우리가 받은 교육은 모두 전인(全人) 교육이었습니다. 그런데 대학 졸업장을 따는 순간부터는 급작스레 (준)전문가가 되라고 합니다. 좋은 대학에 가려면 국어, 수학, 영어, 과학, 사회, 음악, 체육, 미술까지 모두 잘하라고 하고, 대학에서는 전공 외에도 이중 전공과 부전공, 필수 교양을 요구했지만,

취업을 준비하는 때에는 갑자기 어떤 분야에 전문 역량이나 경험이 있느냐고 묻습니다.

그래서인지 우리는 늘 정체도 모호한 '전문성'이라는 것에 늘 목이 마른 것 같습니다. 불안한 마음에 퇴근 후에는 자격증이나 학위, 또는 특정 기술을 탐색합니다. 그것만 있으면 커리어의 많은 고민이 해결될 거라고 믿습니다. 또는 성공 내지는 더 많은 보상이 뒤따를 거라는 기대도 하면서요.

IT 분야의 프로덕트 매니저를 비롯해 개발자와 디자이너, 데이터 분석가 등의 직무로 취업하거나 직무를 전환하길 희망하는 분들이 많습니다. 그런데 그 가운데 프로덕트 매니저 또는 기획자만 제너럴리스트입니다. 구체적인 기술이나 도구를 필요로 하는 일이 상대적으로 드물고, 문서 이외에는 눈에 보이는 결과물을 내놓는 일 역시 드뭅니다. 저 역시 프로덕트 매니저로 직무를 전환하며 가장 자주 접했던 후기 혹은 경험담 역시 제너럴리스트로서의 고민이었습니다.

이런 농담을 들은 적도 있습니다. "선생님 옆에 있는 디자이너님이 가설도 세우고, 문제 정의도 하면 기획자는 필요 없어질 수도 있어요. 기획자란 게 그런 거예요." 무슨 말인지 이해했습니다. 그런데 그러면서도 의아했습니다. 애초에 프로덕트 매니저가 하는 일이 무엇이길래 디자이너도 할 수 있을까요. 디자이너가 할 수 있다면 개발자도 할 수 있고, 분석가도 할 수 있고, 운영이나 사업개발에서도 모두 할 수 있지 않을까요? 아주 소수의 도제식 직업을 제외하고는 모든 일이 다 '남들도 다 할 수 있는 일' 아닐까요? 배우면 되니까요. 세상에 배워서도 할 수 없는 일이란 없으니까요.

비단 이 책에서 제가 하는 이야기가 아니더라도, 이미 온라인에는 프로덕트 매니저의 역할이나 필요 소양과 능력에 대한 글들이 차고 넘칩니다. 저마다 세부적인 경험이나 메시지는 다르지만, 프로덕트 매니저가 제너럴리스트라는 데에는 이견이 없는 것 같습니다. 이것도 잘해야 하고, 저것도 잘해야 합니다. 비즈니스의 이해, 고객의 이해, 제품과 서비스의 이해, 제품의 기획, 프로젝트 관리, 커뮤니케이션, 데이터 문해력 또는 기초적인 분석, 리더십 등. 그런데 이런 능력이나 소양 중 그 어느 것도 '전문' 영역이 아닙니다. 국가 공인 자격증이 발급되거나, 학위로 증명할 수 있는 일도 아닙니다. 특정 도구로 보여줄 수 있는 일도 아니고, 포트폴리오에 담아내기도 어렵습니다.

이러한 제너럴리스트의 능력과 소양은 구조화된 형식으로 단기간에 가르칠 수 있는 것이 아닙니다. 구조화된 것은 쉽게 증명할 수 있지만, 따라 하는 방법이 정해져 있습니다. 구조화되지 않은 것은 증명하기 어렵지만 따라 하기도 어렵습니다. 누군가가 목차를 알려주고, 내용을 설명해주고, 기출문제 풀이나 해설 강의를 해주지 않으니까요. 오로지 자신의 학습력과 논리력, 이를 이어가게 할 성실성, 의지 혹은 끈기를 통해서만 천천히 쌓을 수 있는 능력입니다.

이런 학습력과 논리력, 성실성과 의지는 어떤 식으로도 배우거나 따라 할 수 없는 영역이라고 생각합니다. 어쩌면 이렇게 '제너럴'한 영역의 일을 일정 수준 이상으로 하고 있다는 것 자체가 하나의 능력이라고도 생각합니다. 오늘도 제너럴리스트로 일을 하는 모두가, 혹은 그렇게 될 여러분이 특정 기술을 갖고 있지 않다고 해서 스스로를 낮게 보진 않길 바랍니다. 저 역시 스스로에게 다짐합니다.

Q5: 기획자에게 좋은 질문은 어디에서 생겨날까?

처음 커리어를 시작할 때에 일을 알려줄 사람이 없었습니다. 말 그대로 단 한 명도 없었습니다. 겉으로 보기에는 꽤 번듯한 조직이었지만 홀로 방치되었습니다. 책임은 막중한데 알려주는 사람도 도와주는 사람도 없이 주먹구구식으로 일을 배웠습니다. 그래서 그 즈음에는 '기획'이라는 것에 목이 말랐습니다. 그 비결만 알면 일이 일사천리로 해결되어서 어떻게든 이 답답하고 막막한 상황을 타개할 수 있을 것 같았습니다.

그래서 시중에 나온 책 중에서 '기획'이라는 단어가 들어간 책이라면 모두 모았습니다. 사례도 다르고, 문장도 달랐지만 핵심은 모두 비슷했습니다. 배경과 맥락, 목적을 생각할 것. 이 일을 왜 하는지 그 이유를 고민할 것. 어떤 이는 이를 컨설턴트식 사고 방식이라고도 했고, 어떤 이는 이를 논리적인 사고, 그중에서도 연역적인 사고라고 했습니다. 그런 책들을 읽다 보니 어느새 저에게는 '기획자의 사고 = 논리적 사고 = 연역적 사고'라는 믿음이 생겨버렸습니다. 기획자라면 연역적으로 사고해야 하고, 논리적인 사고란 건 오로지 연역적인 사고라고 생각했습니다. 연역적이지 않은 모든 것들은 논리적이지 않다고도 생각했습니다. 그런데 과연 이 세상 모든 것들이 연역적으로 분석될 수 있을까요? 연역적이지 않은 것은, 귀납적인 것은 비논리적인 것일까요?

사실 사전에서 어디를 뒤져봐도 '귀납적 사고'라는 말에 '비논리적'이라는 설명은 덧붙이지 않습니다. 연역적 사고는 가설을 세워 이를 검증하는 과정이고, 귀납적 사고는 우리가 목격한 현상을 바탕으로 어떤 법칙이나 패턴을 발견해나가는 방법입니다. '모든 까마귀는 검은색일 것이다.'라는 가설을 세워 까마귀의 색깔을 비교 대조하여 가설을 검증하면 연역적 방식이고, 온 세상의 모든 까마귀를 찾아다닌 다음 '까마귀는 까맣다.'고 결론을 내리면 귀납적인 방식입니다. 다만 비즈니스 환경에서 기획자에게 연역적인 사고를 요구하는 이유는, 그게 더 빠르기 때문입니다. 우리에게 늘 시간은 부족하고, 어느 정도 틀리는 건 감안할 수밖에 없으니까요.

그럼 기획자에게 좋은 질문이란 어디에서 생겨날까요? 문제의 본질에 가닿고, 현상을 꿰뚫는 날카롭고도 적절한 질문은 어떻게 하면 만들어낼 수 있을까요? 애초에 질문이란 어디에서 오는 걸까요? 질문을 하기 위해서는 무엇이 필요한가요? 질문은 "유레카!" 하는 함성과 함께 갑자기 나타날 수 있는 것인가요?

기획을 위한 영감과 가설은 평소의 경험에서 옵니다. 경험은 평소의 관찰을 통해 보고 듣고 느끼며 쌓여갑니다. 보고 듣고 느끼려면 무엇을 보고 듣고 느끼고자 하는지 알아야 합니다. 그러나 처음에는 대체 어디를 봐야 할지, 무엇을 듣거나 느껴야 할지 알지 못합니다. 그래서 다소 중구난방이지만 관찰하는 대상이 지엽적이거나 넓거나 깊거나 얕아지기도 합니다.

그 시간이 일단 관찰을 시작하는 '귀납의 시간'입니다. 그 질문이 번뜩이거나 날카롭지 않을지언정 무엇을 질문해야 할지 알기 위해 우선 무엇이든 그러모으는 시간인 겁니다. 레고 블록을 처음 쥔 아이가 무엇을 만들고 싶은지 알기도 전에 레고는 어떻게 조립이 되는지, 왜 어떤 조각과 어떤 조각은 맞지 않는지부터 경험하는 것과도 같습니다.

기획자로서 여러분이 무엇을 봐야 할지 모르겠다면, 일단 무엇이든 봐도 좋습니다. 그 어떤 추리 소설의 주인공도 범행 현장에 들어서자마자 "나의 가설은 이거야!"라고 외치지는 않았을 것입니다.

이건 비단 기획에만 국한되는 게 아닙니다. 우리의 일상이 그렇습니다. 커피에 특별한 취향이 없는 사람이라면 동네 커피부터 마셔보면 됩니다. 몇 번의 허탕과 만족 끝에, 자신의 취향이 크림 커피임을 알 수도 있으니까요. 영화에 특별한 선호가 없는 사람이라면 영화관에서 블록버스터부터 보면 됩니다. 그러다 폭격과 잔해가 난무하는 장면이 싫어 찾아간 독립극장에서, 어쩌면 우디 앨런의 낭만적이면서도 알맹이 없는 서사에 흠뻑 빠진 자신을 발견할지도 모릅니다. 그 뒤에야 비로소 날카롭고도 분명한 질문을 던지게 될 겁니다. '디저트용 크림 커피를 만들기에 적절한 원두의 종류와 원액 추출 압력 및 온

도는 무엇인가?', '블록버스터에 대비되는 독립영화로서 가져야 할 좋은 서사의 힘이란 무엇인가?'

무엇을 질문해야 할지는 몇 번의 허탕과 실패의 경험 끝에야 비로소 알게 됩니다. 우리는 그런 뒤에야 '좋은' 질문을 생각할 수 있습니다. 귀납도 논리입니다. 그래서 기획자에게는 귀납의 시간이 필요합니다.

> Q6:
> 나는 과연 잘하고 있을까?
> 자라고 있을까?

스스로가 과연 '잘하고 있나?'라는 의문이 들 때가 있습니다. 스타트업에서 커리어를 시작한 탓에 혹은 사수 없이 성장해 그런 고민을 더 하게 되는 것 같기도 합니다. 보고 배우는 선례도, 물려받은 지식과 경험도 없이 바닥부터 시작했습니다. 남들이 이미 다 알고 시작하는 걸 때론 뒤늦게야 알았다는 걸 깨달았을 때의 허무함은 너무나 컸습니다. 또는 과연 제대로 된 방향으로 나아가고 있는지 알 수 없어서, 그저 땅을 짚고 헤엄을 치는 것 같은 때의 답답함은 너무나 깊었습니다.

어떤 때에는 자신감과 자격지심이 교차 반복합니다. 무엇인가를 알게 된 것 같던 순간이 지나가면, 아무것도 모르는 것 같은 순간이 찾아옵니다. '할 수 있다'는 생각과 '막막하다'는 생각이 뒤섞입니다.

이런 답답한 시기의 한 중간에는 '잘하는 건 고사하고 과연 자라고 있기는 한 건가?'라는 질문마저 떠오릅니다.

잘하고 있나? 자라고 있나? 유치한 말장난 같지만 실은 제법 깊고 무거운 질문입니다. 분명 저의 삶을 거리를 두고 관망하거나 꽤 긴 시간이 지나 뒤돌아보면 우리는 분명 자라나 있을 겁니다. 그런데 그게 꼭 '지금' 잘하고 있다는 의미는 아닌 것 같아서, 그 간극이 저를 종종 괴롭힙니다.

그러다 얼마 전, 한 유튜브 영상에서 이런 이야기를 들었습니다. "우리가 늘 바쁠 거라고 생각하는 일개미들도 대부분은 놀고 있어요. (…) 그러니까 내가 지금 다니는 회사에서 잘하고 있는지 너무 신경 쓰지 말고, 내가 자라고 있다면 계속 다니면 됩니다." 일개미에 대한 우리의 환상과 실상의 차이에 대한 설명이었습니다. 우리가 매 순간 부지런히 일하며 성과를 낼 거라고 생각하는 일개미도 실은 상당수가 가만히 대기 중이라고 합니다. 이를 우리의 커리어에 비유하자면, 조직에는 지금 잘하는 사람도 있고, 그렇지 않은 사람도 있는 게 당연하다는 이야기로 이어졌습니다.

이런 글을 쓰고 있는 저 역시 늘 커리어에 대해 고민합니다. 너무나 잘하는 프로덕트 매니저라 이 글을 쓰게 된 게 아니라, 이런 시행착오나 뒤늦은 깨달음을 여러분은 부디 겪지 말고 더 빨리 배우길 바라는 마음에 쓰는 거니까요. 그래서 블로그에 글을 쓰고, 기고를 하고, 강의를 하거나 멘토링을 하면서도 저 역시 마음 한 구석이 종종 무겁고 불편했습니다. 이런 자리에서 여러분에게 제가 알고 있는 걸 나눌 만큼 성장한 것도 맞지만, 그게 지금 매 순간 '잘하고 있다'와 동의어는 아니었으니까요. 그러나 일개미의 이야기를 듣고는 마음이 조금 가벼워졌습니다. '자라고 있다면 일단 되었다. 배운 게 있다면, 깨달은 게 있다면, 그게 무엇인지 설명할 수 있다면, 나는 분명 자라고 있다. 그거면 우선 된 거다.'라는 생각이 들었습니다.

생각해보니 '잘하고 있는가?'라는 질문의 답은 늘 과거와 현재에 관한 이야기입니다. '이전에 잘했는가?' 혹은 '지금 잘하고 있는가?' 라는 질문이니까요. 그런데 여기에 미래는 없습니다. 반면 '자라고 있나?'라는 질문은 현재를 너머 미래를 점치는 이야기가 됩니다. 여기에는 번듯한 결과물이나 성취에 관한 이야기는 없지만, 성장은 늘 미래를 기약하니까요. 그리고 우리의 삶은 지나온 과거나 현재만큼이나 미래 역시 중요합니다. 이러나저러나 우리는 늘 미래를 향해 나아가고 있으니까요. 아무리 어제와 오늘이 쌓여 내일을 만든다고 하지만, 어제와 오늘은 어쨌든 지나가버렸고 그건 우리가 이제 어찌할 수 없으니까요.

물론 이상적으로 잘하는 것과 자라는 것은 그리 다르지 않을 수도 있다는 걸 알고 있습니다. 잘하면 그 끝에 배우는 게 있어 자라게 되고, 자라게 되면 배운 걸 이용해 잘하게 될 겁니다. 닭과 달걀의 문제입니다. 그러나 우리의 커리어의 현장에선, 그 둘 사이에 종종 간극이 생깁니다. 그건 너무 당연한 이야기지만, 그럼에도 이 사실이 우리를 괴롭힐 때면, 일개미의 이야기와 함께 종종 떠올렸으면 합니다. '일단 자라고 있다면 그걸로 된 거다'라는 사실을요.

Q7: 지금의 고민이나 어려움이 과연 계속될까?

프로덕트 매니저는 외로운 직무라는 생각을 하곤 합니다. 다른 직무에 비해 프로덕트 매니저는 상대적으로 소수 직무입니다. 대부분의 회사에서 사업개발과 운영, 개발이 가장 많은 인력을 차지합니다. 디자인과 콘텐츠, 마케팅 관련 직무가 그 뒤를 잇습니다. 이런 모두를 조율하며 제품과 서비스를 담당하는 프로덕트 매니저는 제품당 한 명만 있어도 됩니다. 물론 대기업 또는 이에 준하는 규모의 조직이라면 기획팀이 있고, 프로덕트 매니저의 매니저가 있을 수도 있지만, 아쉽게도 저는 경험해보지 못했습니다.

그래서 어려움에 부딪혔을 때, 방향과 목표를 정의할 수 없거나 분명히 할 수 없을 때에, 이를 해결하거나 도움을 얻는 일이 어려운 것 같습니다. 같은 고민을 같은 입장에서 나눌 수 있는 사람이 적으니까요. 직무가 다르면 이해관계와 고민의 방향이나 온도가 다를 수밖에 없으니까요.

그래서 처음 직무를 변경했을 때에, 새로운 회사로 옮겨왔을 때에, 퇴근길이면 생각과 감정이 요동치기도 했습니다. 어떨 때에는 다 안 것 같다가도, 며칠만 지나면 아무것도 모르는 것 같았습니다. 다 할 수 있을 거라는 자신감이 들다가도, 내가 할 수 있을지 모르겠다는 회의감에 빠지기도 했습니다. 이런 고민을 함께 나눌 사람이 없으니 더 일희일비하곤 했습니다.

통계학에는 '평균 회귀'라는 개념이 있습니다. 주사위를 던지면 어떤 때에는 6이 나오기도 하고, 어떤 때에는 1이 나오기도 합니다. 그런데 이 주사위를 무수히 많이 던지면, 결국 기댓값(평균)인 3.5에 수렴합니다. 어떨 땐 6이 나오고, 어떨 땐 1이 나오고, 또 어떨 땐 2, 3, 4, 5가 고루 나와서 결국엔 멀리서 보면 평균이 3.5라는 뜻입니다. 문득 우리의 일상과 커리어도 이와 마찬가지라는 생각이 들었습니다.

도저히 모르겠다고 생각했던 것도 어느새 자연스럽게 알게 되었습니다. 자신감이 없던 일도 이제는 그럭저럭 제법 할 줄 알게 되었습니다. 지금 우리가 던진 주사위는 자꾸만 1과 2를 반복하지만 결국은 평균으로 수렴하게 되어 있다는 생각은 우리에게 위안을 줍니다. 다음 번엔 5나 6이 나올 수도 있으니까요. 반면 어떤 때에는 다 알 것 같거나, 주변의 동료나 누군가가 괜히 못마땅하게 보이기도 합니다. 그런데 지금 우리가 던진 주사위가 5와 6을 반복하는 듯해도 결국에는 이 역시 평균으로 수렴하게 되어 있다는 사실은 우리에게 겸허함을 가르쳐줍니다. 다음 번엔 우리의 주사위가 1이나 2일 수도 있으니까요.

잠깐 평온하던 시기가 지나면 다시 정신없이 바쁜 시기가 찾아오고, 익숙한 일을 하다가도 마주해본 적 없는 새로운 문제를 맞닥뜨리게 됩니다. 처음 일을 시작했던 때였더라면 하루 종일 심란했을 텐데, 이제는 덤덤합니다. 모르면 물어보면 되고, 배우면 되니까요. 제가 지구를 구하는 제품을 만드는 것도 아니고, 제 실수 하나로 회사가 망하는 것도 아니니까요. 그리고 무엇보다도 지금 모르는 걸 영영 모를 만큼 바보는 아니니까요.

  그러니 프로덕트 매니저 또는 어떤 직무로 일하고 있든, 오늘의 실수와 후회로 일희일비하는 분들이 있다면 우리 평균 회귀를 떠올립시다. 모든 건 반복되면 끝내는 평균에 수렴합니다. 항상 잘난 사람도, 항상 못난 사람도 없습니다. 항상 성공하는 법도, 항상 실패하는 법도 없습니다. 저는 그렇게 믿습니다.

Q8:
프로덕트 매니저의 성공은 어디에서 올까?

  프로덕트 매니저로 제품팀에서 일을 하기 전까지 제 관심사는 오로지 제 자신뿐이었습니다. 운영을 하든, 운영 관리를 하든, 분석을 하든, 리서치를 하든, 필요한 결과물을 적정한 시간 내로 전달하거나 공유하기 위한 기술이나 노하우, 집중력 같은 데에 관심을 가졌습니다. 그렇게 나온 결과물이 좋으면 제가 잘하는 것이었고, 제가 잘하면 제가 내놓은 결과물이 좋았습니다. 다른 동료와의 협업도 있었지만, 다른 동료들이 잘하는 건 저와는 무관했습니다.

  그런데 프로덕트 매니저의 업무는 결코 혼자 완성되지 않습니다. 문제를 발굴하여 정의하고, 가설을 수립하고 목표를 세우더라도 그걸로 끝입니다. 제품팀이 하는 모든 일의 시작을 담당하고 제안하지만, 혼자서는 오로지 시작밖에 할 수 없습니다. 만들 수도 테스트해볼 수도 없으니까요. 그래서 머리로는 '프로덕트 매니저가 아무리 잘나 봐야 혼자 잘났다고 설치는 건 아무런 의미가 없다'는 걸 이해하고 있었습니다.

이걸 마음 깊이 체감하기까지 최소 1년은 걸린 것 같습니다. 팀의 인원은 동일한데 어느덧 더 많은 업무가 생겨나고 더 큰 목표를 향해 달려가야 했습니다. 프로젝트는 자꾸 지연되었고, 동료들의 업무 만족도가 줄어드는 게 보였습니다. 똑같은 열정과 노력으로 열심히 하는데 왜 그런 걸까 고민했습니다. 더 큰 목표를 달성하고 더 큰 문제를 해결하기 위해서는 이전과는 다른 방식과 프로세스가 필요하다는 걸 깨달았습니다. 백로그를 검토하는 방법을 바꾸고, 관성으로 진행하던 데일리 스크럼을 조금 더 문제 해결에 집중하게 바꾸고, 필요한 문서를 마련하고, 하나의 중요한 문제에 집중할 수 있도록 스프린트를 구성했습니다. 한동안 팀을 괴롭혔던 문제들이 해결되는 걸 목격하며 비로소 '내가 잘하는 게 아니라 팀이 잘하는 게 중요하다'는 사실을 몸과 마음으로 깨달았습니다.

화면 설계서나 PRD가 프로덕트 매니저와 기획자의 손을 떠나는 순간, 고객의 문제를 해결하고 가설을 검증하는 일은 대부분 동료 디자이너와 개발자에게 넘어갑니다. 기획은 어디까지나 시작이었고, 디자인과 개발은 과정이자 완성입니다. 의도한 제품이 의도한 품질로 의도한 시점에 출시되기까지는, 프로덕트 매니저나 기획자는 할 일이 없습니다. 다만 도울 뿐입니다. 나 혼자만이 아닌 동료와 팀이 잘해야 프로젝트가 잘 되고, 프로젝트가 잘 되어야 제품이 잘 되고, 제품이 잘 되어야 고객이 잘 되니까요.

  그 즈음 팀의 한 개발자가 본인이 담당한 프로젝트의 결과를 전사에 공유했습니다. 저는 딱히 실무에 참여한 바가 없는 프로젝트였지만 팀의 프로젝트였기에, 프로젝트의 배경과 목적, 결과 지표를 해석하고 정리하는 걸 도왔습니다. 그 후 발표를 보는데 이상하게 뿌듯하고 기쁜 마음이 드는 제 자신을 발견했습니다. 단지 팀원이 잘해서 프로젝트가 잘 되었을 뿐이었습니다. 다만 프로젝트가 잘 되니 결과물인 제품이 좋았고, 제품이 잘 되니 고객의 지표가 좋았습니다. 그리고 그 지표는 결국 저와 팀의 성공을 의미했습니다. 팀원의 성공이 팀의 성공이었고, 팀의 성공이 나의 성공이란 걸 실감했습니다.

  그렇게 깨닫고 나니 프로덕트 매니저로서의 전문성에 대해 불안해할 이유가 전혀 없다는 생각도 들었습니다. 기술을 몰라도, 화려한 포트폴리오가 없어도 우리는 매 순간 팀과 동료를 통해 실적과 포트폴리오를 쌓고 있는 셈이니까요. 내 손을 떠난 가설과 문서가 구체화되는 과정을 도와주고 조율하기만 하면 될 뿐입니다. 물론 어쩌면 이게 제일 어렵고 또 평생 키워가야 할 역량이겠지만, 한편으로는 이처럼 명확하게 알려진 성공의 노하우가 또 있을까 싶습니다.

Q9: 좋은 제품이란 무엇일까?

저 역시 아직 명확한 답을 모릅니다. 그런데 프로덕트 매니저에게 남는 최후의 질문은 결국 두 가지뿐인 것 같다는 생각을 합니다. '어떻게 하면 팀이 더 잘하게 도울 수 있을까?'라는 질문과, '좋은 제품이란 무엇일까?'라는 질문입니다. 애초에 고객의 문제를 해결하고 가치를 제공할 수 있는 제품을, 팀을 통해 만들고 개선해 나가는 직무니까요.

프로덕트 매니저로 합류하기 위한 여러 면접에서, 좋은 제품이란 무엇이겠냐는 질문을 몇 차례 받았습니다. 실은 그때나 지금이나 명확한 답을 모르겠습니다. 다만 관찰하고 고민할 뿐입니다. 나는 왜 이 제품을 구매할까? 왜 저 제품 대신 이 제품이었을까? 사람들은 저 서비스의 어느 부분에 열광하는 걸까? 이렇게 질문할 뿐입니다.

애초에 좋다는 건 무엇일까요? 너무나 훌륭한 맛을 자랑하는 식당이지만 이에 반비례해 셰프와 직원이 불친절하다면, 과연 그 식당은 좋은 제품 혹은 서비스를 제공한다고 할 수 있을까요? 흔한 맛에 위생도 조금은 걱정이 되지만 자주 찾아가게 되는 동네 떡볶이 가게의 비결은 무엇일까요? 겨울이면 붕어빵을 찾아 헤매는 이유는 붕어빵이 너무나 뛰어난 맛과 영양을 자랑하는 간식이기 때문일까요? 유명한 배우도, 극적인 서사나 연출도 없이 관객을 이끈 어느 영화의 비결은 무엇일까요? 무엇인가가 좋다는 건 그 범위와 깊이가 저마다 다르고 때마다 변해서, 저는 아직 어떤 제품이 좋다는 건 무엇을 의미하는지 명확한 답을 내리지 못했습니다.

또 그 좋음은 누구에게 해당하는 걸까요? 핵심 고객에게만 좋은 제품이라면 정말 좋은 제품일까요? 나머지 고객에게는 그저 그런, 또는 불친절한 제품으로 남아도 될까요? 혹은 핵심 지표에 부합하지 않는 요소라면 모두 버려도 되는 걸까요? 그런데 우리는 고객으로서 무엇인가에 진심인 브랜드나 서비스의 팬이 되곤 하지 않나요? 디테일에 반하고, 친절에 감동하지 않나요?

제가 일하는 회사는 공유 오피스에 입주해 있습니다. 건물주로부터 건물을 임차해 이를 나누어 재임대하고 월세의 차익을 수익으로 가져가는 비즈니스 모델의 특성을 고려하면, 공유 오피스의 핵심 지표는 공실률 또는 점유율과 계약 연장률일 겁니다. 그리고 핵심 고객은 저와 같은 개인 사용자가 아닌, 기업의 재무 담당자 또는 대표일 겁니다. 임대와 재임대를 결정짓는 의사 결정권자니까요. 그리고 이들에게 공유 오피스라는 제품의 가장 중요한 요소는 입지와 월세일 겁니다. 이러나저러나 이건 결국 사무실이니까요.

그런데 어느 날부터 라운지의 오후 선곡이 너무 좋아 며칠 동안 사무실 내부 대신 라운지에 나와 일을 하는 제 자신을 발견했습니다. 햇볕이 드니 자동으로 블라인드가 내려왔고, 나른할 멤버들을 위해 마련된 향이 좋은 티백을 발견했습니다. 업무 집중에 도움이 되는 분위기를 만들어주는 좋은 공간이자 서비스라는 생각이 들었습니다. 그런데 저는 분명 공유 오피스의 핵심 고객도, 의사결정에 영향을 주는 이해관계자도 아닙니다. 그럼에도 공유 오피스의 커뮤니티 매니저분들은 저와 같은 멤버들을 위해 잊지 않고 음악을 선곡하고, 해가 뜨면 블라인드를 치고, 소소한 이벤트를 마련합니다. 저와 같은 일반 직원들이 만족한다고 회사가 다음 번에도 계약하는 것도 아니지만, 그럼에도 이곳은 여전히 좋은 공간을 만들기 위해 노력한다는 인상을 받았습니다. 핵심 고객과 핵심 지표만 생각한다면, 과연 이런 노력과 비용을 들일 수 있을까, 내가 만약 공유 오피스의 프로덕트 매니저라면 이런 선택을 할 수 있을까 자문했습니다.

여러분도 저와 같은 고민을 하게 될 겁니다. 브랜드를 만들든, 서비스를 만들든, 콘텐츠를 만들든, 기획자라면 모두 좋은 걸 만들고 싶으니까요. 정체조차 모호한 '좋음'이라는 걸 나름대로 정의하여 구체화하는 과정에서, 낭만과 비즈니스, 욕심과 효율 사이에서 고민하는 게 기획자의 일이라는 생각도 문득 듭니다.

PART 03

프로덕트 매니저로 취업하기

그동안 부트캠프와 강의, 멘토링을 통해 다양한 분들을 만났습니다. 이제 막 대학 졸업을 앞둔 학생부터 어느 영역과 직무로든 업무 경험이 있는 분들, 그중에서도 IT와 관련된 직무로 일한 분들과, 예전의 저처럼 전혀 연관이 없는 분들에 이르기까지, 각자의 상황과 배경은 모두 달랐습니다. 프로덕트 매니저로의 취업이나 직무 전환을 희망하는 목적과 이해도 역시 달랐습니다. 그러나 캠프와 강의, 멘토링에 찾아온 마음만은 모두 동일했습니다. 이러나저러나 프로덕트 매니저로서 일하기를 희망했고, 이를 위해 구체적으로 무엇을 어떻게 준비해야 하는지가 가장 큰 관심사였습니다. 이 책을 찾아 읽는 여러분 역시 비슷할 거라고 생각합니다.

그래서 프로덕트 매니저로서의 취업 또는 직무 전환과 관련하여 그동안 자주 받은 질문 중 몇 가지를 추려 제 답변과 생각을 정리했습니다. 이 중에는 여러분이 기대한 답변도 있고 그렇지 않은 답변도 있을 겁니다. 여전히 고민되거나 어려운 부분도 있을 겁니다. 그러나 앞선 두 파트를 통해 프로덕트 매니저의 직무에 대해 이해하고, 업무에서 맞닥뜨릴 고민에 대해서도 미리 살펴보고 상상해봤다면 분명 원하는 결과를 얻을 거라고 믿습니다.

Q1:
관심 있는 산업이나 아이템이 없는데 어떻게 해야 할까요?

멘토링을 하다 보면 특정 산업 또는 아이템에 눈을 반짝이는 분들을 종종 마주합니다. 본인이 고객으로서 자주 사용하는 앱과 관련해서 두루두루 스터디를 완료한 분들도 있고, 어떤 산업이나 시장이 전도유망하다며 그곳에서 일하며 기획자로서 큰 성공을 거두고 싶다는 분들도 있습니다. 그런데 대부분은 아직 어떤 산업이나 아이템의 기획자 혹은 프로덕트 매니저로서 일해야 할지 모르겠다며 조언을 구합니다.

사실 저 역시 마찬가지였습니다. 기획자로서 부끄럽게도 저는 유행에 둔감하며 세상 돌아가는 데에 관심이 많지는 않습니다. 이른바 먹고 마시고 소비하는 행위에 큰 관심이 없습니다. 지하철을 20분 이상 탈 일이 생기면 책을 가져와 읽고, 퇴근해서는 관심 분야를 공부하고 강의를 듣고, 이해한 걸 정리한 뒤 글을 씁니다. 책은 여전히 종이책을 사서 읽고, 오디오북이나 전자책을 이용해본 적이 없습니다. 사교 활동으로는 독서 모임과 글쓰기 모임에 참여하고, 유튜브의 구독 목록 중 절반 가량이 과학 및 교양 관련 채널입니다. 어떤 유형의 사람인지 느낌이 오지 않나요? 세상 돌아가는 데 도통 관심이 없이 자기 할 일만 하며 살아가는, 그것도 철 지난 아날로그 방식으로 하며 살아가는 사람입니다. 그런 저도 서비스를 기획했고, 프로젝트를 관리했고, 프로덕트 매니저로서 고객의 문제를 생각하고 있습니다.

뛰어난 기획자 혹은 유명한 제품을 출시하는 기획자는 세상에서 사람들이 무엇에 관심이 있고, 어느 시장에 돈이 흐르고 있는지 알아야 할 겁니다. 거기에 기회가 있고, 사람들이 경험하는 아쉬운 점과 불편한 점이 있고, 이를 해결하기 위해 기꺼이 돈을 지불할 의향이 있는 예비 고객이 있으니까요. 그런데 이런 통찰은 어느 날 갑자기 생기는 것도 아닌 것 같습니다. 통찰이 생기려면 관심도 어느 정도 있어야 하는데, 없는 관심이 의무감으로 갑자기 생겨날 리도 만무합니다. 관심은 때로 우연처럼 생겨나고, 통찰은 관심과 노력이 긴 시간 어우러진 뒤에야 생깁니다. 이제 막 취업을 준비하거나 더 늦기 전에 직무를 전환하려는 주니어 레벨의 현직자에게는 어려운 일입니다.

그래서 저는 지금 관심 있는 산업이나 아이템이 없어 고민한다는 분들께, 산업과 아이템에 상관없이 프로덕트 매니저 또는 기획자로서의 기본 역량 자체를 키울 수 있는 곳에서 우선 시작해도 된다고 말합니다. 이유는 간단합니다. 관심은 억지로 만들 수 없고, 특정 분야에 먼저 관심을 갖고 지켜본 다른 사람들을 갑자기 따라잡을 수도 없으니까요. 그리고 무엇보다 기본 역량이 탄탄해지면, 산업과 아이템을 바꿔 이직할 수 있으니까요. 고객으로서 특정 제품과 산업에 푹 빠져 눈을 빛내는 지원자는 멋지지만, 기본 이해가 없다면 기획자가 아닌 고객일 뿐입니다. 반면 특정 산업이나 제품의 팬은 아니지만 고객과 가설, 제품과 서비스에 대한 탄탄한 이해를 바탕으로 착실히 기본기를 다져온 지원자라면, 마주한 문제를 잘 해결할 수 있는 기획자로 보일 겁니다. 좋은 기획자는 고객을 잘 이해하지만, 좋은 고객이라고 해서 좋은 기획자가 되는 건 아닙니다.

무엇보다 시작해보기 전까지는 아무도 모릅니다. '나는 어떤 산업이나 아이템에 관심이 없다.'라는 것 역시 가설입니다. 일단 어느 산업이나 아이템에서 일을 시작해 그 가설을 검증해야 합니다. 물론 여전히 관심 있는 분야를 찾지 못할 수도 있고, 반대로 생각보다 그 산업과 아이템에 많은 재미를 느낄 수도 있습니다. 이를 바탕으로 해당 산업과 아이템에 남을지, 혹은 다른 산업과 아이템으로 변화를 시도해볼지 다시 가설을 세우고, 역량을 쌓거나 이직을 통해서 커리어를 개선해 나가는 겁니다. 가설을 갖고 일단 시작하세요. 그런 뒤 수정하세요. 그게 기획자로서 린하고 애자일하게 커리어라는 제품을 개선해 나가는 방법이라고 생각합니다.

Q2:
프로덕트 매니저는 신입을 뽑지 않는다는데 사실인가요?

저 역시 '신입'으로 프로덕트 매니저가 되지는 않았습니다. 그리고 업무를 하다 보면 대부분의 채용공고에서 '신입' 프로덕트 매니저를 채용하지 않는 이유를 체감하기도 합니다. 최소 3~4명 이상의 동료 개발자 및 디자이너분들의 업무의 방향과 진행 여부, 목표와 우선순위, 생산성에 대해서도 고민하고 의견을 나누고, 때로는 나아갈 방향을 강하게 주장해야 할 때도 있습니다. 다양한 직무의 업무에 대한 대략적인 이해도 필요하고, 구조적이고 논리적인 사고와 숫자에 대한 이해도 필요합니다. 전략가이자 기획자이고, 분석가이자 운영 담당자이자, 때로는 초보 개발자이자 디자이너 같기도 해야 합니다. 무엇에도 '전문가'는 아닌데, 그 무엇도 몰라서는 안 되는 직무 같아 어렵게 느껴지는 날도 있습니다.

그렇다고 단순히 책과 강의를 통해 용어와 프레임워크, 도구를 익힌다고 해서 되는 것도 아닙니다. 자격증이나 학점으로 미리 채울 수 있는 지식과 정보의 영역도 아닙니다. 경험을 통해서 쌓아온 정보와 노하우, 문제해결 역량이 어우러져야 합니다. 업무 경험이 있다고 해서 바로 프로덕트 매니저로 순탄하게 전환되는 것도 아닙니다. 저 역시 프로덕트 매니저가 되기까지의 앞선 여러 경험을 통해 다양한 이해와 역량을 갖춰왔다 생각했지만, 프로덕트 매니저로서 제품과 팀을 조율하는 데에 적응하기까지는 시간이 필요했습니다. 지금도 여전히 어렵습니다.

그래서 기업의 입장에서는 신입 프로덕트 매니저의 채용이 어려운 결정이라고 생각합니다. 또한 지금은 많은 기업에서 직급을 폐지하며 특정 역할을 수행하는 담당자를 모두 '매니저'라고 칭하지만, 일부 업계에서는 아직도 매니저는 연차와 경험이 있는 중간 관리자를 칭합니다. 애초에 어떤 종류가 되었든 매니저란 신입의 직무가 아니었습니다. 더욱이 산업과 직무를 불문하고 신입 공채는 줄어들고 있습니다. 이런 상황 속에서 프로덕트 매니저 신입 채용공고가 없는 현실을 타파하고 프로덕트 매니저로 단번에 취업할 수 있는 숨은 비결을 알고 있지는 못합니다.

다만 질문을 바꿔보겠습니다. '신입' 프로덕트 매니저로서 하고 싶은 일을, 여러분은 정말 '프로덕트 매니저'라는 직무로 채용하는 곳에서 다른 모든 이들이 여러분을 '프로덕트 매니저'라고 부를 때에만 할 수 있는 걸까요? 애초에 프로덕트 매니저가 하는 일은 무엇인가요? 그건 정말 프로덕트 매니저만이 할 수 있는 일이거나 프로덕트 매니저만이 해야 하는 일인가요?

모든 직무는 고객의 문제를 해결합니다. 그리고 이를 통해 제품과 비즈니스의 성장에 기여합니다. 이런 관점에서 봤을 때 어떤 직무로 첫 커리어를 시작하든, 이미 기획자 또는 프로덕트 매니저로서의 핵심 역할을 수행합니다. 다만 본인이 이를 체감하지 못하거나, 이를 인지하며 일하지 않을 뿐입니다.

모든 업무에는 기획과 가설이 숨어 있습니다. 화면 설계, IA, PRD 등의 문서를 작성하는 건 기획이 아닙니다. 그건 기획 활동 후에 전달하는 문서의 양식일 뿐입니다. 영업은 영업 성사율을 높이고 수주 금액을 높이기 위한 기획을 하고, 마케팅은 ROAS(Return on Ad Spend)와 매출액 등의 지표를 개선하기 위한 기획을 합니다. 분석가는 분석 프로젝트의 목표와 문제를 재정의하고 가설을 세워 분석 방안을 구상하며 기획을 하고, 디자이너는 고객이 쉽게 정보를 이해하고 받아들일 수 있는 구조와 경험을 기획 및 설계합니다. 운영 매니저는 운영 효율화와 고객 만족도를 높일 수 있는 방안을 기획하고, CS 담당자도 마찬가지입니다. 어떤 직무로 일하든 이미 기획자로서 일하고 있습니다. 이를 체감하지 못하거나 인지하지 않을 뿐입니다.

저는 프로덕트 매니저 또는 기획자로 취업하고 싶어 하는 분들이 프로덕트 매니저 또는 기획자를 '웹/앱 서비스에서 화면을 설계하고 개발자를 통해 만들어내는 사람'이라고 정의하지 않았으면 합니다. 적어도 그건 제가 이 책을 통해 정의하고 설명한 내용이 아니거니와, 저와 제 주변의 프로덕트 매니저를 보며 경험하고 목격한 프로덕트 매니저의 현실이 아니기도 합니다. 책을 시작하며 정의한 것처럼, 프로덕트 매니저는 고객이 지닌 문제를 해결하고 가치를 제공하는 수단 또는 매개물을 기획하고 제작하고 출시하여 성장시키는 전반 과정을 조율하고 지원하여 일을 완수하게 돕는 사람일 뿐입니다. 그래서 '프로덕트 매니저'라고 불리는 직무로 채용 계약서를 작성하는 데에는 경력이 없이는 어려울 수 있지만, '프로덕트 매니저'가 하는 일의 일부를 신입으로서 경험하고 역량을 쌓을 수 있는 직무는 너무나 많습니다. 또, 모든 제품이 반드시 웹이나 앱인 것도 아닙니다. 세상의 많은 제품과 서비스가 오프라인에서 생산되어 고객에게 전달되고, 오프라인에서 그 가치가 실현됩니다. 웹이나 앱은 단지 그 제품과 서비스를 소개하거나 전달하는 채널인 경우도 많습니다. IT와 개발에 대한 이해 역시도 프로덕트 매니저마다 다 다릅니다. 저는 분명 프로덕트 매니저이지만, 금융기업의 앱 서비스 기획 프로젝트에 처음 참여한 신입 에이전시 기획자보다도 웹과 앱의 각종 용어와 개념에 대해 모를 겁니다.

  물론 이런 대답이 이 질문을 던진 분들께 만족스럽지는 않을 거라는 걸 알고 있습니다. 부트캠프에서 강의를 하고, 멘토링을 하고, 글을 쓰는 이유이기도 합니다. 반드시 IT 제품과 서비스를 운영하는 회사의 신입으로서 '프로덕트 매니저'라는 글자가 적힌 채용 계약서를 작성하고 싶은 여러분을 위해, 화면과 정책을 설계하여 논의하고, 개발하여 출시하기까지의 과정을 경험할 수 있게 하고, 그 가운데에 필요한 핵심적인 개념과 맥락의 이해를 돕기 위해서요. 부트캠프와 강의는 분명 그런 경험과 이해를 돕습니다.

  APM_{Assistant Product Manager} 또는 서비스 기획자로서 시작해보는 것도 조심스레 추천합니다. 특히 서비스 기획자의 경우 상대적으로 신입 포지션이 열려 있는 반면 프로덕트 매니저와의 교집합은 작지 않습니다. 사실 프로덕트 매니저 또는 프로덕트 오너에 대한 수요와 관심이 증가하며 서비스 기획자, 프로덕트 매니저, 프로덕트 오너를 구분 지어 설명하는 다양하고도 통찰력 있는 글이 많이 생겨났지만, 대부분의 채용공고에서는 여전히 이 셋이 명확히 구분되지 않는 것 같습니다. 애초에 '프로덕트 매니저'로 일하는 누군가가 다른 누군가에게는 '서비스 기획자'로 보일 수도 있습니다. '서비스 기획자'로 일하는 누군가가 다른 회사에서는 '프로덕트 오너'로 보일 수도 있습니다. 핵심적으로 집중하는 부분은 다소 다르지만, 교집합이 크기 때문입니다. 교집합이 크면 전환하기 쉽습니다.

Q3:
전혀 다른 직무로 일하고 있는데, 프로덕트 매니저가 될 수 있을까요?

직무를 전환하고자 멘토링 또는 강의를 수강하는 분들을 만나게 되면 자주 받는 질문입니다. 저 역시 처음부터 프로덕트 매니저는 아니었습니다. 관심 있는 산업과 직무를 몰라 다양한 곳을 경험했고, 비록 기간이 짧을지언정 어깨너머로 보고 배운 것들이 어느새 모여 프로덕트 매니저로서 일을 하는 데에 밑거름이 되었을 뿐입니다. 저는 국내/외 여러 곳에서 인턴십을 하며 기본적인 사회 생활을 경험했습니다. 이후 서울 시내 대학교에서 정규직 교직원으로 정규직 커리어를 시작해, 계약과 구매 및 검수, 공간개발, 사업개발에 대한 대략적인 이해를 얻었습니다. 이후 소셜 벤처 스타트업에서 커뮤니티 매니저로 일하며 운영과 VoC 업무를 경험했고, 초기 단계인 pre-A 투자를 받은 10명 남짓한 스타트업에 합류해 운영부터 운영관리, 데이터 분석, 서비스 기획과 프로젝트 관리 등의 일을 하며 프로덕트 매니저로서 필요한 역량과 경험, 이해를 쌓았습니다.

프로덕트 매니저는 제너럴리스트입니다. 저와 제 주변의 프로덕트 매니저들을 통해 경험하거나 목격한 것에만 근거하자면, 화려하거나 무언가 대단한 직무도 아닙니다. 고객의 문제를 해결하기 위해 팀의 문제를 해결할 뿐입니다. 전략가나 기획자 같아 보이지만 이런저런 운영 또는 CS 담당자와도 비슷하고, 팀장 같기도 하면서 여전히 실무

자입니다. 이미 어떤 식으로든 어떤 분야에서 업무를 해온 사람들에게는 어려울 것도 대단할 것도 없는 직무입니다. 다만 기획자로서의 사고방식 혹은 프로덕트 매니저로서의 사고방식으로 지금 하고 있는 업무를 재정의하고 여기에 IT에 대한 이해를 덧붙이면 도움이 될 수 있습니다.

운영 업무를 하고 계시다면 운영을 담당하는 제품과 서비스에서 이 운영은 어떤 이의 문제를 해결하여 어떤 가치를 제공하는지, 그래서 어떤 임팩트를 내는지 정리해보세요. 고객이 없는 업무, 가치를 제공하지 않는 업무는 없습니다. 그리고 만약 매출과 같은 직접적이고 가시적인 지표로 드러나기 어려운 업무라면, 과연 나의 일이 창출하는 가치는 어떤 지표로 정의해서 어떻게 측정할 수 있을 것 같은지 추론하는 것도 이후 실험을 설계하고 목표를 설정하는 데에 좋은 연습이 됩니다. 저는 운영 관리 업무를 할 때에 제가 개선한 프로세스가 회사의 몇 명의 동료에게 도움이 되었고, 얼마나 많은 시간을 줄일 수 있었는지를 연봉 협상 미팅에 지참했습니다. 협상의 만족도와 별개로, 당시의 그런 준비와 연습은 지금까지도 제가 어떤 상황에 대해 몇 가지 전제를 두어 추론하거나 가정하고, 이를 바탕으로 나름의 결론을 도출해내는 데에 도움이 되고 있습니다.

데이터 분석 업무를 하고 있다면 동료 프로덕트 매니저나 기획자, 혹은 데이터를 받아보는 상사가 전달받은 숫자를 통해 과연 어떤 식으로 새로운 가설을 세우거나 폐기하고, 어떻게 의사결정을 하는지 지켜보세요. 분석가의 입장에선 숫자는 결과물이자 목적인 경우가 있지만, 프로덕트 매니저나 기획자에게 숫자는 단서 중 하나일 뿐입니다. 그 단서를 활용해 어떤 문제를 어떻게 해결하는지 사고의 흐름을 이해할 수 있다면, 분석가는 프로덕트 매니저로 전환하기에 가까운 직무라고 생각합니다. 하나의 분석을 깊이 이해하고 수행하는 것 외에도, 제품의 전체 흐름과 구조에 따라 언제 어떤 숫자를 봐야 할지, 숫자를 통해 제품과 비즈니스 전반을 들여다보는 것 역시 도움이 될 것 같습니다. 저 역시 데이터 분석 업무를 할 때에, 요청받는 질문에 대한 답을 계산해 가는 것 너머에, 우리 비즈니스와 제품이 정말 봐야 할 지표는 무엇인지에 대한 물음을 던지며 이를 전사용 대시보드로 설계하는 과정에서 이런 시각을 키울 수 있었습니다.

관리 업무를 하고 있다면 꼼꼼함이나 절차의 준수 너머 '일이 되는 방향'에 대해 생각해보세요. 프로덕트 매니저 또는 기획자 역시 여러 문서를 작성하거나 관리하고, 방법론에 대해 고민하지만 이는 현상을 유지하기 위함보다는 팀이 처한 문제를 해결하고 이를 통해 생산성을 높여 더 쉽고 빠르게, 더 적은 리스크로 더 많은 임팩트를 내기 위함입니다. 저는 정리를 좋아하지만, 필요한 때에 필요한 만큼만, 분명한 목적과 기대 효과를 가지고 작성하고 관리합니다. 100% 가능한 관리란 건 없고, 관리에도 시간과 노력이라는 비용이 발생하니까요. 또, 혹시 스스로가 '감독관'으로서의 관리자라고 생각된다면, 그보다는 팀의 문제를 해결해서 도움을 주는 관리자, 혹은 매니저로서의 연습도 도움이 될 것 같습니다. 제품팀에서는 팀장이 팀원에게 일일이 보고받고 승인받지 않습니다. 하나의 목적을 위해 각기 다른 직무를 수행하는 팀원이, 목표를 달성하기 위한 과정에서 발생한 문제를 조율하고 해결하기 위해 공유하고 논의할 뿐입니다. 물론 제품과 기획의 방향에 대한 주장은 필요하지만, 구체적인 사항에 대한 지시나 감독은 없습니다.

신입 프로덕트 매니저가 드물다는 말은 바꿔 말해 그 누구도 처음부터 프로덕트 매니저는 아니었다는 뜻입니다. 지금 하고 계신 그 업무를 시작으로 교집합을 키워 나간다면, 분명 직무를 전환할 수 있을 거라고 생각합니다.

Q4:
채용공고는 어떻게 봐야 하나요? 어디가 저한테 맞는 곳일까요?

종종 받는 질문이지만 가장 어려운 질문이기도 합니다. 프로덕트 매니저로서의 경험과 생각을 정리하고 공유하며 강의와 멘토링을 하지만, 제가 취업 컨설턴트는 아니니까요. 인사팀 경험이 있는 것도 아니고, 수많은 기업을 다 다녀본 것도 아닙니다. 무엇보다 질문을 하는 분들의 성향과 가치관을 알지 못합니다. 다만 질문을 다시 정의해보면, "채용공고는 어떻게 봐야 하나요? 어디가 저한테 맞는 곳일까요?"라는 질문의 속뜻은 대개는 이렇습니다. "채용공고마다 프로덕트 매니저가 하는 일과 방식이 다 다른 것 같은데, 이

걸 어떻게 해석해야 할까요?"

우선 채용공고마다 다른 이유에는 몇 가지가 있습니다. 사실 채용을 하는 기업의 입장에서도 스스로가 누굴 채용해서 어떤 업무를 요청할지 명확하게 정의하지 않는 경우가 있습니다. 특히 스타트업은 대개 그런 것 같습니다. 대기업이나 공공기관처럼 오래전부터 정립된 업무가 아닌 탓에, 역할 분담이 명확하게 나뉘어 책임 소재를 가리기 쉽지 않습니다. 새로운 직무가 생겨나기도 하고, 변화하는 상황에 맞춰 재편하기도 합니다. 그러다 보니 '프로덕트 매니저'라는 직무로 올라온 공고 중에서도, '해당 회사에서 필요하는 프로덕트 매니저가 과연 무엇인가'에 대해 스스로도 명확하지 않아 보이는 공고를 발견하곤 합니다.

또, 프로덕트 매니저라는 직무 자체가 다른 직무에 대비해 조금 더 포괄적이고 모호한 탓도 있는 것 같습니다. 서비스 기획자, UI/UX 기획자, 프로젝트 매니저, 프로덕트 매니저, 프로덕트 오너까지 분명 서로 다른 이름의 직무지만 세부적인 업무나 기술은 유사한 부분이 많습니다. 그래서 프로덕트 매니저가 어떤 곳에서는 프로덕트 오너를 의미하기도 하고, 어떤 곳에서는 프로젝트 매니저를 의미하기도 합니다. 프로덕트 매니저라고 표기했지만 UI/UX 설계 능력을 가장 핵심 역량으로 보는 경우도 많습니다. '서비스 기획자를 요즘에는 프로덕트 매니저라고 부르나 보다' 정도로 생각하고 공고를 작성하는 경우도 있는 것 같습니다. 사실 이상한 것도 아닙니다. 원래 역할이라는 건 회사마다 다르니까요. '우리 회사는 이러한 역할을 수행하는 담당자를 프로덕트 매니저라고 부르기로 했어'라고 주장한다면, 그 회사에서는 그것이 프로덕트 매니저의 역할이자 정의입니다.

이런 상황에서 이제 막 처음 프로덕트 매니저로 취업을 알아보거나 직무를 전환하고자 하는 분들에게는, 채용공고를 볼 때에 크게 세 가지를 살펴보도록 의견을 드립니다. 첫째는 해당 회사의 제품, 둘째는 UI/UX 설계에 대한 요구 여부 또는 수준, 셋째는 일하는 방식에 대한 소개 부분입니다.

회사의 제품을 살펴보라는 말은 비단 홈페이지를 둘러보고 무슨 제품을 얼마에 파느냐는 이야기가 아닙니다. 그보다는 해당 회사의 웹/앱이 회사가 비즈니스를 영위하기 위해 가설을 검증하고, 개선하고 키워야 하는 핵심 제품인지, 혹은 다른 제품을 제공하고 판매하기 위해 웹/앱을 이용하는지에 가깝습니다. 가령 특정 전문 영역에 대한 자격증 취득 또는 시험 합격을 위한 월 백만 원의 교육 과정을 웹 사이트를 통해 홍보하고 판매하는 교육 업체라면, 웹 사이트보다는 홍보 및 판매의 채널일 뿐, 회사의 제품은 교육 과정일 겁니다. 교육을 통해 수강생의 문제를 해결하고, 자격증 취득 또는 시험 합격을 위한 지식과 노하우라는 가치를 제공하니까요. 제품의 성장을 위해 교육의 만족도를 조사하고, 커리큘럼을 개선하고, 강의 자료를 보완하고, 강의 장소나 시간을 바꿔볼 겁니다. 물론 홈페이지 역시 넓은 의미에서 제품입니다. 교육 제품의 강점과 가치를 더 잘 드러낼 수 있는 상세페이지를 구상하고, 텍스트와 이미지를 바꾸는 실험 등이 진행될 겁니다. 그러나 홈페이지 없이도 교육 과정은 존재할 수 있지만, 교육 과정이 없다면 홈페이지는 무의미합니다. 이 회사의 제품은 그러므로 교육 과정이고, 프로덕트 매니저는 교육 과정을 설계하고 개선하는 일에 집중할 겁니다.

    UI/UX 설계 요구와 수준에 대한 정도는 이어 살펴볼 회사가 일하는 방식과도 얽혀 있습니다. 극단적인 예시로 저는 대부분의 경우 화면을 설계하지 않습니다. 생각하는 바를 간단히 설명하거나, 내부에서 사용하는 간단한 어드민 제품을 기획하기 위해 PPT를 활용하는 정도입니다. 프로덕트 매니저로서 제가 하는 일의 대부분은 어떤 목표를 위해 어떤 문제를 언제 풀어야 할지 고민하고, 이를 어떻게 검증할 것이며, 이를 위해 고객에 대해 무엇을 알아야 할지입니다. 문제를 풀거나 가설을 검증하기 위해 웹/앱 제품이 필요할 때에는 그 목적과 가설, 검증할 핵심 지표와 핵심 정책을 담은 PRD를 작성합니다. 이를 바탕으로 동료 프로덕트 디자이너가 UI/UX를 설계하고, 팀과 함께 논의하여 수정해 나갑니다.

    반면 프로덕트 매니저의 필수 역량으로 UI/UX 설계를 명시하고, 이에 관련한 포트폴리오를 제출하는 경우도 많습니다. 크고 고도화된 서비스를 운영하고 있거나, 금융 및 배송과 같이 상세한 정의와 설계가 매우 중요한 서비스라면 특히 그런 것 같습니다. 혹은 매우 초기 단계의 스타트업이라 비즈니스와 제품에 대한 가설과 검증부터, 이를 구현하기 위한 상세한 설계 및 정의를 두루 할 사람이 필요한 경우에도 그런 것 같습니다. 이런 역할을 서비스 기획자 혹은 UI/UX 기획자라고 부르는 곳도 있고, 프로덕트 매니저라고 부르는 곳도 있습니다. 정답은 없지만, 이를 통해 제품과 회사의 맥락 또는 상황, 일하는 방식을 유추해볼 수 있습니다.

마지막으로, 일하는 방식은 주요 업무와 자격 요건보다는 우대사항 또는 회사에 대한 소개에서 조금 더 잘 드러나는 것 같습니다. 직무 특성상 다양한 이들과 커뮤니케이션 하고, 우선순위를 조율하고, 문서를 작성해야 한다는 등의 내용은 거의 모든 채용공고에 자격요건 또는 주요 업무로 등장합니다. 그런데 이를 어떤 방식으로 커뮤니케이션 하고, 조율하는지는 회사의 문화나 방식에 따라 다릅니다. 특히 애자일한 방식을 지향하는 조직과 그렇지 않은 조직에 따라 누구와 언제 무엇을 어떻게 논의할 수 있을지는 매우 다를 수 있습니다.

가령 하나의 제품팀에 기획자와 디자이너, 개발자 등이 모여 스프린트 단위로 업무를 설계하고, PRD를 통해 기획을 검토 및 수정하고, 스크럼을 통해 문제 상황을 공유하는 경우라면 기획자 또는 프로덕트 매니저로서의 업무는 조금 더 비즈니스와 팀의 생산성에 초점을 맞추게 될 수 있습니다. 일일이 UI/UX를 설계하지 않는다는 뜻은 PRD를 통해 팀이 풀어야 할 문제와 가설에 집중한다는 뜻이니, 조금 더 비즈니스에 초점을 맞춘다는 뜻이 될 수 있습니다. 스프린트와 스크럼은 어떻게 하면 이를 더 효율적으로 풀고, 어떤 것을 먼저 풀어야 할지를 팀과 함께 논의하고 검토하고 조율하는 과정이니, 스스로의 기획 역량보다는 팀의 생산성을 높이는 데에 초점을 맞춘다는 뜻이 될 수 있습니다.

반면 동일 직무 단위로 팀을 꾸려 다른 직무의 팀과 협업하는 구조라면, 상세 설계와 기획이 더 중요할 수 있습니다. 같은 팀이 아니니 업무 협업을 요청하여 승인받고, 준비된 자료를 공유해 검토받은 뒤 수정하여 약속된 다음 미팅에서 다시 검토합니다. 직무 단위로 팀이 꾸려질 만큼 조직이 크면 지라Jira와 같은 협업 도구의 사용이 필요할 테고, 직접 상세 설계를 위한 각종 도구 역시 필요할 겁니다. 명확한 구분은 어렵지만 최근 이야기하는 '프로덕트 매니저'라는 이름보단 이전에 '서비스 기획자' 또는 '프로젝트 매니저'를 일컫던 직무의 업무 방식과 조금 더 유사할 수 있습니다.

물론 이는 모두 조직마다 다르고, 어디까지나 맥락에 대한 추측과 해석일 뿐입니다. 진실은 해당 채용공고를 게시한 회사에서 일을 해봐야만 알 수 있을 겁니다. 다만 이러한 포인트를 위주로 살펴보면, 해당 회사의 프로덕트 매니저로서 담당해야 할 제품이 정말 웹/앱이 맞는지, 개발 용어와 UI/UX만 익숙하면 되는 게 맞는지 가닥이 잡힐 겁니다. 그리고 각종 도구와 화면 설계, 디자인 레퍼런스에 대한 고민을 깊게 가져가는 게 맞는지, 혹은 비즈니스와 고객에 집중해야 하는 게 맞는지도 가닥이 잡힐 겁니다. 마지막으로 조금 더 포괄적인 그림을 그리고 역량을 키워야 할지, 세부적인 정책과 설계에 집중해야 할지도 가닥을 잡을 수 있을 겁니다.

둘 중에 정답은 없습니다. 어디까지나 선호와 선택일 뿐입니다. 그리고 둘 중 어느 게 더 잘 맞을 것이라는 추측 역시 가설일 뿐입니다. '나에게 잘 맞는 곳은 어디인가?'라는 질문에 대한 최종 정답은, 스스로에 대한 질문과 면접 과정에서의 질의응답, 무엇보다도 실제 업무 경험을 통해서 찾아가게 될 겁니다.

Q5: 프로덕트 매니저도 데이터를 다룰 줄 알아야 하나요?

제목에는 '데이터'라고 표기했지만 비단 데이터에 관한 이야기만은 아닙니다. 개발을 어디까지 알아야 하는지, 데이터를 다룰 줄 알아야 하는지, 다룬다면 얼마나 다뤄야 하는지 등은 강의와 멘토링에서 제가 가장 자주 받는 질문입니다. 아마도 제너럴리스트로서의 프로덕트 매니저에게 요구되는 역량이 너무 많은 것 같은 불안함 때문이자, 이와 별개로 개발과 데이터에 대한 수요가 계속 늘어나고 있는 탓인 것 같습니다. 그런데 애초에 프로덕트 매니저나 기획자에게 데이터는 언제, 왜, 얼마나 필요할까요?

"프로덕트 매니저이면 데이터 분석도 해야 하나요?"
"R과 파이썬 중에서 뭘 해야 하나요?"
"머신러닝도 알아야 하나요?"
"태블로도 알아야 하나요?"

우선 오프라인 중심의 제품이나 서비스를 공급 및 운영하고 있거나, 유형 불문 아직 작은 규모의 조직이라면 굳이 자체 웹/앱 서비스를 통해 데이터베이스에 수집한 고객의 데이터가 없이도 충분히 일을 할 수 있습니다. 그럴 수 있어야만 합니다. 웹 빌더를 통해 홈페이지를 구축해 운영한다면 고객의 구매 내역 등의 데이터를 보유하고 있고, 오프라인 서비스를 운영하더라도 엑셀 또는 스프레드 시트 등 어딘가에는 비즈니스 및 서비스 운영을 위해 필요한 데이터가 기록되어 있습니다. 설문, 인터뷰 등의 소규모 데이터도 엄연히 데이터입니다. 방대한 양의 온라인 데이터가 아니어도 가설을 검증하고 제품의 개선을 도모할 수 있습니다. 또한 필요한 경우에도 굳이 직접 구축하거나 팀을 꾸릴 필요가 없을 수도 있습니다. SaaS Software as a Service 시장과 제품은 날로 성장하고 있으니까요. 프로덕트 매니저나 기획자가 굳이 머신러닝과 딥러닝, 파이썬과 R을 배울지 고민할 필요가 없습니다. 애초에 필요하지 않으니까요.

반면 조직의 규모가 커지고 제품과 서비스가 복잡할수록, 데이터 없이는 일을 하기가 어렵습니다. 이때에도 단순히 '큰 회사라서' 데이터를 이용하는 게 아닙니다. 추천 모델 또는 이상 탐지와 같이 고객에게 가치를 제공하는 데에 데이터가 핵심적이거나, 혹은 의사결정과 행동 하나하나에 영향을 받는 고객의 수가 너무나 많아졌기 때문입니다. 더 정확한 의사결정, 더 낮은 리스크가 요구됩니다. 그래서 충분한 양의 정확한 데이터와 분석이 필요합니다. 마찬가지로 이런 단계에 들어선 조직이라면 굳이 프로덕트 매니저나 기획자가 머신러닝과 딥러닝, 파이썬과 R을 고민할 필요가 없습니다. 그 일을 할 사람이 따로 있을 테니까요.

그럼에도 많은 프로덕트 매니저와 기획자에게 데이터 역량을 요구하는 건 어떤 이유이며, 또 어떤 의미일까요? 프로덕트 매니저와 기획자가 데이터를 이용하는 건 결국 세 가지 이유 때문입니다.

첫째, 고객과 제품에 대한 나의 가설에 대한 확신의 정도를 높이고, 가설을 검증하기 위함입니다. 프로덕트 매니저 또는 기획자의 일은 모두 가설에서 출발합니다. 어떤 형태나 양의 데이터가 되었든, 가설의 단서를 데이터에서 얻고, 데이터를 통해 가설에 대한 확신을 얻고, 데이터를 통해 최종적으로 가설을 검증합니다. 이를 위해 데이터가 필요합니다.

둘째, 고객 세그먼트를 나눠 이들에 대해 정량적이고도 비교적 객관적으로 학습하기 위함입니다. 제품과 서비스의 개선을 위해 관심을 갖는 대상은 결국 고객입니다. 적게는 수천 명, 많게는 수백만 명의 고객을 하나의 덩어리로 이해하는 건 별다른 의미가 없습니다. 그래서 세그먼트를 나눕니다. 그런데 구매 여부나 구매 횟수, 리텐션 등과 같이 대부분 정량적으로 기록된 행동이 세그먼트를 나누는 기준이 됩니다. 그러니 관련된 숫자를 확인하고 이해할 수 있어야 합니다.

마지막으로 기획자로서의 의사결정의 속도를 높이기 위해 데이터가 필요합니다. 데이터 분석을 담당하는 동료가 따로 있다고 하더라도, 그 동료가 여러분을 위한 분석만을 담당하고 있지는 않을 겁니다. 비즈니스 전체 맥락의 분석을 할 수도 있고, 다른 팀을 위한 분석을 할 수도 있습니다. 그리고 모든 업무와 마찬가지로, 다른 사람에게 부탁한 요청은 답변이 돌아오기까지 시간이 소요됩니다. 단서를 얻기 위해 데이터를 봐야 하는데, 데이터를 받아보는 데에 몇 시간 내지는 며칠이 소요된다면 효율적이지 못합니다. 그래서 직접 숫자를 확인하고 이해할 수 있어야 합니다.

그리고 이를 위해 필요한 데이터 분석 역량이란 파이썬이냐 R이냐 하는 차원이 아닙니다. 회사에 마련된 BI 도구 등을 간단히 이용하고, 조금 더 나아가서 데이터베이스에 적재된 로우 데이터Raw Data를 추출하기 위한 간단한 SQL 정도가 대부분입니다. 오히려 나의 가설을 확인하기 위해 어떤 것을 확인할 수 있어야 하는지, 어떤 지표를 봐야 하는지, 이를 어떻게 해석해야 하는지가 더 중요합니다. 데이터 직군이 아닌 구성원을 위해 마련된 도구와, 엑셀 수준의 SQL 활용 정도라면 기획과 가설에 필요한 데이터 확인은 대부분 충분할 겁니다. 그 이상이 되면 그건 대개 분석가의 영역일 테고요.

물론 이 역시 모든 조직에서 천편일률적으로 동일할 리는 없습니다. 다만 '프로덕트 매니저라면 ○○○는 할 줄 알아야 한다.'는 식의 말에 너무 불안해하지 않기를 바랍니다. 맥락을 이해한다면, 어려울 것도 불안감에 앞서갈 필요가 없습니다.

Q6:
포트폴리오는
어떻게 준비해야 할까요?

우선 한 가지 고백하겠습니다. 저는 UI/UX 포트폴리오에 대한 경험이나 노하우가 없습니다. 앞서 몇 차례 이야기한 것처럼, 직접 UI/UX를 설계하고 화면 설계서를 작성하지 않기 때문입니다. 피그마나 제플린Zeplin과 같은 디자인 도구도 잘 다루지 못합니다. 그래서 저는 어떻게 하면 여러분이 부트캠프나 강의, 또는 사이드 프로젝트로 기획한 신규 제품 또는 개선안을 시각적으로 잘 드러낼 수 있을지에 대해서는 공유할 만한 정보가 없습니다. 그러나 신입 지원자로서 포트폴리오 또는 면접에서 여러분이 드러내야 할 부분이 무엇인지, 혹은 신입 지원자의 포트폴리오에서 자주 발견하는 실수에 대해서는 의견을 드릴 수 있을 것 같습니다.

1 무엇인가를 만들어봤다는 사실의 단순 나열

교내/외 모임 또는 부트캠프 등을 통해 여러 개의 사이드 프로젝트를 진행한 분들 중에서 간혹 그간 진행한 프로젝트의 결과물을 단순 나열하는 경우가 있습니다. 아마도 본인의 입장에서는 하나하나가 다 뜻 깊은 추억인 동시에 이를 통해 깨닫고 배운 것들이 소중한 경험이자 자산이 되었다고 생각하기 때문인 것 같습니다. 그런데 이를 받아보는 입장에서는 프로젝트의 단순한 나열은 매력적이지 않습니다. '그래서 이 사람은 어떤 사람이지?'가 보이지 않기 때문입니다.

물론 어떤 경험을 해본 사람과 해보지 않은 사람 사이에는 차이가 있습니다. 여러 개의 각기 다른 사이드 프로젝트는 그런 경험을 채운 수단이자, 서비스에 대한 관심 또는 열정을 드러낼 수 있는 수단이 되기도 합니다. 그런데 고객의 문제를 발굴하고 정의하여 이를 해결할 것으로 추정되는 방안을 구상하고 이를 검증하는 프로덕트 매니저 또는 기획자의 입장에선, '무언가를 했다'는 사실은 별다른 의미를 갖지 않습니다. 그래서 어떤 고객에 대해, 어떤 가설을 가졌는지, 문제를 어떻게 발굴했고 검증했는지, 결과를 얻을 수 있었는지, 결과는 어떠했는지, 이후 개선을 위해서는 어떤 가설을 세웠거나 어떤 인사이트 혹은 교훈을 얻어냈는지가 실제 업무에 필요한 내용입니다.

단 하나라도 좋으니 해당 프로젝트에서는 어떤 고객에 대해 어떤 문제가 있을 거라고 가설을 세웠고, 그 가설을 검증하기 위해 어떤 설문이나 인터뷰를 했는지, 어떤 방안을 어떤 이유로 구상했고, 그 결과 어떤 결과를 얻었는지를 명확하게 서술하는 게 오히려 더욱 효과적인 포트폴리오가 될 수 있습니다.

2 이것저것 다 해봤지만 알맹이가 없는 경우

어떤 분들은 여러 프로젝트를 통해서 기획과 디자인, 개발 등을 모두 직접 해봤음을 강점 또는 역량으로 드러내기도 합니다. 그만큼 다양한 이해관계자의 업무를 이해하고 있을 거라는 인상을 줄 수도 있고, 열정과 학습력에 대한 기대를 갖게 할 수도 있습니다. 그런데 결국 프로덕트 매니저 또는 기획자로서의 문제 정의와 가설에 대한 설명이 빠져 있거나 부족하다면, 핵심은 비어 있게 됩니다. 알맹이가 없이 이것저것 다 해봤다는 건 바꿔 말해 이도 저도 아닌 사람으로 보일 수 있습니다.

분명 여러 기술을 이해하고 직접 사용해본 경험은 큰 자산입니다. 개발에 대해서 단 하나도 알지 못하는 기획자는 동료 개발자의 문제를 이해하고, 조율하고 해결하는 데에 더 많은 노력이 필요할 겁니다. 동료 개발자가 본인의 상황을 아무리 쉽게 설명해주더라도, 단 하나도 모르는 사람을 위해 설명하는 일은 쉽지 않을 뿐더러 이는 개발자에게도 또 하나의 일이 됩니다. 디자인이나 데이터도 마찬가지일 겁니다.

그러나 프로덕트 매니저 혹은 기획자로서 알아야 할 개발과 디자인, 분석이란 정해져 있지도 않거니와 어디까지나 부차적입니다. 미리 다 알 수도 없고, 필요할 때에 경험을 통해 체득하거나, 빠른 학습을 통해 파악하면 됩니다. 개발을 알면 편한 건 맞지만, 개발을 안다고 해서 프로덕트 매니저가 아닌 사람이 갑자기 프로덕트 매니저가 되지는 않습니다. 개발을 개발자보다 잘 알거나 할 수도 없을 테고요.

결국 여러분이 지원하려는 직무는 프로덕트 매니저 혹은 기획자입니다. 직무의 핵심을 잘 드러낸 뒤에 비로소 나머지 경험이 우대역량이자 차별점이 될 수 있습니다. 우리노 현실에서 차별점만 있고 핵심은 없는 제품을 구매하지 않듯, 포트폴리오를 받아보는 분들도 동일합니다.

3 알맹이 없이 양식 또는 디자인만 완벽한 경우

가끔 어떤 분들의 포트폴리오에는 현업 기획자 못지 않은 화면 설계가 담겨 있기도 합니다. 예외 케이스부터 모달 출력에 관한 부분, 각종 분기점에 대한 처리에 대한 상세 설명까지 들어간 화면 설계서를 보면, 과장을 조금 보태 당장 들고 가서 개발을 검토하고 착수할 수 있을 것만 같기도 합니다.

이런 문서를 작성할 수 있는 뛰어난 UI/UX 감각과 이를 구현할 만큼의 숙련도는 큰 장점입니다. 제품이 크고 복잡할수록 제품의 핵심 가설과 가치 외에도 고려해야 할 요소는 많고, 이런 부분을 처음부터 마지막까지 챙기는 건 프로덕트 매니저 또는 기획자일 테니까요. 머릿속에서 빠르게 제품의 흐름과 정책이 구조적으로 정리되고 이를 문서로 나타낼 수 있는 능력은 분명 실무에서 요긴합니다. 디자인 역시 마찬가지입니다. 제너럴리스트로서 알아서 나쁠 건 없고, 잘해서 나쁠 건 더욱 없습니다.

  그런데 이 역시 제품과 서비스, 고객에 대한 알맹이가 없다면 어디까지나 포장지일 뿐입니다. 모든 가설이 반드시 제품과 서비스를 통해 검증되지는 않습니다. 모든 A/B 테스트가 꼭 웹/앱의 화면을 바꾸는 것도 아닙니다. 모든 프로덕트 매니저 또는 기획자가 직접 UI/UX를 설계하는 것도 아닙니다. 역시나 본질은 지원자가 정의한 문제와 가설, 이를 검증하기 위한 방안입니다.

  때로는 자세한 화면 설계서나 디자인에서 오히려 의문이 생기는 경우도 있습니다. 구두 설명만으로 끝났을 질의응답이, 자세하게 제출한 포트폴리오와 대조되면서 "본인이 방금 설명한 건 이러이러한데, 막상 문서에는 기능을 이렇게 정의했는데요?"와 같은 질문으로 이어질 수도 있습니다. 받아본 사람은 '꼼꼼한 줄 알았더니 허술하다.'고 생각할 수도 있고, 이어진 질문에 여러분은 당황할 수도 있습니다.

  또, 아무리 화면 설계와 정책 정의를 세밀하게 해도, 이를 일일이 검토하고 들여다보는 분들은 많지 않을 수도 있습니다. 핵심이 없다면 이러한 양식은 의미가 없고, 핵심이 잘 드러났다면 구태여 이런 양식의 디테일을 하나하나 들여다볼 필요도 없이 기대감이 생길 테니까요.

4   정의한 가설과 가설의 검증 방안이 일치하지 않는 경우

부트캠프 수강생의 포트폴리오를 보면 새로운 제품을 기획하거나 이미 존재하는 제품의 개선안을 제안하기 위해, 인터뷰 또는 설문을 진행하여 이를 첨부하기도 합니다. 기획자이자 첫 번째 고객인 스스로의 답변부터, 주변 지인, 또는 단체 채팅방 같은 곳을 통해 만난 분들의 답변을 예시로 첨부되고, 이를 통해 도출한 인사이트가 따라붙습니다.

이는 머릿속 가설에 그치는 대신 실제로 고객을 만나봄으로써 검증하려는 적극적인 태도와 고객 지향적 태도를 드러낼 뿐만 아니라, 이후 이어질 기획안 또는 개선안에 대한 이해를 돕고 신뢰를 주기도 합니다. 몇 명이 되었든 실제 고객을 만나 이야기를 나눠보았고 이를 통해 개선안의 단서 혹은 근거를 마련했다는데, 마다할 이유가 없습니다. 가설과 상관없는 사람을 인터뷰했거나 가설과 상관없는 항목을 질문한 것만 아니라면요.

가상의 제안 혹은 사이드 프로젝트처럼 고객의 실제 데이터가 없는 상황에서, 고객을 직접 만나 인터뷰 또는 설문과 같은 정성적인 방안으로 가설을 검증하는 것은 분명 좋은 대안입니다. '데이터가 없으니 모른다'가 아니라 '데이터가 없지만 이런 식으로라도 추측하고 단서를 얻을 수 있었다'가 기획자로서의 올바른 태도라고도 생각합니다. 문제는 인터뷰나 설문 역시 어디까지나 가설을 검증하기 위한 방안이기에, 인터뷰나 설문을 통해 만나봐야 할 사람과 물어봐야 할 내용은 어디까지나 그 가설에 직결되어야 합니다.

　가령 대부분의 설문이나 인터뷰에서 나이나 학력, 성별을 으레 묻곤 합니다. 그런데 그게 꼭 필요한 질문일까요? 나이나 학력, 성별에 따라 응답이 달라질 만한 걸까요? 혹은 제품이나 서비스의 특징을 생각하면, 특정 연령대나 성별의 고객은 굳이 만나볼 필요가 없는 경우는 아니었을까요?

　이 책을 기획하고 원고를 작성하는 저의 입장에서는, 이 책을 읽어볼 것 같은 사람을 만나 그 수요를 사전에 검증해볼 수 있었을 겁니다. 물론 통상적으로는 20대 후반에서 30대 초반일 겁니다. 그런데 이 책의 예상 독자에 대해 정말 중요한 건 나이가 아니라, '프로덕트 매니저 혹은 기획자로서의 취업 또는 직무 전환을 희망하는' 문제 상황입니다. 20대 중반이어도 무관하고, 30대 중반이어도 무관합니다. 이미 취업을 해 만족하는 직장인이라면 20대 중후반에서 30대 초반이라 할지라도 아무런 효용이 없습니다.

　인터뷰와 질문을 설계할 때에는 '이 사람을 만나는 게 맞는가? 이 질문을 하는 게 맞는가?'라고 생각해보세요. 특히 질문에 대해 본인만의 예상 답변을 만들어보세요. 실제 답변이 어떨지는 모르는 일이지만, 예상 답변조차 나오지 않는다면 무의미한 질문입니다. 그리고 예상 답변을 쭉 보고 여러분의 가설과 기획에 도움되는 내용이 없다면 역시나 필요 없는 질문일 확률이 큽니다. 물론 잘 설계된 인터뷰와 설문이라 할지라도, 실제 고객을 만나보면서 충분히 다시 설계되거나 일부가 바뀔 수도 있습니다. 대상과 문항 역시 가설이니까요. 그러나 수정이 될 거라고 해서 처음부터 무의미한 대상을 만나 무의미한 질문을 던질 이유는 없습니다.

5   가설 또는 지표가 명확하지 않은 A/B 테스트 제안

이미 존재하는 제품을 분석하여 개선안을 제안하는 포트폴리오의 경우 대부분 특정 기능 또는 퍼널의 A/B 테스트가 포함되는 것 같습니다. 현재 상황이 이러이러하니 이런 방안으로 변경하면 더 나아질 거라는 제안입니다. 이 역시 어디까지나 가설입니다. 그래서 가설이 명확하지 않거나, 검증을 위한 지표의 정의가 빠져 있다면 아쉽기 마련입니다.

A/B 테스트는 단순히 옵션 두 개를 나란히 만들어 비교하는 게 아닙니다. 고객들에게 변경안을 적용하면, 고객의 반응이 우리가 기대하는 방향으로 달라질 거라는 가설에서 출발합니다. 그래서 단순히 어떤 변경안을 만드는 것만 중요한 게 아니라, 이를 어떤 세그먼트의 고객에게 적용할지, 구체적으로 어떤 행동이 달라질 테고 그래서 이는 어떤 지표로 검증해야 하는지가 명확해야 합니다. 가령 해당 퍼널에 방문하는 모든 고객에게 다 적용해야 할까요? 내 가설에 따라 명확하게 특정 조건에 해당하는 그룹에게만 적용해도 충분하지 않을까요? 지표는 단순히 클릭 비율이나 매출액만 있을까요? 행동의 평균 횟수, 행동하기까지 소요되는 시간 등도 있지 않을까요?

물론 실제 A/B 테스트의 설계 및 수행 경험이 없는 입장에서 이는 쉽지 않습니다. 그러나 충분히 시도할 수 있고, 나름의 논리를 세워 설명할 수 있습니다. 포트폴리오는 정답을 바라는 게 아니라, 얼마나 많이 고민했고 그 고민을 잘 정리하여 설명할 수 있는지가 중요하기 때문입니다.

6 정리되지 않은 논리 전개

포트폴리오는 정답을 담은 시험지가 아닙니다. 경험과 역량을 보여주고, 나름의 고민의 과정을 담은 자료입니다. 굳이 시험에 비유하자면 정답은 없지만 조금 더 나은 것을 찾는 논술에 가깝습니다. 그래서 어떤 양식과 형태로 어떤 구성으로 제출했든, 이 모든 흐름을 본인 스스로 거리낌 없이 설명할 수 있어야 합니다.

스스로 경험한 프로젝트나 작성한 제안은 왜 이런 내용을 담아 왜 이러한 구성을 해야 하는지 마지막으로 돌이켜보세요. 왜 이러한 문제를 정의했고, 왜 이러한 가설을 가졌으며, 왜 그 가설을 이러한 방법으로 검증하고자 했는지 또는 왜 그 방안이 아니면 안 됐는지 스스로에게 설명해보세요. 그래서 왜 그 제품에는 이런 기능이 이런 식으로 들어가야만 했고, 이는 왜 이런 지표로 검증하는 게 옳은지 생각해보세요. 그리고 이 모든 이야기를 설명하기 위해서는 어떤 흐름으로 서술되어 하는지 생각해보세요. 캠프나 강의에서 이런 양식과 순서로 하라고 해서 집어넣은 게 아니어야 합니다. 멘토님이 이런 템플릿을 쓴다고 하길래 쓴 게 아니어야 합니다. 동료나 직무 채팅방에서 구한 보기 좋은 포트폴리오의 순서를 따라 한 것도 아니어야 합니다.

지원자의 입장에선 포트폴리오가 자제가 곧 제품이고 기획안입니다. 담당하는 제품에 대해서 설명할 수 없는 프로덕트 매니저나 기획자는 없습니다. 포트폴리오에 작성한 내용에 대해 설명하지 못하고 중언부언하는 지원자는 매력적으로 보이기 힘들 겁니다. 완벽하지 않아도 됩니다. 그러나 본인의 제품을, 본인의 포트폴리오의 내용에 '왜'를 더해 설명하고 서술하는 연습과 생각은 필요합니다.

맺음말

저는 번듯한 매뉴얼을 통해 일을 익히거나, 사수를 통해 어깨너머로 배운 경험이 없습니다. 첫 직장에서 만난 어른들은 그리 나쁜 어른들이 아니었지만 일의 모범이 되기는 어려웠습니다. 스타트업에서 만난 동료들은 무해하고 성실했지만, 저를 비롯해 그 중 누구도 좋은 선배나 사수를 만나 본 적이 없다 보니, 무엇을 어떻게 해야 할지를 몰랐습니다. 잘하고 싶었고 자라고 싶었지만 그 길을 아무도 보여준 적이 없었습니다. 그래서 제 커리어의 첫 2~3년은 언 땅에 삽질을 하는 시간이었습니다. 그 추위와 막막함을 호승심 하나로 견뎌냈습니다.

그러다 문득 커리어에 대한 불안감과 불만으로 마음이 요동치는 날이면, 좋아 보이는 책이나 강의, 아티클을 찾아 그러모았습니다. 이런 이야기는 전부 먼 나라의 동화 같아서 멋있지만 와닿지 않았고, 어쩌다 얻은 귀중한 조언은 단편적이어서 당시의 저로서는 이해하기 어려웠습니다. 지식을 경험으로 바꾸는 것, 조언의 단편을 꿰어 구슬로 만드는 것은 저의 몫이었습니다. 이는 시간이 한참 지난 뒤에야 가능했습니다. 예측은 반 걸음 앞서지만 대개는 틀리고 말았고, 깨달음은 정확하지만 언제나 한 걸음 뒤늦었습니다. 그래서 인생도, 커리어도 이런 어긋나는 두 템포 사이에서 추는 어설픈 춤사위를 이어가는 일 같다는 생각을 합니다.

이 책을 쓰면서 제 스스로를 자주 돌아봤습니다. 알고 있다고 생각했지만 실은 저 역시 모르는 게 있었고, 알고 있음에도 행하지 못한 게 수두룩했습니다. 한다고 해도 관성이 되어버리거나 실수를 남발하기도 했고, 그래서 부끄러운 날도 있었습니다. 이른바 '네카라쿠배'의 프로덕트 매니저나 기획자도 아닌 제가 책을 쓴다는 게 업계의 현직자들에게는 어떻게 비칠지, 저 역시 실수투성이이면서 누군가에게 지식이나 조언을 건네는 게 동료 개발자와 디자이너에게는 어떻게 비칠지 걱정되기도 했습니다.

이런 감상적인 생각이 꼬리에 꼬리를 물던 찰나, 뭐가 되었든 저는 지금 프로덕트 매니저로서 책이라는 제품을 만들어 제공하고 있다는 사실을 깨달았습니다. 저는 취업 또는 직무 전환을 통해 커리어를 찾아 나가려는 대학생분들과 또래 주니어분들을 위해 이 책을 썼습니다. 이 책을 읽는 여러분에게만 유용할 수 있다면, 이 책은 제품으로서 크게 부끄러울 것도, 부족할 것도 없을 겁니다. 제 고민과 방황의 시기를 털어놓은 것도 실은 제가 이 책을 읽는 여러분과 크게 다르지 않았음을, 저는 이 책의 공급자인 동시에 어쩌면 이 책의 가장 첫 번째 고객이기도 하다는 사실을 말씀드리기 위해서였습니다.

이 책은 판교의 어느 성공한 기획자의 성공담이 아니라, 성장하기 위해 고군분투하며 뒤늦게야 깨달은 것들을 절실한 마음으로 꿰어 만든 어느 평범한 프로덕트 매니저의 회고입니다. 먼 나라의 동화 같은 이야기도, 반짝이고 귀중하지만 파편적인 것도 담고 싶지 않았습니다. 그보다는 누군가에겐 당연할 수 있지만 그만큼 본질에 가닿는 이야기를, 최대한 자세한 맥락과 누구나 이해할 수 있을 예시를 통해 말씀드리고 싶었습니다.

이 책은 프로덕트 매니저나 기획자로의 취업 또는 성공을 보장하는 비법서가 아닙니다. 프로덕트 매니저나 기획자에 관한 가장 뛰어난 책 역시 아닙니다. 그러나 커리어의 시작 또는 전환을 위해 절실하고도 막막한 심정으로 언 땅에 삽질을 하고 있을 분들을 위해서 튼튼한 삽 또는 따뜻한 담요가 될 수 있다면 좋겠습니다. 이 책을 덮으며 이제 프로덕트 매니저와 기획자로의 취업 또는 직무 전환을 위해 본격적으로 달려갈 여러분을 응원하겠습니다.

찾아보기

A
AARRR 163
A/B 테스트 191
Agile 97
APM 249

B
Backlog 104

C
Cross-Functional 122
Cross-Selling 167

D
Daily Scrum 122
dependency 114
Description 93

F
Focus Group Interview 62
Funnel 159

G
Growth 136

L
Lean 73

M
MVP 75

P
p값 200
PMF 43
PRD 94
Pretotype 63

Q
QA 65
Quality Assurance 66

S
SaaS 260
Segment 152
Sprint 124
Storyboard 90

U
Up-Selling 167
Usability Test 65
UX 86

V
VoC 214

W
Waterfall 127
Wireframe 92

ㄱ
가설 49
고객 21
고객 세그먼트 152
고객 학습 146
그로스 136
기획 37

ㄷ
데이터 분석 69
데일리 스크럼 121

ㄹ
린 스타트업 72

ㅁ
문제 26

ㅂ
백로그 104
베타 테스트 70

ㅅ
사용성 테스트 65
사용자 경험 86
상세 설명 93
스토리보드 90
스프린트 124
실험 142

ㅇ
애자일 127
업셀링 167
와이어프레임 92
우선순위 108
워터폴 127

ㅈ
제너럴리스트 223
제품 21
제품요구사항정의서 95

ㅊ
채용공고 253

ㅋ
크로스셀링 167
크로스 펑셔널 122

ㅍ
퍼널 159
포커스 그룹 인터뷰 62
포트폴리오 263
프레임워크 82
프로덕트 매니저 17
프로젝트 매니저 99
프리토타입 63
핏 43